"十二五"普通高等教育本科国家级规划教材

现代汉语

XIANDAI HANYU

（增订七版）

下　　册

黄伯荣　主编
廖序东

中国教育出版传媒集团

高等教育出版社·北京

内容提要

本书为"十二五"普通高等教育本科国家级规划教材,分为两册。上册为绪论、语音、文字、词汇,下册为语法、修辞,系统讲授了现代汉语的基础理论和基本知识。注重吸收现代汉语教学研究与教学实践的最新成果,兼顾语言学知识体系的完整性;知识点阐述深入浅出,辅以丰富的例证讲解,符合一线教学实际。每节前设有"目的要求",节后设有"思考和练习",既便于学生学习领会,又强化了基本技能的训练。全书紧扣教学需求,框架体系完整,逻辑严密,具有较强的实用性和可操作性。此次修订的原则是在保持原有内容和结构稳定的基础上,适应新的教学改革与教学需求,对个别内容表述及部分例证等作了调整。除此之外,本书还将二维码链接与数字化资源加以结合,以便满足当前学习手段多样化、便捷化的需求。

本书可供高等院校中文专业作为本科必修教材使用,也可供各大专院校其他专业作为选修课教材使用。

封面题字:王 力

图书在版编目(CIP)数据

现代汉语. 下册 / 黄伯荣,廖序东主编. -- 7 版,增订版. -- 北京:高等教育出版社,2024.7. -- ISBN 978-7-04-062629-2

Ⅰ. H109.4

中国国家版本馆 CIP 数据核字第 2024WL2427 号

| 策划编辑 | 吴 军 | 责任编辑 | 吴 军 | 封面设计 | 李树龙 | 版式设计 | 童 丹 |
| 责任绘图 | 裴一丹 | 责任校对 | 吕红颖 | 责任印刷 | 赵 佳 | | |

出版发行	高等教育出版社	网 址	http://www.hep.edu.cn
社 址	北京市西城区德外大街 4 号		http://www.hep.com.cn
邮政编码	100120	网上订购	http://www.hepmall.com.cn
印 刷	北京中科印刷有限公司		http://www.hepmall.com
开 本	787mm×960mm 1/16		http://www.hepmall.cn
印 张	15	版 次	1991 年 1 月第 1 版
字 数	280 千字		2024 年 7 月第 7 版
购书热线	010-58581118	印 次	2024 年 12 月第 2 次印刷
咨询电话	400-810-0598	定 价	30.70 元

本书如有缺页、倒页、脱页等质量问题,请到所购图书销售部门联系调换
版权所有 侵权必究
物 料 号 62629-00

目 录

第四章 语法 1
  第一节 语法概说 1
    一、语法和语法体系 1
    二、语法的性质 3
    三、语法单位和句法成分 4
    思考和练习一 6
  第二节 词类（上） 7
    一、划分词类的依据 7
    二、实词 8
    思考和练习二 23
  第三节 词类（下） 24
    一、虚词 24
    二、词类小结 33
    ☆三、词类的误用 34
    思考和练习三 41
  第四节 短语 42
    一、短语及其分类 43
    二、短语的结构类型 43
    三、短语的功能类型 50
    四、短语的意义类型 51
    五、短语分析小结 54
    思考和练习四 56
  第五节 句法成分 57
    一、主语 谓语 58
    二、动语 宾语 62
    三、定语 64
    四、状语 68
    五、补语 70
    六、中心语 75
    七、独立语 76
    ☆八、句法成分小结 78
    附录：句法分析例解 80

  思考和练习五 ······ 82
 第六节 单句 ······ 84
  一、句型 ······ 85
  二、句式 ······ 87
  三、句类 ······ 97
  四、单句分类小结 ······ 103
  ☆五、语法分析简介 ······ 105
  思考和练习六 ······ 108
 第七节 单句语病的检查和修改 ······ 110
  一、常见的句法失误 ······ 111
  二、检查语病的方法 ······ 118
  三、修改语病的原则 ······ 120
  思考和练习七 ······ 122
 第八节 复句 ······ 125
  一、概说 ······ 125
  二、复句的意义类型 ······ 126
  三、复句的结构类型 ······ 137
  四、复句的紧缩现象 ······ 139
  ☆五、复句语病的检查和修改 ······ 141
  思考和练习八 ······ 143
☆第九节 句群 ······ 145
  一、句群概说 ······ 145
  二、句群的意义类型 ······ 147
  三、多重句群 ······ 149
  四、句群语病的检查和修改 ······ 149
  思考和练习九 ······ 151
☆第十节 标点符号 ······ 152
  一、标点符号的作用和种类 ······ 152
  二、标点符号的用法 ······ 153
  三、标点符号用法的灵活性 ······ 162
  四、标点符号的位置 ······ 163
  思考和练习十 ······ 163

第五章 修辞 ······ 165

 第一节 修辞概说 ······ 165
  一、什么是修辞 ······ 165
  二、修辞与语音、词汇、语法的关系 ······ 166
  三、修辞与语境的关系 ······ 168

  四、修辞学与语用学 …………………………………………………… 169
  五、修辞学与逻辑学 …………………………………………………… 170
  六、修辞的作用和学习修辞的目的 …………………………………… 170
  思考和练习一 …………………………………………………………… 171
 第二节 词语的锤炼 ……………………………………………………… 171
  一、意义的锤炼 ………………………………………………………… 171
  二、声音的锤炼 ………………………………………………………… 176
  思考和练习二 …………………………………………………………… 179
 第三节 句式的选择 ……………………………………………………… 180
  一、长句和短句 ………………………………………………………… 180
  二、整句和散句 ………………………………………………………… 182
  三、主动句和被动句 …………………………………………………… 184
  四、肯定句和否定句 …………………………………………………… 185
  五、常序句和变序句 …………………………………………………… 186
  六、口语句式和书面语句式 …………………………………………… 186
  思考和练习三 …………………………………………………………… 188
 第四节 辞格（一）……………………………………………………… 188
  一、比喻 ………………………………………………………………… 189
  二、比拟 ………………………………………………………………… 192
  三、借代 ………………………………………………………………… 194
  四、拈连 ………………………………………………………………… 196
  五、夸张 ………………………………………………………………… 197
  思考和练习四 …………………………………………………………… 199
 第五节 辞格（二）……………………………………………………… 199
  一、双关 ………………………………………………………………… 199
  二、仿拟 ………………………………………………………………… 201
  三、反语 ………………………………………………………………… 202
  四、婉曲 ………………………………………………………………… 203
  思考和练习五 …………………………………………………………… 204
 第六节 辞格（三）……………………………………………………… 205
  一、对偶 ………………………………………………………………… 205
  二、排比 ………………………………………………………………… 207
  三、层递 ………………………………………………………………… 208
  四、顶真 ………………………………………………………………… 209
  ☆五、回环 ……………………………………………………………… 210
  思考和练习六 …………………………………………………………… 211
 第七节 辞格（四）……………………………………………………… 212
  一、对比 ………………………………………………………………… 212

二、映衬 ··· 213
　　三、反复 ··· 214
　　四、设问 ··· 216
　　五、反问 ··· 217
　　思考和练习七 ··· 217
第八节　辞格的综合运用 ····································· 218
　　一、辞格的连用 ······································· 218
　　二、辞格的兼用 ······································· 219
　　三、辞格的套用 ······································· 219
　　思考和练习八 ··· 220
第九节　语体 ··· 221
　　一、公文语体 ··· 221
　　二、科技语体 ··· 223
　　三、政论语体 ··· 224
　　四、文艺语体 ··· 225
　　思考和练习九 ··· 229

增订五版后记 ··· 230
增订七版后记 ··· 231

第四章 语 法

第一节 语法概说

[目的要求]理解语法和语法体系的含义,认识语法的性质,分清四级语法单位,记住句法成分在动词谓语句中的相对位置。

一、语法和语法体系

(一)语法是什么

语法是语言三要素之一。语音是语言的物质外壳,词汇是语言的建筑材料,语法是语言的组合法则。语法是语言单位的结构规律,即组成词、短语、句子等有意义的语言单位的规则。单就"不""糖""吃""我"四个词来说,它们只是建筑材料,还不能成句。只有按照语法规律的要求,组合排列成一定的格式,加上语调,它们才能传递一个完整信息。这四个词可以排成十几种词类序列,多数(如下面的例①②)是不能成句的,只有少数(如例③④)可以成句。例如:

* ① 我不糖吃。
* ② 糖不吃我。
  ③ 我不吃糖。
  ④ 糖,我不吃。
  ……

在例③里,副词"不"处在状语位置,符合语法规律。代词"我"和名词"糖"分别处在主语、宾语位置,也符合语法规则。动词"吃"处在谓语中心位置,前有主语、状语,后有宾语,形成合法的动词谓语句。这四个词在例④里也是各得其所,各司其职,而且句中"受动者+(施动者+动作)"在语义上也能搭配,可以成句。例③和例④两句的不同是由语言运用时具体语境和话题的不同造成的。例①、例②都不能成句,无法传递明确的信息,是因为有些词所处的位置不合语法规律或语义要求。例②的词类系列与例③一样,都是"名(代)+副+动+名(代)"的格式,但例②施动者和受动者的位置,不合语义要求,不合事理,所以不合法。

语法这个术语有两层含义:一是指语法规律,即客观存在的语法事实;一是指语法学(知识或理论),即语法学者对客观语法事实的说明,带有主观性。如在"曹雪芹虽然没学过语法,可是他写的书中的句子都合乎语法"这句话里,前一个"语法"指语法学(语法知识),后一个"语法"指语法规律本身。

(二) 语法研究什么

西方传统语法学把语法分为词法、句法两部分。词法学研究词的分类、词的构成(构词法)①和形态变化(构形法)②,句法学研究句法结构(含短语和句子)的组织规律、分类与功能。与语法有关的语义、语用问题只是不自觉地略有涉及。

20世纪80年代以来,我国语法学者越来越重视在语法研究中加强跟句法相关的语义与语用的研究,认为语法研究包括句法、语义、语用三个方面。句法方面包括传统语法的句法及词法;语义方面研究隐藏在句法结构里的语义成分、语义指向、语义特征等;语用方面研究说话的语境和句子的语调、语气、口气以及句法结构的变化等。把句法、语义、语用区分开来又结合起来研究,可使语法研究更加深入、细致、全面,使语法的静态研究和动态研究实现有机结合,从而加强了对语法规律的解释力,更有利于人们从理性上认识语法规律,并利用它来指导人们的语言实践。

(三) 语法体系

语法体系也有两个含义。一个指语法系统,即客观存在的语法事实、语法规律的系统。语法是各种规则交织成的整体,是自成系统的。下级单位组成上级单位,可产生各种格式,可形成各种规则。这些语法单位及其结构规则不是杂乱无章地拼凑在一起的,而是相互联系、相互制约,形成一种组织严密的网络。另一个是指语法学说的系统。它是语法学者根据自己的观点在研究和解释语法事实时所形成的分析方法、理论框架等的系统。一个民族语言的语法系统只有一个,一个民族语言的语法学体系可以不止一个。

平常我们听人说"汉语语法有分歧",多指后一含义,即语法学体系有分歧。如对"他的妻子死了父亲"这句话,句子成分分析法认为"妻子"是主语,"死了"是谓语;层次分析法认为"他的妻子"才是主语,"死了父亲"是谓语。这句话的语法事实本身没分歧,只不过是不同语法(学)体系所用的分析方法和术语所指不尽相同罢了。又如,"中式服装"中的"中式",有的语法书把它归入形容词,称为非谓形容词;有的语法书把它独立成一个大类,称为区别词。语法事实有时也存在一些分歧。比如,"《马氏文通》等语法书没有问世之前,汉语早就存在着语法"和"《马氏文通》等语法书问世之前,汉语早就存在着语法"这两句话的意思

---

① 词的构成(即词的结构)规律叫构词法。构词法其实就是语素组成词的法则。它也是词汇学研究的对象,我们把它放在词汇章里讲了。

② 词的形态变化法则叫构形法。它只是语法学词法研究的对象,研究词因语法意义的不同而发生的语法形式的变化及其与语法意义的关系,可参看绪论中与汉语的语法特点有关的形态的说明。

完全一样,但前一句用了否定词"没有",后一句却不用。这种语法事实的分歧极少。语法学体系的分歧是由语法学者观点不同,掌握的材料不一样,观察问题的角度、分析问题的方法不一致造成的,可见语法学体系带有主观性。在科学研究中,对客观存在的同一对象,不同的学派有不同的认识和说法,这种分歧是难免的。我们应该通过对语法事实本身的深入研讨,逐渐缩小或部分消除分歧。不过,任何研究总会出现不同的见解,这是由人类对客观世界的认知规律决定的。

二、语法的性质

(一)抽象性

语法是从众多具体的语法单位里抽象出的共同的组合方式、结构类型及表达规则。如汉语里的"看、说、写、学习、讨论"可以说成"看看、说说、写写、学习学习、讨论讨论",我们可以从中抽象出一条词的变化规律:有些动词可以重叠表示量少或者时短。这一语法意义是通过重叠这一语法手段表示出来的。又如,汉语里有"心情舒畅/服装整齐/步调一致/前途光明"这些短语,尽管意思各异,但是结构相同,都是名词在前、形容词在后,二者直接组合,表示被陈述和陈述的关系,加上句调就构成主谓句。由此可见,语法指的是抽象出来的共性,舍弃了个别的、具体的内容。一种语言里具体的词多得很,由词组合而成的具体的短语和句子更是难以计数,但是它们内部的组合规则和结构格式却是很有限的。语法学的任务是描写并解释组成词、短语和句子的规则和格式。由此可见,语法具有抽象性或概括性。

(二)稳固性

任何事物在历史的长河中都在不断发展变化,语法也不例外。但是,语法的变化比起语音、词汇来要缓慢得多,因为语法是一个由各种抽象规则交织成的有紧密联系的系统。如果废弃一条规则,就会牵一发而动全身,整个语法系统跟着变化,这样就会使人们不习惯,交流思想就难以进行。很多语法手段和语法格式经历千百年而不变,就是这个道理。如汉语把语序和虚词当作重要的语法手段,古今一直如此。主语位居谓语之前,修饰语位居中心语之前,古今也是如此。语法虽然也有变化,但很缓慢。一些旧规则的衰亡是逐渐实现的,如古汉语里的名词和名词性短语可以直接组合成主语和谓语(如"陈涉者,阳城人也"),后来逐渐变为中间加"是"字的句型(如"陈涉是阳城人")。但是直到现代,在某些特定条件下,这种格式仍然保留(如"鲁迅,绍兴人")。语法的稳固性并不限制语法的演变,新的语法规则总会逐渐产生出来。如"我,作为一个语言工作者,有责任促进汉语规范化。""中国现在不是,将来也不做超级大国。""汉语语言学要发展,其根本动因必须而且只能从汉语内部去找。"这三句话里,加了着重号的成分的用法在五四运动以前的白话文里是没有的,后来才慢慢在书面语中运用开来。因此,语法又具有时代特征,研究语法要分清古今语法,不能混同。

(三) 民族性

每种语言都有明显的民族特点,不仅表现在语音和词汇上,同时也表现在语法上。不同语言的语法有同有异,既有共性也有个性,个性是特点之所在。如俄语用词形变化(形态)表示词的句法功能,语序就比较自由;而汉语里的词没有表示句法功能的形态变化,词在句子里充当什么成分,主要靠语序来表示。同是重语序的语言,其表达形式也可能不同:汉语说"两本书",傣语说成"书两本"。词的组合手段,各种语言也有差异。现代汉语的"两本书"是名词和数词组合,中间要用相应的量词。而英语的"two books"没有加量词这条规则,但数词在前、名词在后这个语序,在两种语言又是共同的。研究语法要注意不同的语言的共性和个性,不能因看到共性而忽略了语法的民族特点。我们在研究和说明汉语的语法规则时,不能拿其他语言的语法来硬套汉语的语法。

三、语法单位和句法成分

(一) 语法单位

汉语的语法单位主要有四级:语素、词、短语、句子。它们都是语言中的音义结合体。

语素是语言中最小的音义结合体。语素可以组合成合成词,有的可单独成词。

词是最小的能够独立运用的语言单位,是组织短语和句子的备用单位。一部分词加上句调就可以单独成句。

短语是由词组成的、没有句调的语言单位,是造句的备用单位。大多数短语都能加上句调成为句子。

句子是具有一个句调、能够表达一个相对完整意思的语言单位。句子前后有隔离性停顿。

(二) 句法成分

句法成分是句法结构的组成成分。句法结构是由若干词按语法规律组成的。例如,"他来"是由代词"他"和动词"来"组成的句法结构,其中"他"和"来"发生陈述关系,即主语和谓语两个句法成分发生了主谓关系。简单地说,主语、谓语是句法成分,句法成分是凭句法关系定名的。

主语是被陈述的对象,谓语是陈述主语的,两者之间是陈述关系。例如:

① 他的态度‖很坚决。

② 我们车间‖已经完成了全年的生产任务。

③ 经他的手做成的大小事情‖数不清。

④ 院子‖干净得很。

双竖线表示前头是主语,后头是谓语。谓语里如果有宾语(如例②),就会有动语①。**动语**在前,表示动作行为,**是支配**、**涉及后面的宾语的成分**,宾语位居动语后头,表示人、物或事情,**是动作所支配**、**所涉及的对象**。如例②中,"完成"是动语,在前;"全年的生产任务"是宾语,在后。

修饰语是描写或限制中心语的,位于中心语之前。由于偏正短语的整体功能有名词性和谓词(动词、形容词)性之分,因此修饰语可以分为定语和状语两种。

定语是名词性短语里中心语前面的修饰语,状语是谓词(动词、形容词)性短语里中心语前面的修饰语。如例①"(他)的态度"是名词性短语,其中名词"态度"是被修饰的成分,是中心语;"他"是修饰成分,是定语。"[很]坚决"是形容词性短语,其中形容词"坚决"是被修饰的成分,是中心语;"很"是修饰成分,是状语。一般来说,位居名词前头、修饰名词的成分叫定语,位居动词、形容词前头的修饰成分叫状语。

有的短语是由中心语和补语两个成分组成的中补短语,整个短语是动词性或形容词性的。可见,**补语是动词**、**形容词性短语里中心语后面的补充成分**。如例③的"数〈不清〉"是动词性短语,动词"数"是中心语,"不清"是补语;例④的"干净得〈很〉"是形容词性短语,形容词"干净"是中心语,副词"很"是补语。简言之,补语是位居谓词后面、起补充说明作用的成分。

可以看出,句法成分之间往往互相依存②,彼此发生一定的语法关系。下面是配对的"句法成分表":

前置句法成分	后置句法成分	成对发生的关系	举例
主语	谓语	陈述关系(主谓关系)	他来了
动语	宾语	支配或涉及关系(动宾关系)	做作业
定语 ( )	中心语	修饰限制关系(定中关系)	(语法)作业
状语 [ ]	中心语	修饰限制关系(状中关系)	[都]做了
中心语	补语 〈 〉	补充说明关系(中补关系)	做〈完〉了

---

① "动语"是为了贯彻句法成分一体化原则而拟定的名称。一些论著用"动词"一名来称呼跟宾语相依存的成分,这是由于跟宾语相对的成分主要由动词充当。使用本教材时,用动语或动词都可以。

② 即配对成分是共存共现的,有甲必有乙,有乙必有甲。有时可以省略一个,但所省的成分必须在上下文中出现或隐含在语境中。后面提到的独立语不是配对成分。

下面通过对一个主谓句的框式图解,说明八种常规句法成分之间的关系:

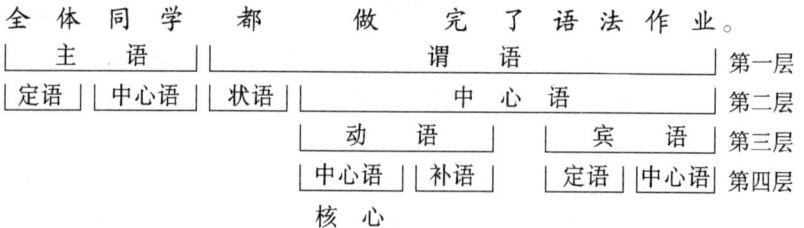

上面用层次分析法(框式图解法)把每层的每一个短语一分为二,根据两部分的语法关系写出两个句法成分。最后一层的中心语是动词"做",是谓语中心,即全句的核心。核心动词"做"前头有主语"全体同学"和状语"都",后头有补语"完"和宾语"语法作业"。这说明带宾动词的前头可以有主语和状语的位置,它的后头可以有补语和宾语的位置,可以构成"主语+状语+动词+补语+宾语"这样的结构框架。下面用成分符号标明这一例句里四种句法成分和核心动词的相对位置:

主语位置　状语位置　核心位置　补语位置　宾语位置
(全体)同学‖［都］　做　〈完〉　了 (语法)作业。

上面例句的汉字底下和旁边都加上了向着核心的成分符号。画了主语符号(━━━),就表示主语右边全是谓语,谓语符号(───)不画自明,主语、谓语之间可用符号"‖"表示。画了状语符号(［］),就减去中心语符号(。。。)。画了宾语符号(～～～),就省去它前面的动语符号(───),动语、宾语之间可用符号"｜"表示。画了补语符号(〈〉),就找到了核心动词。如此一来,句型已完全显露,句子分析即到此为止。用这种"成分符号减半法"(又称"框架核心分析法")为的是避免符号重重叠叠,可以把几层的句法成分和它的符号线性排列出来,显示核心动词和它前后成分的位置。学习者可通过"动前有主状,动后有补宾"这个口诀,牢记"基础句"中各成分的相对位置,进而为分析句子打下基础。

思考和练习一

一、语法学里的词法和句法各研究些什么?

二、什么是语法体系?对语法学体系的分歧应采取什么态度?

三、举例说明语法的抽象性和稳固性。

四、为什么说研究语法要注意民族特点?

五、谈谈四级语法单位的关系。

六、举例说明一般的句法成分是如何配对的。

七、分析下列短语的句法成分。

① 影响国家未来发展的一系列政策和措施
② 从家乡传来振奋人心的好消息
③ 新时期的改革开放成就了中国的崛起

第二节　词类(上)

[目的要求]正确理解划分词类的依据或标准。了解现代汉语的词类系统，能给实词定性归类，掌握各类实词的用法。

一、划分词类的依据

词类是词的语法性质的分类。划分词类的目的在于说明语句的结构规律和各类词的用法。分类的依据是词的语法功能、形态和意义三方面。就汉语来说，语法功能是主要依据，形态和意义是参考依据。

（一）词的语法功能

词的语法功能即词的分布功能，主要指的是：(1)词充当句法成分的能力。具体表现为：一是能否独立充当句法成分；二是充当什么样的句法成分。实词都能充当句法成分，不同类的实词可以充当不同的句法成分。如在"太阳出来了""海边的风景多美呀"等语句里，"太阳""风景"充当主语中心，"出来""美"充当谓语中心，而虚词"了、的、呀"不作句法成分。(2)词的组合能力。具体表现为：一是能跟什么词组合，不能跟什么词组合；二是组合以后是什么关系。如"太阳"是名词，能跟形容词组合，又如"火红的太阳"，"火红"修饰"太阳"，是定中关系；"太阳"不能跟副词组合，不能说"不太阳"。"了"是虚词，常附着在动词后，表示动作完成的语法意义，一般不能附在名词后，不能说"太阳了"。

（二）词的形态

词的形态分两种：一是构形形态，二是构词形态。现代汉语中构形形态主要是重叠。如"研究研究"是动词"研究"的重叠式，"老老实实"是形容词"老实"的重叠式。构词形态包括前缀和后缀。如"老师""阿姨"中的"老"和"阿"是前缀，"石头""铲子"中的"头"和"子"是后缀，它们附加在词根上构成新词，同时起标记词类的作用。不过，汉语中词的形态变化很有限，因此不能作为划分词类的主要依据。

（三）词的意义

这里的意义不是指单个词的词汇意义，而是指语法上同类词的概括意义或意义类别。名词表示人和事物的名称，动词表示动作、行为等，形容词表示性质和状态等。如"马、牛、羊"的词汇意义各不相同，但可以概括出"事物"的共同意义。

划分词类的三种依据，在不同的语言中其重要性各不相同。在形态丰富的印欧语里,划分词类主要凭词的形态。汉语形态不发达,意义概念如"事物"也不容易界定,所以划分词类主要依据语法功能。

以语法功能为主要依据,汉语的词可以分成实词和虚词。实词能够单独充当句法成分,意义实在;虚词不能充当句法成分,只有语法意义。实词包括名词、动词、形容词、区别词、数词、量词、副词、代词、拟声词、叹词;虚词包括介词、连词、助词、语气词。

二、实词

(一) 名词

1. 名词的意义和种类

名词表示人、事物或时地的名称。名词有以下几种:

(1) 专有名词:鲁迅、中国、故宫

(2) 普通名词

个体名词:朋友、同志、作家、学生、牛、羊、飞机、原子

集合名词:人民、人口、群众、物品、马匹

抽象名词:道德、思想、文化、政治、欲望、苦头

物质名词:水、油、肉、声音、风、阳光

(3) 时间名词:秋天、早晨、明年、现在

(4) 处所名词:河岸、东郊、周围、里屋①

(5) 方位名词:前、后、左、右、之上、以下、以西

2. 名词的语法特征

(1) 经常出现在动词前后,作主语或宾语,如"牛吃草";经常作介词宾语,如"对学生很好";多数能作定语和带定语,如"(柳树)叶子""(河边)柳树"。名词一般不能作补语。

(2) 前面一般能够加上表示名量的数量短语,如"一个人""一棵树"。

(3) 一般不能受副词修饰,如不能说"很桌子""不椅子",但在一些固定用法中会出现"不人不鬼"等用法。②

(4) 一般不能用重叠式表示某种共同的语法意义。亲属称谓以及其他少数词,如"妈妈""哥哥"和"星星"等,是构词的语素重叠,不是构形的词重叠。

---

① 新疆、北京、广东、亚洲等兼属专有名词和处所名词。

② 近年来在汉语中出现一种程度副词修饰名词的现象,例如"很淑女""很绅士""很中国"等。这类名词有一个共同特点,即在此类名词的语义中,都包含一种描述性语义特征。例如"很绅士"中的"绅士"一词就有"有礼貌、有风度、尊重女性"等语义特性。"很淑女"中的"淑女"则有"美好、文静"等语义特征。

3. 时间名词和方位名词

时间名词较特殊,除了能作主语、宾语和定语外,还经常作状语,表示事情发生的时间,如"他[昨天]来了"。

方位名词简称方位词,表示方向、位置,可分为单纯方位词和合成方位词两类。单纯方位词有"上、下、前、后、左、右、东、西、南、北、里、内、外"等;合成方位词由单纯方位词加上"之、以、面、头"等组成,如"之前、之后、以上、以下、东面、西面、外头、里头"等。

方位词常常和名词一起构成方位短语,如"椅子上""房间里"。方位短语前头往往加介词,组成介词短语,如"在椅子上""从房间里(出来)"。

(二)动词

1. 动词的意义和种类

动词表示动作、行为、心理活动或存现等。有以下几种:

(1)动作动词:走、听、看、批评、宣传、保卫、学习

(2)心理活动动词:爱、怕、恨、喜欢、羡慕、希望、讨厌

(3)存在、变化、消失动词:在、存在、有、发生、演变、发展、生长、死亡、消失

(4)判断动词:是

(5)能愿动词:能、会、愿意、敢、应该、要

(6)趋向动词:来、去、上、下、进、出、回、开、过、起、上来、下去、起来

(7)形式动词:进行、予以、加以

(8)关系动词:姓、等于、像、似

2. 动词的语法特征

(1)经常作谓语或谓语中心,有些动词能带宾语,如"他来了。""我们热爱祖国。"

(2)能够受副词"不"修饰,一般不受"很"修饰,如可以说"不去",不能说"很去"。但少数表心理活动的动词和一些能愿动词能够前加程度副词,如能说"很怕他""很喜欢他""很羡慕他"。

(3)能构成"V不V"式表示提问,可以带宾语,如"看不看书"。

(4)多数可以后带"着、了、过"等表示动态。

(5)有些动作行为动词可以重叠,表示动作的动量小、时量短或尝试、轻松等意义①,限于表示可持续的动作动词。单音动词重叠是 AA 式,如"想想""说说",双音动词重叠是 ABAB 式,如"打扫打扫""研究研究"。有些动宾式合成词的重叠式是 AAB 式,如"散散步""洗洗澡""睡睡觉"。AA 式重叠后常加"看",表示"尝试",使语气缓和,如"说说看"。

---

① 单音动词重叠式第二音节读轻声。但"红旗飘飘"的"飘飘"、"蝴蝶飞飞"的"飞飞"的第二音节读原调,不读轻声,意义上表示反复延长,不表示短暂。

3. 三类特殊动词

（1）判断动词"是"。"是"表示判断和肯定，常居谓语中心的位置，后头不能有补语和助词"了、着、过"，也没有重叠式，可以有"∨不∨"并列提问式（如"你是不是中学生？"）。"是"放在主语、宾语之间，有多种意义关系。

A. 表示事物等于什么或属于什么。如"我们的目的是发展生产。""老舍就是《骆驼祥子》的作者。"（甲＝乙）。"鲁迅是伟大的革命作家。""女儿也是传后人。"（甲＜乙）。在表示事物"甲等于乙"的句子中，主语、宾语两者可以互换位置。除此之外，主宾不能互换位置。

B. 表示事物的特征、质料、情况。例如："这孩子是双眼皮。""这茶盘是景泰蓝。""这一年，人家是丰年，我是歉年。"

C. 表示事物的存在。如"遍地是牛羊。""靠墙是一张书桌。""教室前面全是菊花。"这类句子的主语一般是表示处所的词语。全句是存现句。

"是"常用在谓语动词、形容词前，表示肯定，如"他的性格是变了""他是走了""今天是很冷""我们的战士是勇敢"。这些"是"要重读，相当于"的确、确实"的意思，不能省略，可看成副词。"是"不重读时，可以省略，只表示一般的肯定。这种"是"与句末语气词"的"配合构成"是……的"格式，同"他是个卖粽子的"里的"是……的"格式和词性都不同。

（2）能愿动词。能用在动词、形容词前表示客观的可能性、必要性和人的主观意愿，有评议作用，又叫助动词。

表可能：能、能够、会、可能、可以、可

表必要：要、应、应该、应当

表意愿：肯、敢、要、愿、愿意

能愿动词在句子里常作状语，如"我们〔要〕认真对待。"但是与作状语的副词不同，它有"∨不∨"式和"不∨不"式，如"他〔能不能〕来？""他〔不会〕〔不〕来。"它还可以作谓语或谓语中心，如"这样做可以不可以？""完全可以。"这些都与副词不一样。能愿动词与一般动词也不同，它不能用在名词前面①，不能重叠，不能带助词"了、着、过"等，不能带数量补语。

（3）趋向动词。表示移动的趋向，可分为单音的单纯趋向动词、双音的复合趋向动词。具体如下：

	上	下	进	出	回	过	起
来	上来	下来	进来	出来	回来	过来	起来
去	上去	下去	进去	出去	回去	过去	

---

① "要东西""会英文"中的"要""会"是一般动词。

趋向动词可以单独作谓语或者谓语中心,如"月亮下去了,太阳还没有出来"。但经常用在别的动词或者形容词后边表示趋向,作趋向补语,如"拿〈出〉一本书""拿〈出来〉一本书""拿〈出〉一本书〈来〉"。

动词还可以按带宾语的功能分为及物动词和不及物动词。及物动词又可分名宾动词、谓宾动词、名谓宾动词等。这些放在后面宾语部分再详细说明。

(三) 形容词

1. 形容词的意义和种类

形容词表示形状、性质和状态等,可分为性质形容词和状态形容词两类。

(1) 性质形容词:好、坏、伟大、勇敢、优秀、聪明、大方、大、小、高、低、长、短、肥、瘦

(2) 状态形容词:雪白、笔直、墨绿、火热、血红、绿油油、水灵灵、黑不溜秋、灰里叭叽

性质形容词单纯表示性质。状态形容词所表示的性质有量的成分,即表示程度加深,有较浓的主观评价的意味,是一种生动形式所体现的状态。

2. 形容词的语法特征

(1) 形容词常作定语、谓语或谓语中心,如"太阳红~红太阳""观点模糊~模糊观点"。多数形容词能够直接修饰名词,如"大桌子""小板凳"。形容词通常要重叠或者加助词"地",才可以作状语,如"慢慢说""呆呆地望着他""高高地翘起来""轻松地说笑""得意地想着"。少数性质形容词能够直接作状语,如"快走""老实说""具体问题,具体分析"。一部分形容词也能作补语,如"看清楚""走快(了)"。

(2) 形容词不带宾语。有些性质形容词兼属动词,作动词时能带宾语。如"端正态度"(使态度端正)、"纯洁队伍"(使队伍纯洁)有致使义,这样的动词叫"使动词"。还有"花了眼""直着身子""高过我",其中的"花、直、高"等是动词。这些词兼属形容词和动词,前加程度副词时是形容词,不能带宾语;后带宾语时是动词,不能前加程度副词。

(3) 性质形容词大都能受程度副词修饰,如"很简单""太小"。性质形容词的重叠式和状态形容词,或者因为本身表情态,或者因为本身带有某些程度意义,不能再受程度副词修饰。

(4) 有些性质形容词可以重叠,即以形态变化①表示性状程度的加深或适中,重叠后不能前加副词"很"。

单音节重叠式:AA 或 AA 的、AA(儿)。例如:

---

① 原式与重叠式是一个词的两种形式。有的书把"干净"归为形容词,把"干干净净"划归状态词,等于说重叠是构成新词的手段。实际上重叠后的词是原词的另一种形式,词典是不另立词条的。

早早、长长的、绿绿的、好好(儿)、慢慢(儿)

双音节重叠式：AABB，或 AABB(的)、AABB(儿)。例如：

清清楚楚　高高兴兴(的)　痛痛快快(儿)

少数有贬义的双音节形容词还有 A 里 AB 式。例如：

马虎—马里马虎　小气—小里小气　古怪—古里古怪　土气—土里土气

(5) 有些单音性质形容词可带上叠音词缀或其他词缀，如"红彤彤""亮堂堂""黑咕隆咚""灰不溜秋"，不能加"很"。

(6) 状态形容词如"雪白""漆黑""血红"，本身已表示特定状态和程度，而且程度较深，不能加"很"或重叠。但它们可以重复使用，表示强调，如"漆黑漆黑(的)、雪白雪白(的)"。这种现象属于修辞的反复格，不算构形重叠。

要注意的是，由两个反义或近义的单音形容词重叠联合构成的 AABB 格式，如"高高低低""大大小小""红红绿绿"，是句法结构中的叠加格式①。

3. 名词、动词、形容词的比较

动词和形容词的语法特性大同小异，可以合称为谓词②。谓词和名词的语法特性是对立的，具体区别如下(见表 4-1)：

表 4-1　名词和谓词比较表

	区别	词类	
	主要语法特性和表达作用	名词	动词　形容词
			谓词
1	能否经常作主语、宾语	能	不能
2	能否经常作谓语	不能	能
3	能否受"不"修饰	不能	能
4	能否用肯定否定并列形式(∨不∨)提问	不能	绝大多数能
5	能否重叠	不能	部分能
6	概括意义	人或事物	动作、性状
7	表达作用	指称	陈述

凭上面七点可以把名词和谓词分开，也能够看出动词和形容词的共同特征。

---

① 部分名词、动词、区别词都有此种格式，如"盆盆罐罐、前前后后、抄抄写写、打打闹闹、来来往往、男男女女"。这种两个反义或近义单音联合叠格式(XXYY)都兼有繁多的意思。

② 谓词还包括代替动词、形容词的代词。谓词在句中提问和答问时常用代词"怎么样"来代替，有陈述性，它与名词性的词相对立。名词在句中提问和答问时用代词"什么"来代替，有指称性。

不过,动词、形容词又各有特性,详见下表(见表4-2):

表4-2 动词和形容词比较表

	区别	词类	
	语法特性	动词	形容词
1	能否带宾语	绝大多数能	不能
2	能否受"很"修饰	多数不能	多数能
3	重叠方式和意义	AA式、ABAB式 表示动量少或时量少	AA式、AABB式 表示程度加深或者程度适中
4	概括意义	表示动作、行为	表示性质、状态

(四) 区别词

1. 区别词的意义

区别词表示人和事物的属性或区别性特征,有给事物分类的作用。

区别词往往是成对或成组的,如"男∶女,雄∶雌,单∶双,金∶银,西式∶中式,阴性∶阳性,民用∶军用,国有∶私有,大型∶中型∶小型∶微型,有期∶无期"等。

2. 区别词的语法特征

(1)能直接修饰名词和名词短语,作定语;多数能带"的"形成"的"字短语。如"西式服装、大型轿车、慢性肺炎、彩色电视"和"大号的、野生的、男的、金的"。

(2)不能单独作主语、谓语、宾语。不过,区别词组成联合短语或成双对比后可以作主语、谓语、宾语,如"公私不分""他‖不男不女"①"看见两男两女""雌多雄少""生男生女都一样"。区别词组成"的"字短语常作主语、谓语、宾语,如"小型的我不要,我要中型的"。

(3)不能受副词"很""不"修饰。否定时前加"非",如"非正式会谈"。

区别词与形容词的区别:形容词能充当定语,还可以充当谓语,一部分能作补语和状语,能前加副词"不"和"很";区别词则只能充当定语,不能单独充当谓语,不能前加"不"。

正因为区别词缺少谓词的主要功能,所以不宜归入谓词。②

(五) 数词

1. 数词的意义和种类

数词表示数目或次序,分基数词和序数词。

---

① 按本书"成分符号减半法"分析,谓语"不男不女"下边无符号。下同。
② 有的书把区别词算作形容词中的特殊小类,叫非谓形容词,根据是上面第(1)个语法特征。

（1）**基数词**。表示数目的多少，可分为系数词（零或〇、一至九）和位数词（十、百、千；万、亿、万亿、兆）。两种基数词可以组成复合数词。汉语计数是十进制，满十进位。基数词如果系数词在位数词前，两者是相乘的关系，例如六十＝6×10；位数词在系数词前，两者是相加的关系，如十六＝10+6、六百六十六＝6×100+6×10+6。这些都是复合数词①。

基数词可以组成表示倍数、小数、分数、概数的短语。

A. 倍数，由基数加"倍"组成，例如一倍、十倍、百倍。有时也用"百分之×百"的格式，如三倍就是百分之三百。倍数只用于表示数目增加。

B. 小数，由整数部分、小数部分和小数点组成，如零点五（0.5）、三点一四（3.14）。

C. 分数，用"×成""×分之×"等固定格式表示，如七成就是百分之七十或者十分之七。数目减少可用分数表示，不用倍数。

D. 概数，有几种表示法：

"来、多、把、左右、上下"放在数词或数量短语的后头，如"十来个人、三十来斤重、十来里地、百把条枪、一千多架飞机、十多丈长、一千左右、五里来地、七丈多长、三个多星期、五十米左右、一千斤上下、里把路、丈把长、千把人、万把块砖"。

相邻两个基数词连用也表示概数，如"一两个、三四条、三五斤"。

（2）**序数词**。表示次序前后。一般是在基数前加前缀"第"或"初"组成，如"第一、第五、初一、初五"。有时可用"甲、乙、丙、丁"或"子、丑、寅、卯"等表示序数。

2. 数词的语法特征

（1）数词通常要跟量词组合成数量短语，才能作句法成分，例如"十位老师、走一趟"。数词一般不直接跟名词组合，但是古汉语以"数+名"直接组合为常，现代也仍然有所保留，如"一草一木、两姐妹、三兄弟、四小龙、七昼夜、五壮士、十万军民、九亿农村人口"。这种不带量词的组合在语义上强调整体性。数词和量词之间一般不能加进别的词，除了"大、小、长"几个形容词，如"一大串、一长串"等。

基数词不能单独作句法成分，只有在数学计算时或文言格式中可单用，如"二加八等于十""三头六臂"。

序数词在特定情况下也可以直接修饰名词，多数是组成专名，中间不用量词，如"第二车间、第三林场、第四餐厅"。有时甚至不用"第"，只用基数形式表

---

① 文章中表示数目，在什么场合写汉字，什么场合写阿拉伯数字，国家有文件规定。大体上凡是可以使用阿拉伯数字而且又很得体的地方，均应使用阿拉伯数字。

序数内容,如"二车间、四餐厅、牧业二队"。

（2）数量短语通常用作定语或补语、状语。如"一片浮云、看了一眼、一把拉住"。

（3）"俩"(liǎ)、"仨"(sā)是"两个""三个"的合体数量词,意义和功能相当于数量短语,后头不能加量词"个",只用于口语,如"俩人"、"哥儿俩"、"咱们俩"、"仨人"、"仨瓜俩枣"(比喻一星半点的小事)。

（4）倍数只能用来表示数目的增加,不能表示数目的减少;分数既可以表示数目的增加,也可以表示数目的减少。表达数目的增减是用原来的数目作基准,不是用增减后的数目作基准。表示数目的增减有一套习惯用语,具体如下：

表示数量增加,可以用"增加(了)、增长(了)、上升(了)、提高(了)",不包括底数,只指净增数。如从十增加到五十,可以说"增加了四倍",不能说"增加了五倍"。表示数量增加也可以用"增加到(为)、增长到(为)、上升到(为)",包括底数,指增加后的总数。如从十增加到五十,可以说"增加到五倍",不能说"增加到四倍"。

表示数量减少,可以用"减少(了)、降低(了)、下降(了)",指差额。如从十减少到一,应该说"减少了十分之九",不能说"减少了九倍"。表示数量减少也可以用"减少到(为)、降低到(为)、下降到(为)",指减少后的余数。如从一百减少到十,以分数计算,应该说"减少到十分之一"。

（六）量词

1. 量词的意义和种类

量词表示计算单位,可分为名量词和动量词两大类。名量词表示人和事物的计算单位,如"一个人"。动量词表示动作次数和发生的时间总量,如"看三次""看三天"。下面是量词的分类系统：

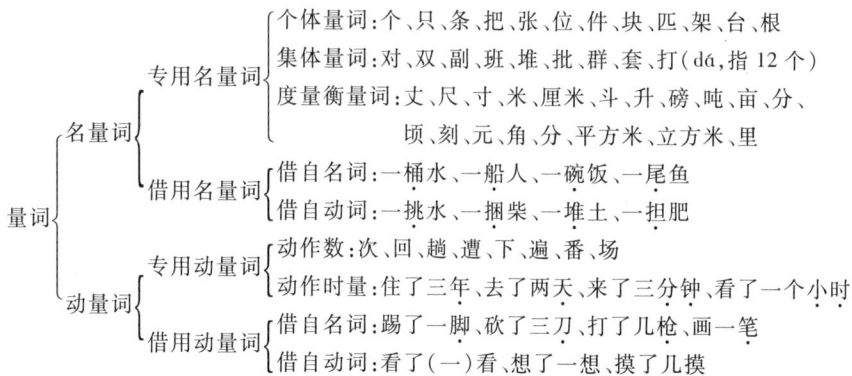

"住了三个月、做了一个星期"。凡是直接加数词、不能加数量短语的是量词,如"分、秒、点、夜、周、岁、旬"等;能前加数量短语的是名词,如"中午、冬天、时期";有时能直接加数词,有时又能加数量短语的时间词是兼属量词和名词,如"星期、礼拜、小时"。

此外,有一种由两三个不同的量词复合而成的词,叫复合量词。"人次"表示活动的若干次人数的总和,如 10 个人参观一次是 10 人次,两个人参观 5 次也是 10 人次;"吨海里"表示运输量中的重量和里程的乘积,如"货运周转量 970 吨海里";"辆艘次"表示出动若干次车和船的总和,如"支援车船 150 辆艘次"。复合量词与数词组成的数量短语都不作定语,用在名词后头作补语。

2. 量词的语法特征

(1)量词通常和数词组成数量短语,作定语、状语或补语、宾语等,如"(一个)人、[一把]拉住、看〈一次〉、看一本"。

(2)单音量词大都可以重叠,重叠后表示每一、逐一或量多,能单独充当定语、状语、主语、谓语,不能作补语、宾语。例如:

① 条条大路通北京。(作定语,表示"每一")
② 长征精神代代相传。(作状语,表示"逐一")
③ 个个都是好样的。(作主语,表示"每一")
④ 歌声阵阵。(作谓语,表示"量多")

数量短语也可重叠成"一 A 一 A"式或"一 AA"式,如"一队(一)队(的人)""一箱(一)箱(的衣物)""一箱(一)箱(地搬)"。这种数量短语重叠后作定语,表示数量多;作状语则表示按次序地进行;作主语表示"每一"。例如:

⑤ 水中(一个一个/一个个)闪亮的波纹,像许多只眼睛看着我哩。
⑥ 人们便[一个一个/一个个]陆续走回去。
⑦ 我们厂新来了许多小伙子,一个一个/一个个都是好样的。

有时数词不限于"一",例如"三架三架地飞过、两箱两箱地搬"中的数量重叠式表示方式,作状语。

(3)量词有时单独作句法成分。例如"馒头论个,油条论根"。在"我想有个家""带份礼物给你"中,"个""份"是"一个""一份"的省略。这种用法限于数词"一"。

(4)什么量词能与什么名词组合,在普通话和方言里各有自己的习惯。如普通话说"一个人""一头(口)猪",有的方言说"一块人""一根猪"。方言区的人学习普通话要留心量词的用法。

量词用在指示代词后面,构成指量短语,如"这本""那件"。数量短语和指量短语统称量词短语。

数词、量词与名词的语法功能比较接近,三者合起来成为与谓词相对的"体词"①。

(七)副词

1. 副词的意义和种类

副词限制、修饰动词、形容词性词语,表示程度、范围、时间等意义,分以下8种:

(1)表示程度:很、最、极、挺、太、非常、十分、极其、格外、分外、更、更加、越、越发、有点儿、稍、稍微、略微、几乎、过于、尤其、倍加、不大、比较、差不多。

(2)表示范围:都、大都、均、总、共、总共、统共、只、仅仅、单、净、光、一齐、一概、一律、单单、不单、就、全、通通、皆。

(3)表示时间、频率:已、已经、曾、曾经、刚、才、刚刚、正、在、正在、将、将要、就、就要、马上、立刻、顿时、终于、常、常常、时常、时时、往往、渐渐、早晚、一向、向来、总是、始终、永、赶紧、仍然、还是、屡次、依然、重新、还、再、再三、偶尔。

(4)表示处所:四处、随处。

(5)表示肯定、否定:必、必须、必定、准、的确、不、不必、没有、没、未、未必、别、莫、勿、是、是否、不必、不用(甭)、不曾、未曾、未尝、无须、无(毋)庸。

(6)表示方式、情态:大肆、肆意、特意、猛然、忽然、公然、连忙、赶紧、悄悄、暗暗、大力、稳步、阔步、单独。

(7)表示语气:难道、岂、究竟、偏偏、索性、简直、就、可、也许、难怪、大约、幸而、幸亏、反倒、反正、果然、居然、竟然、必然、必须、确实、何尝、何必、明明、恰恰、未免、只好、不妨、根本。

(8)表示关联:便、也、又、却、再、就。

同一小类的副词,语义和用法不一定都相同,有的差别还相当大。举例来说,"都、只"都表示范围,但是"都"表示总括全部,一般是总括它前面的词语,而"只"表示限制,限制它后面的词语的范围。如"他们都只吃了一个苹果"中的"都"②所指向的对象是前面的"他们",而"只"所指向的是后面的"一个苹果"。又如,"不、没有、别"都表示否定,而语义和用法也不相同。如"不去"中的"不",否定动作或性状的将要发生(未然),表明说话人不愿意或不能去;"没有去"中的"没有"否定动作或性状的已经发生(已然),是对"去"的否定,表明这种行为没有成为事实;"别去"中的"别"表示禁止或劝阻,表明说话人不希望对方有某种行为。

---

① 体词还包括人称代词。为了通俗易懂,有时用"名词性的词语"或"名词语"代替"体词和体词短语"。

② "都"在疑问句里也可限制后面的词语。例如:"老王刚才都说了些什么?"

即使是同一个词形,也可能属于不同的小类。试以"就"为例:"春天很快就到了"①,表示事情短期内即将发生;"他十五岁就去了延安",表示事情早已发生;"学了就用",表示后一事紧接着前一事发生,相当于"立刻";"老虎屁股摸不得,我就要摸",表示跟前一情况相反的做法,带有一种故意的语气,相当于"偏";"我就有一个名字",表示范围,相当于"只"。一个副词究竟表示什么意思,往往须结合全句语境来仔细体会。

2. 副词的语法特征

(1) 副词大都能作状语,几乎都能修饰动词,近半能修饰形容词。个别程度副词"很、极"还可以作补语。"很"作补语,前头一定要加"得",如"好得很"。"极"作补语,后头要加"了",如"好极了"。作状语时,单音双音副词可在谓语中心之前、主语之后。双音副词里有一些还可以放到主语之前,修饰主谓短语,如"他幸亏来了、幸亏他来了",两者语用场合不同。

值得注意的是,有一些副词既可以用来作状语修饰谓词,也可以用来修饰名词性成分。用来修饰名词的副词不多,有"就、仅、仅仅、只、光、单、单单、几乎"等,表示限制人或事物的范围,如"只这几家商店开始营业""今天就你一个淘气""光书就有十箱""单单这一点就够了"。"才、就、好、仅、大概、已经、不过、将近、恰好"等词可以修饰数量短语。这些带有数量义的结构可以作多种句法成分,如"用了恰好500元""一下子进来了好几个""将近30户住在山头上""花了才五天""工作已经三年了""还没有搬迁的就十户人家"。这种副词用来表明说话人对数量的一种看法,即所叙述的事情都是已经成为事实。

单音副词通常跟所修饰的成分是直接组合的,只有个别副词需要加"地",如"那汉子猛地伸出胳膊拦住去路"。而有些双音副词后加不加"地"比较自由,如"飞机由远而近,渐渐(地)飞临头顶"。

(2) 副词一般不能单说,只有"不、没有、也许、有点儿、当然、马上、何必、刚好、刚刚、的确"等在省略句中可以单说。例如:

① "喝水不?""不。"(省略句)

② 你也别太为他担心,何必呢!(省略句)

(3) 部分副词兼有关联作用。有单用的,有成对使用的,如"打得赢就打""越说越快""又说又笑"。

"没有(没)"是副词又是动词。否定人物或事情的存在时是动词,是谓语中心,如"他没(有)书"。否定动作或性状的存在时是副词,是状语,如"他没来""脸没红"。

"白、怪、净、老"等词,修饰名词时是形容词,修饰动词、形容词时是副词。

---

① 要求读者特别注意的词语加着重号。

例如：

形容词	副词
白布(表性质)	白跑一趟(白＝空,表方式)
怪事(表性质)	怪好看的(怪＝很,表程度)
净水(表性质)	身上净是泥(净＝全,表范围)
老人(表性质)	老没见他(老＝一直,表时间)

例中的两个"白"是同一个字,但因语义和语法性质都不同,两者意义上已经失去了联系,应该认为是同音词,不是形容词兼副词。"怪、净、老"等也不是兼类。

作状语的副词和形容词也不一样：凡是能作谓语、谓语中心,又能作定语或补语的是形容词,只能作状语的是副词。试看下面的例子：

③ 他[突然]来到会场。（形容词）

④ 对别人的意见不能[一概]否定。（副词）

"突然"可作定语、补语、谓语或谓语中心,如"突然事件""来得突然""这件事很突然",是形容词。"一概"只能作状语,是副词。

另外,时间副词和时间名词也应注意区分。它们的相似点是既表时间又可作状语,但是副词不能作主语、宾语,而时间名词可以。时间名词能加介词组成介词短语作状语(如"[从今天]起"),时间副词不能这样用。

副词一般只作状语,区别词一般只作定语。两类词因只有作修饰语（附加成分）的功能,所以可以合称为"加词"。

（八）代词

1. 代词的意义和种类

代词能起代替和指示作用。它跟所代替、所指示的语言单位的语法功能大致相当,即所代替的词语能作什么句法成分,代词就作什么成分。如果按句法功能划分,代词可以分为代名词、代谓词、代数词、代副词（见表4-3）。

代名词的功能与名词大体相同。代名词分四种：A. 一般代名词,包括人称代词、疑问代词、指示代词（例子见"代词总表"）；B. 处所代词；C. 时间代词；D. 数量代词。

代谓词的功能同谓词大体相当,如"怎么、这样、那样"等。

代数词的功能同数词大体相当,如"多少、几"等。

代副词的功能同副词大体相同,如"这么、那么"等。

表 4-3　代 词 总 表

按功能分四类		按意义分三类				
代替哪些词	相当于哪些词	1. 人称代词		2. 疑问代词	3. 指示代词	
		单数	复数		近指	远指
1. 代名词	一般名词	我 你 您 他 她 它 自己 自个儿 别人 人家 大家 大伙 彼此	我们 咱们 你们 他（她、它）们	谁 什么 哪	这	那
	时间名词			多会儿	这会儿	那会儿
	处所名词			哪儿 哪里	这儿 这里	那儿 那里
2. 代谓词	动词 形容词			怎样 怎么 怎么样	这样 这么样	那样 那么样
3. 代数词				几 多少		
4. 代副词	副词			多 多么	这么	那么

（"每、各、某、本、另、该、别的、其他、其余"等也都是指示代词。）

2. 代词的语法特征

（1）人称代词可以分为第一人称代词、第二人称代词、第三人称代词和其他代词。第一人称代词指说话人一方。其中，"我们"和"咱们"用法有别。"咱们"包括说话人和听话人双方，称为包括式用法，用于口语；"我们"和"咱们"在同一场合出现时，"我们"只包括说话人一方的群体，排除听话人一方，称为排除式用法。如"我们走了，咱们再见吧"中的"我们"是排除式，"咱们"是包括式。谈话或文章里只用"我们"时，它既可以用于排除式，也可以用于包括式。例如：

① 我们都是中国人，我们热爱自己的祖国。（包括式）
② 你放心走吧。过几天我们一定去看你。（排除式）

"我们"有时实际指"我"。如一位作者在书上写道："我们认为，可争论的并不是语法事实，而是语法体系。"这是一种委婉谦虚的表达方式。

第二人称代词"你、你们"指听话人一方。敬称"您"如果用于不止一人的场合，书面语中可以出现"您们"的说法，但口语中一般用"您几位、您诸位"。

第三人称代词"他、他们"指对话双方以外的第三方，"它、它们"称代事物。书面上为了分清人的性别，称代男性用"他"，称代女性用"她"。如果指称有男有女的群体，就一律用"他们"，不应写成"他（她）们"。"它"一般用来称代个体事物,"它们"用来称代群体事物。如果同时指称人和事物,只用"他们",不必写成"他(它)们"。

一些人称代词如"你、我"等,有时用于虚指,不确指哪一个人,如"大家你看看我,我看看你,都不动手。"

反身代词"自己、自个儿",用来复指前面的名词或代词,如"他自己去,不叫别人去"。有时可以泛指任何一个,如"自己的事自己做"。"别人、人家"是跟"自己"相对的,泛指对话双方以外的人,如"在车厢中打闹,会碰伤自己,也会碰伤别人"。"人家"有时具体指第三个人,如"人家是模范,咱比不上"。"人家"有时也可指说话人自己,如"你跑慢点儿行不行,人家跟不上啊!""大家"指一定范围内所有的人,也常常用于复指,如"大家的事大家做""你们大家都发言嘛"。

(2) 指示代词通常用来指代人,也用来指事物。"这"为近指,"那"为远指。"这、那"等有指示和代替作用。指示作用如"这孩子""那放羊的刚过来",代替作用如"这可是最好的瞄准手"。有时"这、那"对举着用,指代众多的人或事物,表示虚指,即不确指任何事物。例如:

③ 咱不图这,不图那,就图那娃思想好,干活勤快。

"每、各、某、另"等指示代词,各有不同意义。"每、各"是分指,指全体中的任何一个个体。"每"侧重于个体的相同一面,"各"侧重于不同一面,例如"每人都有两只手""各人有各人的难处"。"某"是不定指。"另"是旁指,指所说范围之外的。"某、另"两个词都是指不确定的人或事物,如"队伍里的某个队员摔倒了,另一个会马上扶起他"。

指示代词还可以代谓词或副词。例如:

④ 你当然应该这样。(代谓词)

⑤ 山上空气这么新鲜!(代副词)

(3) 疑问代词的主要用途是表示有疑而问(询问)或无疑而问(反问、设问)。疑问代词"哪"(nǎ)和指示代词"那"(nà)以前都写作"那",后来加以区分。"哪"表疑问,不确指,要求在所指代的人或事物中选定;"那"一般所指是确定的。比较:"你找哪一家?——你找那一家。""哪里"连着用构成"哪里哪里",不表示问处所,而表示否定,比用"不、不"委婉些。

疑问代名词可不表疑问,表示任指和虚指两种用法。

一是任指。表示任何人或任何事物,说明在所说的范围内没有例外。例如:

⑥ 谁也听不懂他说什么。(谁=任何人)

⑦ 她是个好姑娘,心好,什么都好。(什么=任何方面)

⑧ 他哪儿都不想去。(哪儿=任何地方)

⑨ 他多会儿都忘不了你。(多会儿=任何时候)

表任指的代词后头常出现"都、也"等副词,表周遍性。

二是虚指。指代不能肯定的,包括不知道、说不出或不想说出的人或事物。例如:

⑩ 我好像在哪儿见过这个人。(哪儿＝某个地方)

在转述别人说的话时,代词也可以重叠使用,用来指代不必或不愿具体说明的对象。例如:

⑪ 信上说,谁谁谁当了运输大队长小队长,谁谁谁迷上了种棉花、种花生。(谁＝某人)

"什么"也可以表示列举未尽之意,用在并列名词短语后面时需加上"的"。例如:

⑫ 园子里种了各种蔬菜,什么豆角、茄子、西红柿,应有尽有。

⑬ 车厢里堆满了鸡鸭鲜鱼什么的。

疑问代词代谓词、数词、副词的情况,可以从疑问句的回答中看出:

⑭ 他最近怎么样?

他最近挺好。(代形容词性词语)

⑮ 你怎么来的?

我骑自行车来的。(代谓词性词语)

⑯ 他跑得多快呀?

他跑得非常快。(代副词)

⑰ 你买几斤?

我买五斤。(代数词)

(九)拟声词

拟声词是模拟声音的词,又叫"象声词",如"咣、叭、叮当、哗啦、叽叽喳喳、轰隆隆、噼里啪啦、叽里咕噜"。拟声词描摹声音时,给人一种如闻其声的音响效果。它有修辞作用,能使语言具体、形象,给人以如临其境的感受。拟声词经常在口语和文学作品里使用。

拟声词可以作状语、定语、谓语、补语、独立语等,也可单独成句。作状语最常见,有时要后加"地",有时后加"一声"。例如:

① 窗外啪地响了一声。

② 北风呼呼叫,大雪纷纷飘。

③ 河水哗哗地流着。(以上作状语)

④ 冰箱过一会儿嗡一下,这两天嗡得越来越勤了。(作谓语中心)

⑤ 街上非常寂静,只有铁铺里发出单调的当当的声音。(作定语)

⑥ 噗,噗,两口气就吹灭了。(作独立语)

⑦ 啪嗒!窗外炸雷声里,有人急急地走进乡政府院子。(独立成句)

⑧ 他早已回来睡得呼呼的了。(作补语)

有人把拟声词划为虚词,但拟声词能作句法成分或独立成句,虚词不能这样用。从前曾把它归入形容词,因跟形容词有相似的功能,但是它不受程度副词修饰,又能作独立语或独立成句,意义上也跟形容词差别大。可见,它是比较特殊的一类实词。

(十) 叹词

叹词是表示感叹和呼唤、应答的词,如"唉、啊、哼、哦、哎哟"和"喂、嗯"等。例如:

① 咦,她怎么不跟我说一声呢!
② 哎,哎,秀才,你在读外语吗?
③ 哎呀,看老五这韭菜种到家了,不是鲜物是仙物了!
④ 谁知老天不长眼呀,娶了个媳妇,哎呀呀,大底下少见!(以上充当独立成分)
⑤ "鸡叫了?""嗯。"(叹词句,独立成句)

叹词的写法不十分固定,同一声音往往可以用不同的汉字表示。写时要尽量采用通行的写法。

"啊"读不同的声调,便是不同的叹词,表示不同的意义。例如:

⑥ 啊(ā)!真好哇!(表示赞叹)
⑦ 啊(á)!这么快呀?(表示惊讶或不知道)
⑧ 啊(ǎ)!这么回事啊!(表示特别惊讶兼醒悟)
⑨ 啊(à)!好吧。(表示应诺或知道了)

叹词常用作感叹语(独立成分),如例①②③④;也可单独成句,如例⑤。从它能作句法成分(独立语)和独立成句来看,它不同于只依附实词表示语法意义的虚词,但又不与实词发生结构关系。可见,它也是一种特殊的实词。

叹词模拟人的感情呼声,拟声词模拟人与自然的声响,两者有共同的意义和功能,可以合称"声词"。它们的写法和意义都不很固定,是实词里的特殊类。

思考和练习二

一、讲语法、分析句子的结构不使用词类名称行不行?试举出例句说明划分词类的可能性和必要性。

二、汉语划分词类的标准是什么?

三、将下面句子的词划分开,然后列一个实词简表,把其中的实词分别填在简表里。

① 春分刚刚过去,清明即将到来。……这是科学的春天!让我们张开双臂,热烈地拥抱这个春天吧!

② 你们在想要攀登科学顶峰之前,务必把科学的初步知识研究透彻,还没有充分领会前面的东西时,就绝不要动手搞以后的事情。

③ 秋天的后半夜,月亮下去了,太阳还没有出,只剩下一片乌蓝的天,除了夜游的东

西,什么都睡着了。

四、将下列各词分别归类。

① 热爱、可爱　　② 答案、答应
③ 战争、作战　　④ 非常、平常
⑤ 青年、年轻　　⑥ 坚决、决心

五、"爱、恨、希望"等是动词,经常受程度副词修饰;"笔直、雪亮、红彤彤、绿油油"等是形容词,却不能受程度副词修饰。为什么说前者是动词、后者是形容词?

六、举例说明"我们"与"咱们"、"你"与"您"、"那"与"哪"用法上的区别。

七、有人使用"他(她)们、怹(tān)"。这种用法规范吗?

八、误用量词有时是由于没注意方言和普通话在量词跟名词的搭配方面的差异。试举出"羊、鱼、树、针、桥、车"等十个名词,在它前面填上"一"和专用量词。(如"一只[个]羊",在方括号里填上自己方言的专用量词。)

九、西瓜摊上写着"5斤以上每斤9角,5斤以下每斤1元"。顾客称了一个5斤的,只给4元5角,小贩硬要顾客给5元。为何出现纠纷?谁对?

十、在当代的文学作品中经常可以见到"副+名"的组合,例如"副+一般名词"的"很学生、很男人","副+抽象名词"的"很青春、特现代","副+专有名词"的"很雷锋、很中国"。你对这些语法现象是怎样看待的?请说明理由。

第三节　词类(下)

[目的要求]了解每类虚词的共性和每一虚词的个性,分辨词的兼类、借用和活用。注意虚词在句中的位置和用法,避免词类的误用。

一、虚词

虚词有共同的特点:一是依附于实词或语句,表示语法意义;二是不能单独成句;三是不能单独作句法成分;四是不能重叠。这些都与虚词无词汇意义有关。

汉语的实词在表示不同的语法意义时一般不用变化形态,虚词是表示语法意义的主要手段。虚词是个封闭类,每类词数目有限,但使用频率很高,如助词"的"。同一类的虚词有共性,又有个性,很多虚词还往往有不止一种语法意义。学习时须注意分辨相似、易混的虚词之间的细微差异,可通过比较相关用例来了解它们的意义。

(一) 介词

介词依附在实词或短语前面共同构成"介词短语"①,主要用于修饰、补充谓词性词语。介词常常充当语义成分的标记,标明跟动作、性状有关的时间、处所、方式、原因、目的、施事、受事、对象等。例如:

表示时间、处所、方向:从、自从、自、打、到、往、在、由、向、于、至、趁、当、当着、沿着、顺着

表示依据、方式、方法、工具、比较:按、按照、遵照、依照、根据、据、靠、本着、用、通过、拿、比

表示原因、目的:因、因为、由于、为、为了、为着

表示施事、受事:被、给、让、叫、归、由、把(将)、管

表示关涉对象:对、对于、关于、跟、和、同、给、替、向、除了

介词短语常作状语,少数可以作补语和定语。例如:

① [从奥运会开幕式现场]寄出的鸟巢明信片 (表处所)
② [为中国的崛起]而努力工作 (表目的)
③ [用声情并茂的语言]拨动听众的心弦 (表工具方式)
④ [从早上]工作到晚上 (表示时间的起点和终点)
⑤ [在阅览室]看书 (表示处所)
⑥ 黄河发源〈于青海〉 (表示处所)
⑦ (关于嫦娥奔月)的传说 (表示有关事件)

在动词谓语句里,可用特定的介词标明动词与名词之间或动作与事物之间的种种语义关系。例如:

⑧ 我[按要求][在晚上][用车子][把行李][给他]送〈到车站〉。
　　　表方式　　表时间　　表工具　　表受事　　表对象　　表处所
⑨ [为了他的问题],[按这个方案][在不少地方][向不少人]调查
　　表目的　　　　　表方式　　　　表处所　　　表对象

了不少材料。

介词大都是由及物动词虚化而来的。有的完全虚化,如"从、被、对于、关于"等,但不少介词还处于过渡状态。例如:

他比我干劲大。(介词)　他和我比干劲。(动词)
他给我买书。(介词)　他给我一本书。(动词)

这样的词还有"拿、到、跟、由、让、对、向、朝、往、用、靠、通过、在"等。介词与动词的区别,只能在具体的语境中看是否单独作谓语或谓语中心、是否能加动态助

---

① 介词短语又叫介词结构或介宾短语,习惯上把介词后头的"介引成分"叫作"宾语"。本书为了从俗,又因"宾语"两字比"介引成分"简短,用起来简便,所以也把介词后头所引的成分叫"宾语",但介词的宾语,同动语后头的宾语不是同一概念,它是"介引成分"的俗称。

词或者重叠。如果能,则为动词;反之,是介词。

(二) 连词

连词起连接作用,连接词、短语、分句和句子①等,表示并列、选择、递进、转折、条件、因果等关系。例如:

(1) 和、跟、同、与、及、或(主要连接词、短语)

(2) 而、而且、并、并且、或者(主要连接词语或分句)

(3) 不但、不仅、虽然、但是、然而、如果、与其、因为、所以(主要连接复句中的分句)

"和、跟、同、与、及、以及"等都表示联合关系,它们的风格色彩和用法略有不同:"跟"有北方口语色彩,"同"有南方口语色彩,"与、及、以及"有书面语色彩。它们主要用来连接名词性词语。"和"也可以连接双音节谓词性词语,共同作多种句法成分。

"及"只能连接名词性词语。"以及"还可以连接动词性词语,不过这样的联合短语一般不作谓语,而是作主语、宾语或定语。这两个词所连接的并列成分在意思上常常可以分出主次,次要的、从属的放在后头。有时也无所谓主次,而是前后一样。例如:

① 封建主总是力图通过军事、政治、法律等暴力手段以及温情脉脉的宗法关系来控制劳动人民。

② 掌握信息量的多少以及是否及时、完整,是成败的关键。

③ 疾呼改革的作品已经广泛触及经济、政治、伦理、道德及文化心态。

例①所连接的两部分,重点在"以及"的前面部分;例②③中"以及、及"的前后两部分,意思上并没有主次之分。

"而且"连接谓词性词语,表示意思更进一层,如"柔软而且光滑"。

"并""并且"连接动词性词语或分句,表示并列关系或递进关系,如"继承并发展""坚决拥护并且认真执行""他不但嘴上这么说,并且行动上也这么做"。

有的连词跟介词同形,存在划界问题,例如"和、跟、同、由于、因、因为"等。试以连词"和"为例:

④ 朱老大和众多乡邻要出去找马了。(连词)

⑤ 老大不和我商量,就辞掉了承包下来的活路。(介词)

⑥ 我和同学们对起答案来,他们答的都不如我准确。(介词)

连词"和"与介词"和"的区别在于:(1) 连词"和"所连接的两个词语是联合关系,一般可以互换位置而句子的基本意思不变。介词"和"的前后两个名词性词语没有直接的语法关系,更不能互换位置。(2) 介词"和"前面可以出现状语,

---

① 少数连词可连接大于句子的语言单位。例子见"句群"一节。

连词"和"之前不能出现状语。(3)连词"和"有的可以略去,介词"和"不能略去或改用顿号。

为了准确地表达思想、避免歧义,在公文语体中,常常用"和"作连词,用"同"作介词。例如:

⑦ 我国根据平等、互利、互相尊重主权和领土完整的原则同其他国家建立和发展外交关系。

(三) 助词

助词的作用是附着在实词、短语或句子后面表示结构关系或动态等语法意义。助词可以分为以下几类:

结构助词:的、地、得、之、者
动态助词:着、了、过
尝试助词:看
时间助词:的、来着
概数助词:来、把、多、左右、上下
比况助词:似的、一样、(一)般
其他助词:所、给、连

助词必须附着在别的词语的后头或前头,凡是后附的(的、着、似的)都读轻声,前附的(所、给、连)不读轻声。

1. 结构助词

主要表示附加成分和中心语之间的结构关系。助词"de",习惯上写成三个字:在定语后面写成"的",在状语后面写成"地",在补语前面写成"得"。它们在书面语上成为三种成分的标记①。例如:

① 一位戴眼镜的中年男子,默默地眺望远处的景色;一位眉清目秀的女人,亲昵地站在他身旁。

② 三五成群的鸭子在波光闪烁的水面上游得好自在。

在书面语里,有时仍然会沿用古汉语的结构助词"之",尤其是用双音节定语修饰单音节中心语时。如"光荣之家、前进之路"中的"之"就相当于口语"的",居定中短语的中间,具有文言色彩。要是用"的",就得说成"光荣的家庭、前进的道路"才顺口。有些习惯用语只能用"之",如"宋元之际、彼此之间"。有时需要连用几个"的"字,会夹用"之"字以分清结构层次,避免重复。例如:

③ 实践的观点是辩证唯物论的认识论之第一的和基本的观点。

"的"还可以用来组成名词性"的"字短语,例如"吃的、红色的、彩色的、这样

---

① 有人主张,状语后的"de"和定语后的"de"都写成"的",以减轻学习负担。我们认为,把状语后的助词 de 写成"地"已经成了许多人的习惯,它有分清结构性质、避免定语、状语混淆的作用。

的、先进的、打鱼的"。"的"字短语用在句子里意义很具体,离开了句子,就有比较大的概括性。如"吃的"既可以指动作的施事者,即吃东西的人,也可以指动作的承受者,即吃的东西;以吃的东西而论,还可以指各种具体的食物。因此,如果所说的人或事物具有泛指性,往往会用"的"字短语来代替。这种短语在句子里只用作主语或宾语。

"者"可以组成"者"字短语。如"获得一等奖者"相当于的字短语"获得一等奖的",是名词性短语,有书面语色彩,可以和口语色彩的"的"字短语一样分析。

至于"作者、读者"中的"者",应算名词性语素,不是助词。

2. 动态助词

动态指的是动作或性状在变化过程中的具体情况,表明处在哪一点或哪一段上。动态不是表示事件发生的时间,而是表示事件在过去、现在或者将来的状况,又叫"体"或"情貌"。

"着"用在动词、形容词后面,表示动作在进行或状态在持续。例如:

④ 他的心,鼓着风,张着帆,正向那绿荫蔽天的王国腾飞。

⑤ 门开着,灯亮着。

例④中的"鼓"是鼓动、激发义,不能表示动作产生后的状态,它后面的"着"是表示动作进行的。例⑤中的"开"是打开义,这种动作既有一个进行过程,而完成后又有一种持续状态。"门开着"指动作完成后的持续状态。

"了"用在动词、形容词后面,表示动作或性状的实现,即已经成为事实。动作或性状的发生跟时间没有必然联系,所以"了"跟"着"一样也不受时间限制。例如:

⑥ 船长想起了那个激动地蹦跳的船员,不由得皱了一下眉头。

⑦ 瞎猫碰着(zháo)了死老鼠。

"了"在例⑥中表示"想起、皱"的动作已经实现,在例⑦中表示"碰着"这一状态已成为事实。

"过"用在动词、形容词后面,表示曾经发生这样的动作或者曾经具有这样的性状。例如:

⑧ 他提起过大海,可是没说过这种大鱼腾跃的场面。

⑨ 这儿前几天冷过一阵。

3. 尝试助词

助词"看"念轻声,用在重叠动词或动词短语(一般是表动量、时量的动补短语)后面表示尝试,例如"试试看、说说看、动动脑筋看、再想想看、叫一声看、先做几天看"。

4. 时间助词

"的"插在动宾短语中间,表示过去发生的事情,如"他十点钟到的北京""我昨天进的城"。"来着"用在句末,一般表示不久前发生过的事情,如"昨天上午你干什么来着?"

5. 概数助词

"把、来、多、左右、上下"用在数词或量词短语后头表示概数,如"百把条枪、十来个人、一千多个、二十个左右、一千斤上下"。

6. 比况助词

附着在名词性、动词性、形容词性词语后面,表示比喻,如"苹果似的脸儿""泥菩萨似的坐着一动也不动"。比况短语经常跟动词"好像"配合使用。例如:

⑩ 车过鸭绿江,好像飞一样。

7. 其他助词

"所"是书面语沿用下来的助词,用在及物动词前面,组成名词性短语。如"所见"指称看到的人或事,"所闻"指称听到的事情。它也经常跟"为"配合使用,组成"为……所"的格式表被动,如"已为实践所证明"。

"给"紧靠在动词前面,强调动态,是个口语色彩较浓的助词。例如:

⑪ 雨伞被我妹妹给拿走了。

⑫ 房间都给收拾好了。

⑬ 房间我都给收拾好了。

⑭ 我把房间都给收拾好了。

这种"给"既可用于主动句,也可用于被动句,都能够删去而不影响句子的基本意思。

"连"用在名词性、动词性、形容词性词语前面,与"也、都、还"相呼应,组成"连……也(都)……"格式,表示事情有违常理,往往隐含比较在内。例如:

⑮ 连三岁的孩子也懂这个道理。

⑯ 这件事我连想都没有想过。

⑰ 连我你都不认得了?

⑱ 什么翡翠珠宝,人家孩子连一眼也不看。

例⑮暗示道理简单,三岁的孩子都懂,这里隐含一个比较句,即"你怎么就不懂呢"。例⑯暗示按常理"我"是应该想过的,而竟没有想过,更不要说去做了。例⑰暗示"你"应该认识"我",而事实是不认得了。例⑱说明应该会看,而事实是没看。这种"连"字可以删去而不影响句子的基本意思。用"连"字,其后的名词语可能是施事,也可能是受事。有时候是施事还是受事,得依靠上下文来判断。如例⑰如果说成"连我都不认得了",其中的"我"到底是施事还是受事,就要靠上下文确定。

(四)语气词

语气词的作用在于表示语气①。语气词主要用在句子的末尾,也可以用在

---

① 句中表达语气的手段有四种:1. 语气词,2. 语调,3. 副词"难道、多"等,4. 句法格式,如V不V式、"是……,还是……"等。

句中主语、状语的后面有停顿的地方,本身念轻声。下面列出四种语气词。

（1）陈述语气词:的、了、吧、呢、啊、嘛、呗、罢了（而已）、也罢、也好、啦、嘞、喽、着呢

（2）疑问语气词:吗（么）、呢、吧、啊

（3）祈使语气词:吧、了、啊

（4）感叹语气词:啊①

语气词的语法特征有二：

一是附着在句末或句中有停顿的地方。

二是语气词常常跟句调一起共同表达语气。有的语气词可以表达多种语气,如"啊";有的语气可以用多个语气词表达,内部有细微的区别,如陈述语气。

普通话里最基本的语气词实际上只有六个:的、了、呢、吧、吗、啊。其他语气词些,有的用得较少,有的是因为语气词连用而产生连读合音的结果,如"啦"是"了啊"的合音。根据这六个语气词在句子里出现的先后次序即离句子核心的远近,可以将它们分为三组。分组情况和主要用法见下表（见表4-4）：

表4-4　语气词层次表

层次	语气词	语法意义	主要语气类别	例句
第一层	的	表示情况本来如此	陈述语气	我们不会忘记你们的。
第二层	了	表示新情况的出现,起成句煞尾的作用	陈述语气 祈使语气	树叶黄了。 别说话了。
第三层（离核心远）	呢	指明事实不容置疑、略带夸张或表疑问	陈述语气 疑问语气	我没什么,你才辛苦呢。 去呢还是不去?
第三层（离核心远）	吧	表示疑信之间,有猜度或商量口气	疑问语气 祈使语气	天晴了吧? 恐怕小王已经来了吧? 走吧。
第三层（离核心远）	吗	表示疑问	疑问语气	你到过北京吗?
第三层（离核心远）	啊	使语气舒缓,增加感情色彩	感叹语气 疑问语气 祈使语气 陈述语气	多好哇! 真好看哪! 谁呀? 去不去呀? 来呀! 请坐呀! 他不去呀。我管不了哇。

---

① 语气词"啊"读轻声,叹词"啊"不读轻声。词典中注明叹词"啊"可读四声,实际是四种句调。叹词"啊"后有停顿,单独成句。

连用的两三个语气词并非直接组合,而是处在句子结构的不同层次上。如"看见他了吧"不应分析为"看见他|了吧",而应该先分析为"看见他了|吧",再进一步分析为"看见他|了"。下面举一些连用的例子并略加分析。

① 唉!这一家人真够痛苦的了。

这是一二两层连用:第一层"的"加强肯定,表示情况确实痛苦;第二层"了"表示痛苦已经变成了定局(已经实现)。

② 我不是说一会儿就来陪您的吗?
③ 嗨,我的旧衣裳折折改改大概还够穿二十年的呢!
④ 你来看我,要让学校知道了,对你会有影响的啊!

这是一三两层连用:第一层"的"表本来如此,第三层的语气词分别表疑问、夸张、感叹等语气。

⑤ 你听见我刚才说的话了吗?
⑥ 妈,你看人家的信了吧?
⑦ 这会子你们怎么老不说话了呀?

这是二三两层连用:第二层的"了"表示出现了新情况,第三层的语气词分别表示疑问、推测、不满情绪。

⑧ 国王和秦国的丞相张仪也亲眼看见的啦。

例⑧中的"的啦"是"的了啊"合音的结果,是三个层次连用:"的、了"分别表示肯定口气和变化、实现的语气,而全句的语气重点在于句尾,表示感叹的"啊"。

有一些看似连用的语气词其实是分别附着于不同的句法结构。例如:

⑨ 你能猜出他怎么走的吗?
⑩ 你知道他也下海游泳了吗?

两句中的"的"和"了"只属于宾语部分,只有"吗"是属于全句的。例⑨等于说:"他怎么走的,你能猜出吗?"例⑩等于说:"他也下海游泳了,你知道吗?"因此,例⑨⑩这种情况与例①~⑧的语气词连用不同。

语气词连用时,后一个语气词如果是元音开头的,通常是两个语气词融合成一个音节,写成一个字,如"了哟→喽""吧欸→呗""嘘啊→嘛"。语气词"啊"是元音开头的,特别容易受前一音节的影响而产生变读,并引起字形上的改变,这是语音同化的结果。具体可参看语音章中语气词"啊"的音变表。

语气词"的""了"跟助词"的""了"同形,要注意分辨。语气词"的"可以单独附着于句尾,有时还会跟用来加重肯定语气的"是"配合着用,这就容易跟结构助词"的"混淆。试比较下面几例:

⑪ 他是卖菜的。(结构助词"的"后头可加"人")
⑫ 这本书是新出版的。(结构助词"的"后头可加"书")
⑬ 那样说是可以的。(语气词"的"后头不能加名词)

⑭ 他是会来的。(语气词)
⑮ 他今天会回来的。(语气词)

上例可以从两方面考察：一方面，看"的"后面能不能添加上相应的名词。前两例可以添加，"是"后头是"的"字短语，说明主语的类别，"的"是结构助词，这种句式是"是"字句；后三例不能添加相应的名词，"的"是语气词，表示肯定、确认，例⑮句中不用"是"，更易看出"的"附着于句尾，属于全句。另一方面，看删去"是""的"之后，句子的基本意思改变了没有。如果改变了，"的"就是结构助词；反之，就是语气词。前两例删去"是""的"，句子成了叙述句，而不是给主语归类，基本意思变了，"的"是结构助词。后三例删去"是""的"，基本意思未变，只是语气有别，"的"就是语气词。对那些用"是"的句子，还可以用改为否定句的办法来检验，看否定词加在什么位置上：能加在"是"前，"的"是结构助词；只能加在"是"后，"的"是语气词。例⑪可以改为否定句，在"是"前加"不"，说成"不是卖菜的"，仍然是说明主语的类别，"的"是结构助词。例⑫也可以改为否定句，"不"能加在"是"前，"的"是结构助词。例⑬⑭只能在"是"后加"不"，"的"是语气词。

虚词"了"有两个："了$_1$"是动态助词，"了$_2$"是语气词。例如：

⑯ 他掌握了$_1$三门外语了$_2$。
⑰ 这本书我读了$_1$三天了$_2$。

有时"了$_1$"和"了$_2$"在句末连用，根据同音删略的原则，保留一个，兼有语气词和动态助词两种作用。例如：

⑱ 自行车他骑走了。（＝了$_1$＋了$_2$）
⑲ 枫树的叶子红了。（＝了$_1$＋了$_2$）

例⑱⑲的"了"放在动词、形容词后面，既表示动作或性状的实现，也表示事态的变化。

此外，有些语气词还有成句的作用。一般说来，大多数实词和短语加上语调就能成为句子。但是，有时候还要求加上语气词才可以独立成句。如"他做完作业"不成句子，说成"他做完作业了"才能成为独立的句子。其他例子如"他已经走了好一阵子了""秋天了""又中秋了""花开了"也少不了"了$_2$"。可见，语气词"了"对句子的完整性有补足作用。

语气词也可以出现在句中，用在主语、状语后头，如"他呀，很想去"。有时出现在并列的各项之后，起到了舒缓语气的作用。有时还可用来造成一定的格式。例如：

⑳ 我们立刻派人四处寻找，找哇找哇，找到天亮，什么也没有找到。
㉑ 好久了，没有人问她胖啦瘦的之类的话了。
㉒ 他没有提防，左脸被打个正着，爹呀妈的叫了起来。

例⑳的"找哇找哇"表示动作的反复,例㉑㉒的"胖啦瘦的""爹呀妈的"表示列举,都借助语气词。

二、词类小结

(一) 词类的划分

汉语词类的划分至今仍有分歧,各家分类的数目和名称不全一样。分歧的原因首先在于各家依据的分类标准不同,其次是汉语的词本身没有形态依据或词类标记。划分词类的主要依据是功能,而汉语主要实词的功能不是单一的,即词类和句法成分之间没有一对一的对应关系。过去有人比附英语的分类原则,认为汉语的"走"就兼属三类。例如:

① 走为上计。(作主语,算名词)
② 他怕走。(作宾语的词是名词)
③ 他走。(作谓语的是动词或同动词)
④ (走)的路线知道吗?(作定语的是形容词)

这种划分法并不符合汉语实际。汉语由于不少实词是多功能的,不同的功能没有不同的形态标记。如果比附英语,"走"和其他动作动词至少要兼三类。这样就会出现大量兼类词,导致实词无定类,分类也就成了没有意义的事情。

现在把英语和汉语的词类同句法成分的对应关系图示如下(见图4-1):

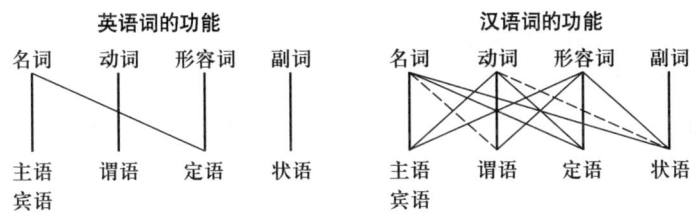

图4-1 英语和汉语词类同句法成分对应关系示意图

从上图可以看出,汉语中名词、动词、形容词是多功能的。名词、动词、形容词各能充当五种成分,每种句法成分可分别由名词、动词、形容词充当,这就是多对多的关系,而不是一对一的关系。因此,分析汉语词的功能要注意分清主次。上面粗实线表示该类词的主要功能,细实线表示次要功能,虚线表示少数或个别词能有此功能。

研究词类和其他语法现象都要辨别清楚哪些是一般规律、哪些是有条件的或特殊的规律、哪些是个别现象,不能拿特殊的或个别的来否定一般的,也不能把它们等同起来或看成同样重要。否则,就看不清语法规律,词类和其他语法单位也就不好划分了。

（二）词的兼类和借用

词的兼类是指某个词经常具备两类或几类词的主要语法功能,即在甲场合（位次）里有甲类词的功能,在乙场合里有乙类词的功能,并不是说在同一场合（位次）里有甲乙两类词的功能。兼类词一定要读音相同并且词义有联系。失去了联系或意义无关的词不是兼类词,而是同形同音词。例如：

打：A. 打门（动）　　　B. 打今天起（介）
别：A. 把发票别起来（动）　B. 别去（副）
净：A. 一盆净水（形）　　B. 地上净是水（副）

意义相关而读音不同只是字形相同的词,也不是兼类词：

凉：A. 水凉了（阳平,形）　B. 凉了一杯水（去声,动）
膏：A. 春雨如膏（阴平,名）B. 在轴上膏点儿油（去声,动）

下面的例子才是兼类：

① 两国人民的关系很密切。（形）/密切了两国人民的关系。（动）
② 这件事很麻烦（形）,不想麻烦你了（动）,怕给你带来太多麻烦（名）。

常见的兼类词有以下几种：

兼动、名：病、锈、建议、决定、领导、工作、代表、指示、通知、总结等；
兼名、形：科学、标准、经济、道德、困难、理想等；
兼形、动：破、忙、热闹、丰富、明确、端正、明白、努力等；
兼区别、副：共同、自动、定期等；
兼形、动、名：麻烦、方便、便宜等。

甲类词临时借用作乙类词,叫作"借用"。借用分两种。一种是属于无修辞作用的借用,如"一船人""一车红薯""一盘水"里的"船""车""盘"是名词临时借用来作量词,又如"看一看""笑两笑""摸几摸"里的后一个"看""笑""摸"是动词临时借用来作量词。另一种借用,是有修辞作用的借用。例如：

③ 牛马同是哺乳动物,为了要"顺",固然混用一回也不关紧要,但究竟马是奇蹄类,牛是偶蹄类,有些不同,还是分别了好,不必"出到最后一册"的时候,偏来"牛"一下子的。

例中最后的一个"牛",就是名词临时用作动词的情形。这种有修辞作用的借用又叫作活用。此外,像"比阿Q还阿Q"这种固定格式里的后一个"阿Q",是名词被借用来作形容词,有修辞作用,只可以看成词类的活用,不算是兼类词。

☆三、词类的误用

讲词的分类、词的语法特征,主要是为了讲清楚词的用法,避免或消除误用。

（一）名词、动词、形容词的误用

名词误用为动词或形容词。例如：

*① 他几天没睡好觉，昨天吃了药，一连睡眠了十二个小时。

*② 球队获得了冠军，队员们都感到十分荣誉。

例①"睡眠"是名词，误用为动词了，可改为动词"睡"。例②"荣誉"是名词，误用为形容词了，可改为"荣耀"或"光荣"。

动词误用为名词、形容词。例如：

*③ 他散布种种捏造，妄图破坏我们的友谊。

*④ 这是一个多么感动的场面啊！

例③"捏造"是动词，误用为名词了，同时跟动词"散布"也不能搭配，应将"捏造"改为"谣言"。例④"感动"是动词，误用为形容词了，应改为"动人"或"令人感动"。

形容词误用为动词、名词。例如：

*⑤ 老一辈科学家身上充沛着可贵的工作热情。

*⑥ 这本书，精装本与平装本定价悬殊十元多。

例⑤"充沛"是形容词，不应当放在带宾语的动词位置上，应将"充沛"改为"洋溢"或"充满"，并去掉"着"。例⑥"悬殊"是形容词，不是动词，不能放在带宾语的核心位置上，应改为"相差"。

（二）数词、量词的误用

有些数词经常被误用。例如：

*① 上学期他有二门功课考得不太好。

*② 下午开会时，他们俩个人在同一个小组。

例①只要念一遍，就知道别扭，"二"应改为"两"才顺口。"二"和"两"意义相同，但用法有时相同有时不同。当单独用在"度量衡量词"前时，除了量词"两"如"二两"（油）不能说成"两两"（油）外，其他量词用"二"用"两"都可以，如"二斤"和"两斤"、"二尺"和"两尺"。但在"个、张、条"等专用量词前就只能用"两"不能用"二"，如"两个"不说"二个"，"两条"不说"二条"（专用量词"位"属于例外，"二位""两位"都可用）。例②"俩"（liǎ）是"两个"的合音，意思是"两个"，后面不能再加量词"个"。修改时，或将"个"去掉，或将"俩"改为"两"。

*③ 电视机的价格一降再降，有的甚至下降了三倍。

*④ 王耀堂厂长的表率作用激发了全厂工人的劳动热情，产量一下子提高到百分之二十。

数目的减少只能说减少或降低百分之几，不能说减少或降低几倍。因为数目的增减都是拿原来的数目作基准，不应拿增减后的数目作基准，所以例③的说法是错误的。例④中的"百分之二十"指的是净增数，不包括底数，应将"提高到"改为"提高了"。

*⑤ 他那身汗渍的劳动布单帽和半新的家做黄布褂子都早已湿透了。

例⑤量词"身"与名词"单帽""裤子"不能一一相配,应将"身"改为"顶",并在"和"之后加上"那件"。

数量短语后加"以上、以下"的,有一个划界的问题,例如:

⑥ 工厂通知,今天下午30岁以下的人去松花江修堤,30岁以上的人仍在工厂做工。

这里"30岁以上""30岁以下"对举,但没有交代正好30岁的人是去修堤还是在工厂做工。所以应该明确表达为:"不满30岁的人去松花江修堤,已满30岁的人仍在工厂做工",或"30岁和30岁以下的人去松花江修堤,超过30岁的人仍在工厂做工"。

(三) 副词的误用

第一种情况是不明词义,该用甲副词而用了乙副词。例如:

① 新来的经理同老经理一样,更会体贴职工。

"更"表示程度进一步增加,两个经理既然"一样",就不能用"更",应将"更"改为"都"或"很"。

第二种情况是该用形容词而误用了副词。例如:

② 他在工作中犯了这么大的错误不是偶尔的。

"偶尔"是副词,只能作状语,不能与"的"字构成"的"字短语作宾语,应改为形容词"偶然"。

第三种情况是多用否定副词。双重否定表示肯定,三重否定还是表示否定。例如:

③ 谁也不会否认,地球不是绕着太阳转的。

例③"谁也不会否认"是双重否定,表示肯定,即相当于"大家都承认",后面又出现一个"不"字,成了三重否定,这就把话说反了,应去掉后边一个"不"。

(四) 代词的误用

代词使用不当,主要是指代不明、人称用错以及远近指不当。例如:

① 那位瘦瘦的女看守说来也奇怪,她似乎很听这个女人的话,她支使她,不论什么事她差不多都能瞒过其他警卫和看守照着去办。

② 因为集子中的论文都是有关汉语和壮语的,该书取名《汉壮语调查与研究》。

③ 在首都机场,她告诉我们,很小的时候,她就酷爱滑冰,后来进了哈尔滨少年队,这里有她的启蒙老师。

例①加着重号的第二个"她"是指"女看守",还是指"这个女人",不明确。从全句的意思看应是指"女看守",应将第一个"她"改为"这个女人",让"她"专指"女看守"。例②人称用错,"该"是他指,不能用于自指,"该"应改为"本"。例③对于"她"和"我们"来说,"首都机场"是近处,"哈尔滨少年队"是远处,句中指称"哈尔滨少年队"时不应当用近指的"这里",而应当用表远指的"那里"。

（五）介词的误用

1. 对于、对

"对于""对"标记或介引动作的对象或与动作有关的人或事物。这两个介词在许多场合可以通用。一般说能用"对于"的地方也能用"对",但是能用"对"的地方不一定都能用"对于"。如"决不对困难低头""对他笑了笑"的"对"有"向"的意思,"他对老师很尊敬"的"对"有"对待"的意思,都不能换成"对于"。

运用"对""对于"常见的毛病有以下两种：

第一,该用"对"而用了"对于"。例如：

　*① 我们做任何工作,都要对于人民负责。

第二,主体客体的位置颠倒。例如：

　*② 这种不文明、不礼貌的行为,对于有教养的人是不能容忍的。

例②可改为"有教养的人对于这种不文明、不礼貌的行为是不能容忍的",也可以在"对于有教养的人"后加上"来说"二字,使之变成独立语（插说）。

2. 关于

"关于"引进关涉的事物,有标明话题的作用。例如：

　③ 关于牛郎织女,民间有个美丽的传说。

"关于"和"对于"组成的介词短语都可作状语,当"关于"具有指出对象的意义时,和"对于"可以互换,例如：

　④ 关于（对于）这个问题,大家有不同的看法。

但是这两个介词在用法上还是有区别的,主要有以下三点：

第一,表示关联、涉及的事物,用"关于";指出对象,用"对于"。例如：

　⑤ 关于招生问题,请与招生办公室直接联系。

　⑥ 对于不正之风,我们不能听之任之。

第二,"关于"组成的介词短语有提示性,必须放在主语之前;"对于"组成的介词短语,放在主语前后都可以。例如：

　⑦ 关于美学,我所知有限。

　*⑧ 我关于美学,所知有限。

　⑨ 对于美学,我很感兴趣。

　⑩ 我对于美学很感兴趣。

第三,"关于"组成的介词短语常常作标题,"对于"组成的介词短语就少见这种用法。如"关于中国现代文学"可以作标题,"对于中国现代文学"就不行。

3. 在

"在"经常跟由方位词"上、中、下"等构成的方位短语构成介词短语,表示动

作、行为的时间、处所、方位、条件或范围等。例如:

⑪ 在陈老师的帮助下,周亮进步很快。(表条件)
⑫ 只有在科学的基础上,才能建设社会主义。(表条件)
⑬ 在代词中,有的有名词性质,有的有谓词性质。(表范围)

"在……上""在……下"中间插的应该是名词或名词性短语,一般不能是谓词性词语。例如:

*⑭ 在不减少插秧丛数下,有可能做到全年套养红萍,争取大幅度提高红萍产量,为解决肥料问题闯出一条新的路子。

例⑭"在……下"中间插入的是动词性短语,应改为"在不减少插秧丛数的前提下"。

值得注意的是:"在……上"中间有时也可以插入动词,表示范围,但不能插入动宾短语,如可以说"在学习上",但不能说"在学习汉语上";"在……下"中间不能插入主谓短语,如可以说"在党的领导下",但不能说"在党领导我们下"。

"在……中"中间如果插入动词或动词性短语,则表示该动作正在进行,如"大堤在建设中、新一代在茁壮成长中"。不过,此处的"在"是表时间的副词,相当于"正在",不要误认为是介词。

有一种常见的毛病是滥用"在……上"。例如:

*⑮ 有的人在看问题的方法上是错误的。

4. 给

介词"给"和"跟"两者有相通的一面,都能表示"对""向"等意义,如"他给我说过"和"他跟我说过"意义是一样的。但是也有不相通的一面:"给"还可以表示与介词"被、让、为、替"等相当的意义,"跟"还可以表示与介词"和、同"等相当的意义。当"给"和"跟"在不相通的意义上混用时,就会产生病句。例如:

*⑯ 老王家正给大老李打官司呢!
*⑰ 这小子真"能",我可不敢给他比试了。

这两句的"给"都应换成介词"跟"。

5. 于

"于"是个古汉语词,现代汉语的书面语有时用它构成介词短语作补语、状语。除了表示"在、比、向"等意义外,"于"还表示"到(达于极点)、从(认识开始于经验)、对于(于我们适用的东西)"等意义。日常使用中最容易犯的毛病是,某些动词后不能带"于"而硬带了"于"。例如:

*⑱ 久而久之,廉政观念模糊了,分辨不出真假马列主义,最后导致于跟腐败分子同流合污。

"导致"这个动词后面不能带介词"于",应该把"于"去掉。

还有一种"X自于"的说法,例如:

⁎⑲ 美妙动人的哈尼族歌舞起源自于生产劳动,生动形象地反映了哈尼人民的生产方式和生活特色。

"起源自"后面不宜再加介词"于",应当删除。

6. 由于、由

"由于"是介词,表示原因;"由"也是介词,表示"从"(如"由北京出发")或"被、让"(如"由石块打坏|由他去"),当然也有表示原因的("由感冒引起了肺炎")。当它们都表示原因时可以通用,其他情况则不能通用。下例即为误例:

⁎⑳ 马列主义认为,一切事物的发展都是有起有伏、波浪式地前进的,这是由于事物内部矛盾以及自然和社会的种种外因影响所决定的。

例中的最后一个分句是"被……决定"的意思,"由于"应换成同"被"相当的"由"。

(六)连词的误用

1. 和

运用"和"连接并列成分要注意分清层次,否则容易造成层次不清。例如:

⁎① 在日本访问的中国法律工作者代表团、中国歌舞团和中国五金进出口公司和中国矿产公司代表团,今天乘船起程回国。

例①不该连用两个"和",应该把第一个"和"改为顿号。

2. 或(或者)

"或"跟"和"容易相混。"或"表示选择,两项或多项选一;"和"表示联合,两项或几项兼有。下面是"或"用得不对的例句:

⁎② 奶皮子是内蒙古自治区呼伦贝尔市或锡林郭勒盟牧区的名产。

事实上,奶皮子既是呼伦贝尔市又是锡林郭勒盟牧区的名产,其间没有"或甲或乙"的选择关系,"或"应改为"和"。

3. 及其

"及"是连词,"其"是代词,"及其"的意思是"和他(们)的"。下面句子里的"及其"应改为"以及":

⁎③ 不久,我和妈妈及其几个小伙伴也被关进监狱。

4. 还是

"还是"和"或者"都表示选择,用在"无论、不管"一类词后,两者可以互换。如"不管你还是我,都不能忘记这件事"中,"还是"可以换成"或者"。"还是"可以用于疑问句中,"或者"不能。如"辩证法,还是形而上学?"含有疑问的语气,"辩证法或者形而上学"只表示陈述,不表疑问。下面句子里的"或者"应改为"还是":

⁎④ 怎么?他到现在还没有拿定主意学历史或者学地理?

5. 而

"而"有多种用法,表并列的,如"简短而有力",表转折的,如"少而精",表偏正的,如"江水滚滚而来",表承接的,如"战而胜之、取而代之"。

"而"最常见的格式是"为……而……",表示动作的目的,如"为祖国语言的纯洁和健康而斗争"。如不表示目的,则不能用"为……而……"。例如:

⑤ 从那以后,我爱上了教育这一行,并且作为一名人民教师而自豪。

"作为……"与"为……而……"格式混用,导致语意不清。修改时,可以保留"而",把"作为"改为"为自己成了"。

"为"和"而"不能随意组成"为……而……"格式。当"为"表示动作行为的对象时,就不能加上"而",如"为人民服务"就不能说成"为人民而服务"。

"因……而……"连用也是常见的,如"因作品产生了极大的社会效益而获大奖"。"因……而……"格式必须前表原因、后表结果,否则就不规范。例如:

⑥ 诗人崔珏因赋鸳鸯诗而别具一格,获得"崔鸳鸯"的美称。

"别具一格"显然不是"赋鸳鸯诗"的结果,而是崔珏获美称的原因。例中"而"用的位置不当,应移到"获"的前面。

(七) 助词的误用

(1) 结构助词"的""地""得"这三种写法分别是定语、状语、补语的标志。为了增强语言的准确性,避免歧义,有必要学会分辨,准确掌握它们的用法。例如:

① 这件事办的不得法。

② 大家就当前的形势和治河中存在的一些问题,进行了深入地讨论。

③ 他高兴得说:"好吧,我们一起去。"

④ 经常的学习外语是必要的。

⑤ 大家打算仔细的欣赏。

例①的"不得法"是补语,应把"的"改成补语的标志"得"。例②的"进行"是准谓宾动词,宾语不能是状中短语,应当是定中短语,应把状语的标志"地"改成定语的标志"的"。例③"高兴"是状语,应当把补语的标志"得"改成状语的标志"地"。例④"经常"修饰动宾短语"学习外语",是状语,应当把"的"改为"地"。例⑤"打算"是真谓宾动词(参见第66页),宾语不能是定中短语,应当是状中短语,应把"的"改为"地"。

(2) "着"表示动作正在进行或状态正在持续。因此,如果不表示动作进行或状态持续,就不能用"着"。例如:

⑥ 这一事实充分显示着在他面前没有克服不了的困难。

⑦ 记得一位哲人说过:"只有耐得住寂寞的人,才会有成功的希望。"所以我宁愿选择着寂寞。

有些动词本身含有持续的意思,也不能用"着"。例如:

⑧ 总统也希望着朝野早日通过对话协商,共谋解决问题的途径。

有些补充式动词,已含有结束的意思,也不能用"着"。例如:

　　*⑨ 原来,学校以"压岁钱"的方式给每个在校过春节的同学30元钱,这说明着学校对同学多么关心啊!

（3）"了"是表示实现的动态助词,用时注意不要同其他词语发生矛盾。例如:

　　*⑩ 广大农村正在掀起了一个科学种田的新高潮。
　　*⑪ 连用的词语在内容上不能重复,否则,将会犯了画蛇添足的毛病。

例⑩"了"与"正在"意思矛盾,应删去其中的一个。例⑪"了"表示动作行为的实现,"将会"表示对结果的预测,两者不相容,应删去"了"。

思考和练习三

一、划分汉语实词、虚词的依据是什么?

二、用"△"号把下面一段话里的虚词标出来,然后列一个虚词表,把它们的大类、小类分别填在表里（重复的可只写一个,并用数码表示重复的次数）。

　　一个晴朗的早晨,天空碧蓝碧蓝的,不沾一丝云彩,一股带着清凉和花香的微风,轻轻地吹拂着。早起的飞燕掠过小白杨树的头顶,找食去了。多嘴的小麻雀刚睁开眼睛,就吵吵嚷嚷地讨论早饭该吃些什么。牵牛花、向日葵的花瓣沾满了露水,给刚刚升起的太阳照耀得闪闪发光,颜色变得格外鲜艳了。一只花喜鹊从村子里飞来,她还没站稳脚跟,就对小白杨树们说:"喂! 小白杨树,村子里的人们就要来修大路啦。"

三、下面各组句子里加着重号的词在词性上、作用上有没有不同? 为什么?

甲 { ① 这个人不会过日子。
　　② 我去过上海。

乙 { ③ 情况会一天天好起来的。
　　④ 他是一个修房子的。

丙 { ⑤ 他近来很容易闹脾气了。
　　⑥ 不必客气,我的确吃过了。

四、在下面句子里的空格处填上适当的结构助词,并说明理由。

① 问题彻底____解决了。
② 彻底____解决问题是不容易的。
③ 问题解决____不彻底。
④ 问题还没有得到彻底____解决。
⑤ 他认为应当认真____研究。

五、下面两组里结构相似的句子意思是否相同?

甲 { ① 我在北京住了三年。
　　② 我在北京住了三年了。

乙 { ③ 我只同他说过这个问题。
　　④ 我同他只说过这个问题。

六、"我跟他去过"这句话可以有不同的理解。请分别加上适当的词把不同的意思都固定下来,并说明各个意思中"跟"的词性。

七、改正下列句中实词方面的错误,并说明理由。

① 在工厂、农村、学校我见闻了许多英雄,他们都在自己的岗位上,为实现社会主义现代化而忘我地工作着。

② 小梅干活很卖力气,咱村的大人小孩没有一个不说她劳动不积极的。

③ 世界稀有雉类,和大熊猫一样获得中国国宝称誉的四川鹧鸪近年成倍减少,目前仅有两千多只,因此筹建四川鹧鸪保护区已迫在眉睫。

④ 于无足轻重的东西中见出更高度的深刻意义。

⑤ 这些女孩真是又漂亮又智慧。

⑥ 思维这个词,可以分广义和狭义两种使用。

⑦ 包装可以,但不能太包装。

⑧ 几乎所有的窗都明亮着不疲倦的眼。

⑨ 实行新的管理制度以来,优质品率由过去的百分之八十提高了百分之九十。

⑩ 天天的朋友站在他爸爸身边。

⑪ 他家在村子的南边,面对着一幢小山。

⑫ 陶渊明曾理想一个和平、宁静、没有矛盾斗争的极乐世界。

八、改正下列句子中虚词方面的错误,并说明理由。

① 今年又是一个丰收年,粮食产量超过去年的12.5%。

② 这个山区的变化,对于我们都是非常了解的。

③ 在改善学生生活上,我们学校采取了一些措施。

④ 窗前有一个小菜园,种有苋菜、豆角、黄瓜和许多种蔬菜。

⑤ 本校职工或学生出入校门要凭工作证和学生证。

⑥ 我代表学校向新同学致以亲切地慰问。

⑦ 即使做超级明星的目标达不到,高级的业余爱好,也可比一般人拥有了较充实的人生。

⑧ 广大农村正在掀起了一个科学种田的新高潮。

第四节 短 语

[**目的要求**]了解短语的结构类和功能类的分类标准,在分析各种短语结构类型的基础上,重点记住短语的五种基本类型。掌握短语的层次分析三原则,学会分化和消除歧义的方法。

一、短语及其分类

短语是由语法[①]**上能够搭配的词组合起来的没有句调的语言单位,又叫"词组"**。它是大于词而又不成句的语法单位。短语加上句调可以成为句子。

词组成短语的语法手段是语序和虚词。语序是词语排列的前后顺序。直接组合的短语靠语序。语序不同,语法意义往往不一样。如"意义重大/重大意义""风光好/好风光"(主谓/偏正),都是名词和形容词组成的短语,语序不同,短语的意义也就不同。非直接组合的短语靠虚词,如"猎人和狗/猎人的狗"(联合/偏正),都名词和名词组合,内部所用虚词不同,短语的意义也就不同。

短语可以从多种角度去观察,从而分出不同的类别。最重要的有两种分类。一种是结构类,这是向内看的分类,主要看构成短语的词与词之间的结构关系,分出主谓短语等结构类。另一种是功能类,这是向外看的分类。根据它进入更大的短语里担任职务的能力(即充当句法成分的能力)相当于哪一类词,可以分出名词性短语等功能类。

短语按构成要素是否凝固可分为固定短语和非固定短语。短语根据意义多寡可分为单义短语和多义短语。短语还可以按成句能力来分。加句调独立成句的叫"自由短语",不能加句调独立成句的叫"不自由短语",又叫"黏着短语",如"态度的恶劣"等。按照层次多少,短语可以分成一层短语(又称"简单短语")和多层短语(又称"复杂短语")两类。总之,不同的分类,服从不同的目的。目的不同,依据的标准不同,就可分出不同的类别。

二、短语的结构类型

(一)基本短语

1. 主谓短语

由有陈述关系的两个成分组成,前面被陈述部分是主语,表示要说的是谁或什么;后面陈述的部分是谓语,说明主语怎么样或是什么。陈述关系用语序而不用虚词表示。例如:

  粮食‖丰收 (名‖动)
  阳光‖灿烂 (名‖形)
  明天‖是星期三 (名‖动|名)
  明天‖星期三 (名‖名)

[①] 这个语法上能搭配,包括句法、语义都能搭配。句法上、语义上都能搭配的词组成的短语才是合法的短语。

2. 动宾短语

由有支配、关涉关系的两个成分组成,前面起支配作用的部分是动语,表示动作行为;后面被动作支配或关涉的部分是宾语,表示做什么、是什么。支配或关涉关系用语序而不用虚词表示。例如:

想|她　　　　　　　　　　　(动|代)
盖|被子　　　　　　　　　　(动|名)
增强|信心　　　　　　　　　(动|名)
减轻|学生作业负担　　　　　(动|名)
买|三碗　　　　　　　　　　(动|数量短语)
接受|批评　　　　　　　　　(动|动)
喜欢|清静　　　　　　　　　(动|形)
是|苹果　　　　　　　　　　(动|名)
有|书　　　　　　　　　　　(动|名)

3. 偏正短语

由有修饰关系的两部分组成。修饰部分在前面,叫修饰语;被修饰部分在后面,叫中心语。可再分为两种:

(1) **定中短语**。由定语和名词性中心语组成,其间的修饰关系有时用"的"作定语的标记。例如:

(他)的马　　　　　　　　　(代·名)
(江苏)人　　　　　　　　　(名·名)
两孩政策　　　　　　　　　(名·名)
中国梦　　　　　　　　　　(名·名)
(昨天)的事　　　　　　　　(名·名)
(前进)的步伐　　　　　　　(动·名)
建设中国特色社会主义理论　(动·名)
(新)书　　　　　　　　　　(形·名)
(野生)动物　　　　　　　　(区别·名)
(十吨)钢材　　　　　　　　(数量短语·名)

还有一种特殊的定中短语,属于名词性短语。例如:

(中国)的崛起　　　　　　　(名·动)
(文艺)演出　　　　　　　　(名·动)
那本书的出版　　　　　　　(名·动)
狐狸的狡猾　　　　　　　　(名·形)
(他们)的估计　　　　　　　(代·动)
(动人)的笑　　　　　　　　(形·动)

(灯火)的辉煌　　　　　　　（名·形）
(别人)的精明　　　　　　　（代·形）
(分析)的精确　　　　　　　（动·形）

充当这种短语的中心语一般是双音节的谓词性词语,修饰语常常是名词或形容词,其间一般有助词"的"。它独立成句的能力很差,只能作主语、宾语。例如:"嫂子的到来好像给我们家带来了节日的欢乐。"

（2）**状中短语**。由状语和动词、形容词性中心语组成,其间的修饰关系有时用"地"作状语的标记。例如：

[刚]回来　　　　　　　　　（副·动）
[今天]回来　　　　　　　　（名·动）
[屋里]坐　　　　　　　　　（方位短语·动）
[这么]走　　　　　　　　　（代·动）
[绕道]走　　　　　　　　　（动·动）
[一步一步]地走　　　　　　（数量短语·动）
[吱吱]地叫　　　　　　　　（拟声·动）
[为人民]服务　　　　　　　（介词短语·动）
[能]来①　　　　　　　　　（能愿动词·动词）
[非常]宽　　　　　　　　　（副·形）
[这么]宽　　　　　　　　　（代·形）
[三尺]宽　　　　　　　　　（数量短语·形）

4. 中补短语

由具有补充关系的两个成分组成。前面被补充部分是中心语,由谓词充当;后面补充部分是补语,也由谓词充当,起述说的作用,能回答"怎么样"的问题。有的补语前头有助词"得"作标志。例如：

学得〈好〉　　　　　　　　（动·形）
打〈死〉　　　　　　　　　（动·动）
累得不行　　　　　　　　　（形·动）
看了〈一次〉　　　　　　　（动·数量短语）
高兴〈极〉了　　　　　　　（形·副）

5. 联合短语②

由语法地位平等的两项或几项组成,其间是联合关系,可细分为并列、递进、

---

① 能愿动词与动词、形容词构成的短语,又叫能愿短语。它内部关系有的像偏正关系,有的像动宾关系,本书把它们都归偏正关系。

② "来不来""好不好"有人认为是正反重叠短语,本书认为是正反联合短语。"飞呀飞呀""很多很多""你瞧你瞧""你你你"有人认为是重叠短语或联合短语,我们认为这是修辞的反复格。

选择等关系。有时用"和、并、或"等连词表示。例如：

  今天和明天 （名+名，并列）
  小张或者你 （名+代，选择）
  一个或两个 （数量短语+数量短语，选择）
  一带一路   （数名短语+数名短语，并列）
  柴、米、油、盐 （名+名+名+名，并列）
  辱骂和恐吓 （动+动，并列）
  讨论并且通过 （动+动，递进）
  伟大而质朴 （形+形，并列）

也有前后各项词性不同的联合短语，如"高端、大气、上档次"（形·形·动词短语）。

  上面五种基本短语是由陈述关系等五大语法关系决定的。这五种短语在第一节里所举的基础句例子中就可以找到四种。为了判断是哪种短语，可以用插入法和提问法来测试。下表（见表4-5）右边两栏就是测试用的词和提问的内容。

表4-5 五种基本短语表

语法关系	短语类型	例子	整体性质	中间常插入的词	能回答什么问题
陈述关系	主谓短语	梅花开	谓词性	副词"不"	主语回答"什么""谁"，谓语回答"怎么样"或回答"是什么"
		你好			
		今天国庆节	名词性	是	
支配关系	动宾短语	做作业	谓词性	了、着	宾语回答"什么"
修饰关系	偏正短语	语法作业	名词性	的	定语回答"什么样的"
		慢慢做	谓词性	地	状语回答"怎么"
补充关系	中补短语	做完	谓词性	得	补语回答"怎么样""多久"
并列、选择、递进等关系	联合短语	他和你	名词性	和、或	
		继承并发展	谓词性	并、并且	

（二）其他短语

1. 连谓短语

  由多个谓词性词语连用构成，谓词性词语之间没有语音停顿，没有上述五种基本结构关系，也不用任何关联词语。例如：

  上山采药 （动·动）   学习强国 （动·动）
  看了心烦 （动·形）   听了很高兴 （动·形）
  穿好大衣戴上帽子出去买菜 （动·动·动·动）

2. 兼语短语

由动宾短语和主谓短语套叠而成。其中的枢纽成分（如下几例中的画线词语）身兼二职，既是动宾短语里的宾语，又是主谓短语里的主语，这就是通常所谓的"兼语"。直接包含兼语的短语叫兼语短语。例如：

  请<u>他</u>进来 派<u>你</u>去   （动·代·动）

  有<u>人</u>不赞成 称<u>老李</u>为球迷 （动·名·动）

  使<u>你</u>快乐 祝<u>你</u>健康 （动·代·形）

3. 同位短语

多由两项组成，前项和后项的词语不同，所指是同一事物。前项后项共作一个成分，因前后项语法地位相同，故称为同位短语；又因前后项有互相说明的复指关系，故又叫复指短语。例如：

  首都北京   （名·名）   船长老张 （名·名）

  孙中山总理 （名·名）

  我们大家 （代·代）   我们渔民 （代·名）

  你们几位 （代·数量短语） 春秋两季 （名·数量短语）

  喇叭湾那里 （名·代）   "美丽"这个词 （形·定中短语）

  北京、上海等大城市 （联合短语·定中短语）

  摔跤这种运动 （动·定中短语）

另有一种松散的同位短语，其中可以有语音停顿和标点。如"一只野兔，这个可怜的小生灵，窜上了公路，在车灯照耀下狂奔"中的主语，"东北有三宝：人参、貂皮、乌拉草"中的宾语，都是松散的同位短语。

同位短语和联合短语很相似，同作一个成分，但有如下不同：(1)同位短语的前后项是异名同物，用不同的词语表示同一人或事物，联合短语的前后项是异名异物。(2)同位短语中间不能插入虚词，联合短语中间可以。(3)同位短语是名词性的；联合短语有名词性，也有其他词性的。

4. 方位短语

由方位词直接附在名词性或谓词性词语后面组成，主要表示处所、范围或时间，具有名词性。下面标有成分符号的就是方位短语：

  <u>大门外</u>‖蹲着两条狗 （名·方，表处所）

  <u>鱼</u>‖在水里 （名·方，表处所）

  <u>广场内</u>‖不许烤羊肉串 （名·方，表范围）

  [三天前]他‖来过 （数量短语·方，表时间）

  [喝酒以后]不要开车 （动宾短语·方，表时间）

  他‖走向那(天亮之前)的旷野 （偏正短语·方，表时间）

第四节 短语 ·47·

由"东、西、南、北、左、右"参与构成的方位短语只表示处所,如"铁道北";其余词语参与构成的方位短语既可以表示处所、范围,也可以表示时间,如"礼堂前、吃饭前、一米以内、一年以内"。

方位短语也常常跟介词一起组成介词短语,如"在树上、在教室里"。

方位词"上、里"等的意义区别在一些方位短语里已经模糊不清,如"田野上、田野里"表示的意义基本相同。方位词有时甚至不一定用于处所义,如"组织上会考虑的"的"上"。方位词"上、中、里、下"用来表范围时,常常是说明某一方面或某一界限,这时更是常和介词组成介词短语,如"在扩散过程中、在小农经济的眼光里、在政策的保护下"。

表示处所的方位短语与定中短语的区别,可以用能否插入"的"来鉴定。"桌子上"内部不能插入"的",是方位短语,"上"是方位词;"桌子上面"内部能插入"的",说成"桌子的上面",是定中短语,"上面"是处所名词。"上面"还可作定语,后面可加"的",如"上面的东西"。单音方位词单独作定语时后面不能加"的",如不说"上的东西"。这也说明有些方位词和处所词虽然意义上很接近,但性质不相同。

5. 量词短语

由数词、指示代词、疑问代词加上量词组成,可分两组:

(1) **数量短语**。由数词加量词组成。例如:

(两个)人　　(八项)规定　　[一拳]打去　　拉〈三次〉

一打‖是十二个　小孩儿‖三岁

(一堆)柴火

(2) **指量短语**。由指示代词、疑问代词加量词组成。例如:

这件好　　　　[那次]他没去

哪件好　　　　(哪件)衣服

上几例中,指示代词"这、那"或疑问代词"哪"与其后的量词之间可以补上基数词"一"。所以,也可以认为指量短语是指示代词或疑问代词修饰数量短语的省略形式构成的短语。

6. 介词短语

由介词附着在名词等词语前面组成。介词短语常修饰谓词,用来标明动作的工具、方式、时间、处所、因果、施事、受事、对象等语义成分。例如:

[用大碗]盛汤　　(表示动作所凭借的工具)

[比前几年]好得多　　(表示时间)

[为健康]而锻炼　　(表示动作的目的)

[被巨浪]撕成碎片　　(表示动作的施事)

[向英雄模范]学习　　(表示动作的关涉对象)

[对谈恋爱]不感兴趣　（表示动作有关的事件）
少数可以作补语。例如：
　　来〈自遥远的边疆〉　（表示动作开始的处所）
　　走〈向辉煌〉　（表示动作趋向的终点）
　　生〈于1936年〉　（表示动作的时间）
有一些还能作定语，这时一定要后加助词"的"。例如：
　　（关于嫦娥奔月）的神话　（表示有关的事件）
　　（对曹操）的评价　（表示动作的对象）
　　（朝东）的侧门　（表示方位）

7. 助词短语

由助词附着在词语上组成，包括"的"字短语、比况短语和"所"字短语等。

（1）**"的"字短语**。由助词"的"附着在实词或短语后面组成，指称人或事物，属于名词性短语，能作主语、宾语。例如：

① <u>大的</u>要照顾<u>小的</u>　（形·的）(作主语、宾语)
② <u>该来的</u>不来　（短语·的）(作主语)
③ <u>他听到的</u>是海潮的声音　（短语·的）(作主语)
④ 少不了<u>吃的</u>　（动·的）(作宾语)

例③中的"海潮的"不是"的"字短语，因为在这个语境里它不是整体指称人或事物。"的"字短语可以前加介词组成介词短语，如"说的[比唱的]还好听"。"的"字短语有时后面可以添加上相应的名词，变成偏正短语，但这样一来，意义会有较大的变化，由概括性较强的指称意义变成了具体意义。有的"的"字短语也不能添加相应的中心语，如"人和车都是铁打的"。

（2）**比况短语**。由比况助词"似(shì)的、一样、(一)般"附在名词等词语后面组成，表示比喻或推测。比况短语有多种句法功能，可以作定语、状语、补语，属形容词性短语。例如：

　　（暴风雨般的）掌声　（大山一般的）体魄
　　[木头似的]站着　[触电一样]哆嗦了一下
　　浇得〈落汤鸡似的〉

用来比喻的成分以名词为常，动词、形容词较少。这种短语因为主要是用来描写相似点，前面常用上"像、好像"等动词，引进比喻的对象或表推测。例如：

　　[好像火一样]灼热　（表比喻）
　　天气燥热，好像要下雨似的　（表推测）

（3）**"所"字短语**。由助词"所"加在动词前面组成，指称动作所支配或关涉的对象。如"所见、所闻、所想、所需要、所认识"。"所答非所问"(作主语、宾语)、"各尽所能"(作宾语)，这些都是文言成分。在口语句子里，"所"字短语一般要借助"的"字组成"的"字短语,如"所引用的只是一些文献资料";或者借助"的"字修饰名词组成偏正短语,如"所起的作用很大"。许多"所"字短语仍旧要利用"的"字来组成"的"字短语,才有可能单说,如"所陈述"不能单说,"所陈述的"可以单说。"所"字短语都是名词性短语。

以上前五类是实词和实词组合成的短语,后两类是实词与虚词组合成的短语。

三、短语的功能类型

短语有两方面的功能:一方面是作句法成分,所有短语都能充当一个更大的短语里的组成成分;另一方面是成句,大部分短语加上句调能独立成句。有少数短语不具备成句的能力,如前面说到的"所"字短语。

短语的功能是凭它相当于哪类词的功能决定的。功能相当于名词的叫作名词性短语;功能相当于谓词的叫作谓词性短语,通常以动词、形容词为中心。主谓短语的功能类凭该短语的谓语中心的词性而定,谓语中心是动词、形容词的是谓词性短语,谓语中心是名词性的为名词性短语。

有关短语的结构类和功能类的关系详见下表(见表 4-6)。

表 4-6 短语的结构类和功能类关系表

结构类型	功能类型			
	名词性短语	动词性短语	形容词性短语	加词性短语①
		谓词性短语		
主谓短语	鲁迅绍兴人	你看	葡萄很甜	
动宾短语		看书		
偏正短语	狡猾的狐狸 狐狸的狡猾	不看	非常甜	大规模 高质量
中补短语		看完	甜得很	
联合短语	他和她	看不看	又甜又香	
同位短语	他自己			
量词短语	一个			
方位短语	桌子上			
"的"字短语	卖菜的			
连谓短语		走去看看		

① 常作状语、定语的介词短语"[把车]开走、(朝南)的房子"也归加词性短语。

续表

结构类型	功能类型			
	名词性短语	动词性短语	形容词性短语	加词性短语
		谓词性短语		
兼语短语		请你看		
介词短语				把他

四、短语的意义类型

只有一个意义的短语叫单义短语,不止一个意义的短语叫多义短语。形成多义结构的主要原因是语言结构有限而意义无穷,用有限的结构表达无穷的意义不能不产生一个语言结构表达多种意义的现象。语素、词、短语和句子都有多义现象。短语不像句子那样有语境,因此多义短语比多义句更多。下面从语法结构层次、语法结构关系、语义关系等方面去观察各种类型的多义短语。语法结构层次的不同表现为相同结构关系的语法成分划分的层次不同,语法结构关系的不同表现为句法成分不同,语义关系的不同表现为语义成分或语义角色如施事、受事等的不同。

(一)结构层次不同的多义短语

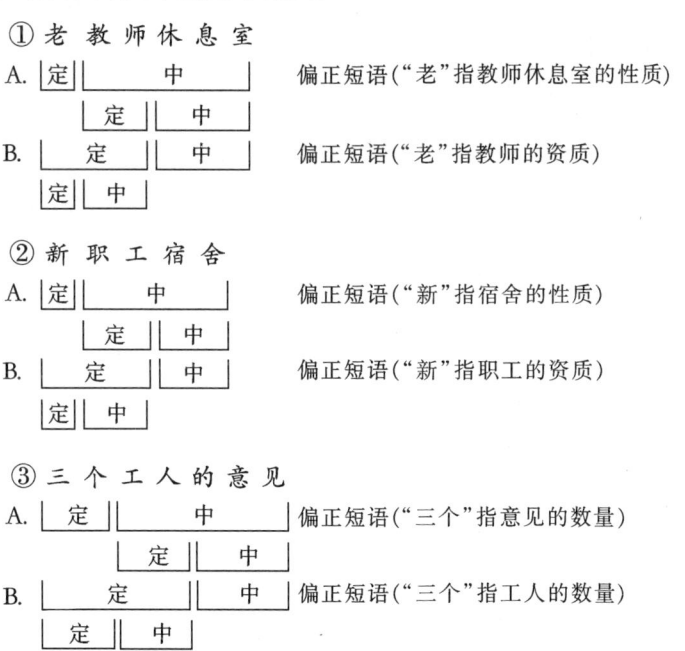

（二）结构关系不同的多义短语

① A. 学习 文件
　　　|动　|宾　|　　　　　动宾短语（相当于"学什么"）

　　B. 学习 文件
　　　|定　|中　|　　　　　偏正短语（相当于"什么文件"）

② A. 进口 机电 产品
　　　|动　|　宾　　|
　　　　　　|定　|中　|　　动宾短语（相当于"进口什么"）

　　B. 进口 机电 产品
　　　|定　|　中　　|
　　　　　　|定　|中　|　　偏正短语（相当于"什么机电产品"）

③ A. 他 和 你 的 同学
　　　|　定　　|　中　|　　偏正短语
　　　|联|合|　　　　　　　（相当于"两个人的同学"，指一个人）

　　B. 他 和 你 的 同学
　　　|联|　　合　　|　　　联合短语
　　　　　　|定|中|　　　　（相当于"你的同学和他"，指两个人）

例③这种多义短语与其说两个意思共用一个结构体（词类系列），不如说两个结构重叠成一个结构（词类系列），即 A 偏正结构与 B 联合结构重合。

（三）语义关系不同的多义短语

① A. 母亲 的 回忆
　　　|定　|　中　|　　　　偏正短语（"母亲"是施事，意指母亲对往事的回忆）

　　B. 母亲 的 回忆
　　　|定　|　中　|　　　　偏正短语（"母亲"是受事，意指当事人对其母亲的回忆）

② A. 鸡 不 吃
　　　|主|　谓　|
　　　　　|状|中|　　　　　主谓短语（"鸡"是受事，意指"（人或动物）不吃鸡肉"）

　　B. 鸡 不 吃
　　　|主|　谓　|
　　　　　|状|中|　　　　　主谓短语（"鸡"是施事，意指"鸡不吃（食）"）

③ A. 他 谁 都 认识
　　　|主|　　谓　　|
　　　　　|主|　谓　|
　　　　　　　|状|中|　　　主谓短语（"他"是施事，"谁"是受事，意指他认识的人多）

B.他谁都认识

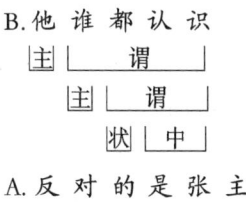

主谓短语
("他"是受事,"谁"是施事,意指所有人都认识他)

④ A.反对的是张主任

主谓短语("张主任"是施事,意指反对他人或某意见、提案等的人是张主任)

B.反对的是张主任

主谓短语("张主任"是受事,意指他人反对的人是张主任)

这些多义短语的结构层次和结构关系都相同,要想分辨它们,层次分析法无能为力,只能用语义分析法指出它们的不同。

(四)结构关系和语义关系都不同的多义短语

① A.咬死了农民的狗

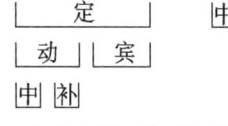

动宾短语
("狗"是受事,意指"农民的狗被咬死了")

B.咬死了农民的狗

偏正短语
("狗"是施事,"农民"是受事,意指"狗咬死了农民")

还有由四个实词组成的多义短语,表示四种意思:

② A.咬坏孩子的狗

偏正短语
("狗"是施事,"孩子"是受事,意指"狗把孩子咬坏了")

B.咬坏孩子的狗

偏正短语
("狗"是施事,"坏孩子"是受事,意指"咬了坏孩子的狗")

C.咬坏孩子的狗

动宾短语
("狗"是受事,"孩子"是领事,省了施事,意指"把孩子的狗咬坏了")

D.咬坏孩子的狗

动宾短语
("狗"是受事,"坏孩子"是领事,省了施事,意指"把坏孩子的狗咬了")

第四节　短语　·53·

上面都是书面上的短语,多义短语的实际情况要复杂得多。在口语里,因有轻重音和停顿的帮助,短语的多义性可以被消解掉。有些短语在上下文等语境中可以消除多义,即由多义变成单义。如果语境不能消除多义,就容易使人产生误解,误入歧途。这种有消极作用的多义不妨叫歧义。消除歧义的办法很多,书面上主要有两种:一是适当增加实词,像把"厂长的问题"说成"厂长存在的问题"或"厂长提出的问题";二是增加虚词或改变结构,像"演好戏"可以说成"把戏演好"或"演了好戏"。注意消除歧义现象,对正确运用语言、提高表达效果有积极意义。

五、短语分析小结

(一) 短语的层次分析

分析短语等句法结构,可使用层次分析法。它来源于国外结构主义语法学派的"直接组成成分分析法"。分析时尽量切分出两个直接组成成分,即一分为二,所以又叫"二分法"。遇到不能二分的兼语短语、连谓短语和多项式联合短语,就只能多分。这种分析法最能反映短语内部的组合层次,因而我国学者把这种析句法称为"层次分析法"。这种分析法操作起来分两步:一是切分,二是定性。所谓切分,就是按照语法结构关系将语言组织成若干片段。所谓定性,就是给每次切分出来的单位定成分名称,定名的根据就是两个单位之间的语法结构关系。层次分析法需要借用传统语法的"主语、谓语、宾语、定语、状语、补语"等句法成分名称来标明每两个直接组成成分之间的关系。正确的切分应满足层次分析法以下的三个条件。

第一,从结构上看,切分出的配对成分必须是个语法单位(即语言中允许有的单位,如词、短语或短语的等价物,包括短语的省略形式)。

第二,从功能上看,切分出的配对成分必须有语法关系,或者习惯上能组合。

第三,从意义上看,切分出的配对成分每个都有意义,加起来也有意义,而且符合整体的原意。

简单地说,切出的片段必须是能搭配(有语法关系)而又符合原意的语法单位。只要有一个条件不符合,就不能认为切分正确。如"他|弟弟|是|个|劳动模范"这六个词就有五个(n-1)切口,只有在第 2 个切口切第一刀,才符合三个条件;在其他切口切第一刀,总有一个或两个条件不符合。需要注意的是:谓语"是|个劳动模范"再切分时是在"是"字后头切开,后头的"个劳动模范"不是完整的语法单位,而是"一个劳动模范"的省略形式(偏正短语的等价物)。上例可用竖线和数码表示切分的先后,用框式图解表示逐层一分为二的结果列示如下:

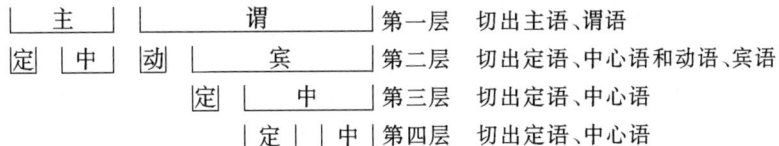

上面是用从大到小、一分为二的切分式图解,也可以反过来用从小到大、合二为一的组合式图解。先是由关系最密切的两个小单位组成一个大单位,逐层由两个大单位组成一个更大的单位。例如:

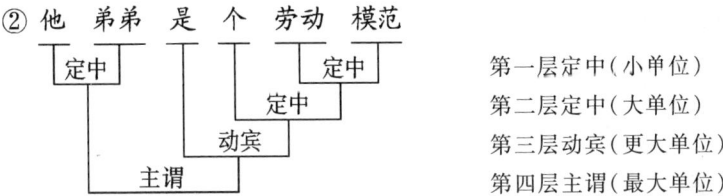

层次分析法常用从大到小的切分式图解法。分析时单义结构一般只有一种切分是正确的,有时一个结构有两种(以上)切分都合上述三个条件。如"不看电影",可在"不"和"看电影"这两个语法单位之间切开,其间有偏正关系,符合原意;也可在"不看"和"电影"之间切开,两个语法单位之间有动宾关系,也符合原意。遇到这种"状动宾"两可情况就选用第一种切法,即"先状后宾"的切法,因为遇到"很有道理"(状动宾)等,只能先切出状语,不能先切出宾语。为了追求切分结果的彼此一致,我们主张把"不看电影"切分成"不|看电影"。

要注意,有的结构体的两个组成成分之间有黏合剂(虚词中的结构助词或连词),如"热烈地|欢迎""好得|很""热闹的|场面""你和他",切口一边的虚词犹如两个砖头之间起黏合作用的泥浆,不能算在某一句法成分之内。"地、得、的"和"和"只是状语、补语、定语和联合结构的标记,不算是句法成分,也不能和前面词语合成一个成分。但"的"字短语里的"的"字、介词短语里的介词不能排斥在句法成分之外,因为"的"字是"的"字短语内不可少的成分,介词是介词短语的必有成分。

分析短语的目的是了解它的结构。借助结构格式来认识短语的类型,可以为以后对句子进行结构分析、句型归纳、病句修改打下基础。

短语分析举例

（二）短语和词的区分

短语和词是两个重要的不同层次的语言单位。在汉语表达中,有一些处于中间状态难以确定的单位,看上去既像合成词,又像是短语,需要谨慎地加以分辨。这里介绍一种适用于区别短语和词的"扩展法"。所谓扩展,就是把可疑单位拆开,插一个或几个词,造成一个较复杂的短语形式。经扩展后,说起来能成话的,那么这个单位应属于由两个词组成的短语。如果扩展后不成话的,就不是短语,而是词。具体做法可参见下表(见表4-7):

表 4-7 短语和词测试表

五种结构方式	中间"测试剂"	词（不能扩展）	短语（可以扩展）
主谓式	不、很	眼红	眼睛红
动宾式	着、了、过	司令、动员	看书
中补式	得、不	证明≠证得明	讲清
偏正式	的、地	白菜≠白的菜	白猫
联合式	和、并、或、而	墨笔	钢笔、毛笔

所谓的"测试剂"其实就是帮助我们辨认短语类型的标记。连词"和"是联合短语的标记,结构助词"的、地、得"分别是定语、状语、补语的标记等。

需要注意的是,"理发、洗澡"等离合词,内部的两个语素合起来算一个词,离析开来用时算两个词,这种词不宜用扩展法来测试。至于"戒什么严、朋什么友、美什么丽"也不能说明"戒严、朋友、美丽"能扩展。这是在词内插入"什么"用来提问,以表示对该概念的否定或不认同。

思考和练习四

一、合成词和短语的结构类型基本相同,只有少数不同。试将相同的类型一一对比列举,每类举三例。每类必有一个内含两个层次的合成词和短语,说明它们的相同点。

二、试举例说明汉语组成短语的语法手段。

三、指出《不老歌》中三字短语的结构类和功能类。

起得早,睡得好;七分饱,常跑跑;

多笑笑,莫烦恼;天天忙,永不老。

四、指出下面句子中作定语的短语的结构类和功能类。

恒心,是攀登高峰的通天梯。

虚心,是金色秋天的丰收者。

诚心,是友谊园里的艳丽花。

信心,是理想王国的信天使。

耐心,是获得甜果的自豪家。

真心,是秉公办事的执法官。
宽心,是健康长寿的灵芝草。
妒心,是身体内部的毒性瘤。
灰心,是时代洪流的淘汰者。
躁心,是前进路上的绊脚石。
私心,是走向深渊的大祸根。

五、用从大到小和从小到大的层次分析法分析下列每个短语的结构层次和结构关系,并指出每个短语的结构类型。
① 矿山建设者的摇篮
② 不能磨灭的深刻印象
③ 写出更多更好的作品
④ 分析研究一下材料
⑤ 谁是最可爱的人
⑥ 做一个有理想有作为的青年
⑦ 一种新式的炊具电磁炉
⑧ 划分词类的一个目的是讲述词的用法
⑨ 浓浓的长长的眉毛和一双不大不小的眼睛

六、下列短语都是多义短语。试分析它们内部不同的结构层次和结构关系。
① 他的哥哥和妹妹的三位朋友
② 热爱人民的军队
③ 三个报社的记者和编辑
④ 看打乒乓球的小学生
⑤ 对售货员的意见
⑥ 照顾孩子的妈妈
⑦ 反对用人唯亲的程××
⑧ 讨厌酗酒和赌博的女人

第五节 句法成分

[目的要求]深入了解句子八种配对的句法成分之间的语法关系和语义关系,熟练地分析句法结构中的各种句法成分,为辨认和分析句型、修改病句打好基础。

前面介绍过句法结构里八种句法成分的定义和配对的句法成分之间的关系。本节将讲解八种句法成分和句子独有的独立成分,结合句法、语义、语用三个层面的分析,讲解上述成分的构成材料、意义类型、组合语序以及易混成分的辨别等问题。

一、主语　谓语

（一）主语的构成材料

主语可分为名词性主语和谓词性主语。

1. 名词性主语

名词性主语由名词性词语充当,包括名词、数词、名词性的代词和名词性短语,多表示人或事物。主语作为被陈述的对象,通常位于句首,能回答"谁"或者"什么"等问题。例如：

① 明天‖是星期一。（名词）

② 前面‖围着一圈人。（方位名词）

③ 九‖是三的三倍。（数词）

④ 我们‖可以走出戈壁滩了。（代词）

⑤ 院子里‖静悄悄的。（方位短语）

⑥ 今天晚上‖特别冷。（定中短语）

⑦ 顽强的毅力‖可以征服世界上任何一座高峰。（定中短语）

⑧ 一米‖等于三尺。（数量短语）

⑨ 一个个‖看得眼花缭乱。（数量短语重叠）

⑩ 咱俩‖是一条心。（同位短语）

⑪ 粮食、棉花‖丰收了。（联合短语）

⑫ 小型的‖比大型的好得多。（"的"字短语）

如果谓语以带宾动词为核心,确认主语时要考虑动词前的名词性词语是不是必有成分,是不是核心动词所表示的动作的施事、受事。拿句首表示时间和处所的词语来说,有时候它可以作陈述的对象,也就是作主语,如例①和例②；有时候核心动词前还有表施事、受事的名语作陈述对象,那么时间、处所词语就成为状语了。例如：

⑬ [前天],[这里],我‖没看见有人卖东西。

⑭ [后天],这个学校所有老师‖都到指定的医院检查身体。

⑮ [树林里],鸟儿‖叫得正欢。

例⑬⑭中的"前天""后天"是时间状语,例⑬⑮中的"这里""树林里"是处所状语。

2. 谓词性主语

谓词性主语由谓词性词语充当,包括动词、形容词、谓词性的代词、动词性短语、形容词性短语。这是以动作、性状或事情作陈述的对象。例如：

⑯ 看看‖好不好？（动词重叠）

⑰ 苦‖变甜。（形容词）

⑱ "这样‖行不行?""这样‖好。"(代谓词)

⑲ 生男生女‖一个样。(动词联合短语)

⑳ 公正廉洁‖是公职人员行为的准则。(形容词联合短语)

㉑ 拆台‖比搭台容易得多。(动宾短语)

㉒ 他不参加‖也好。(主谓短语)

㉓ 请他作报告‖已经不是个新事儿了。(兼语短语)

㉔ 认真地学习‖是对的。(状中短语)

㉕ 学得认真‖是应该的。(中补短语)

㉖ 去北京查资料‖很有必要。(连谓短语)

㉗ 两国总统互访‖意义重大。(主谓短语)

　　名词性主语后面的谓语在词性上不受限制,只要语义能搭配,可以由各种谓词语充当。而谓词性主语后面的谓语要受到限制,它总是由非动作性谓词(含判断动词、形容词等)充当。

　　主语和话题,前者是句法概念,后者是语用概念。话题是谈话的出发点、关注点,常指明一句话中的已知信息。话题与"说明"配对共存,一前一后,"说明"是对话题的陈述,指明一句话中的重点信息。话题又叫"主题",说明又叫"述题"。话题与主语相似而并不等同,主要是在句中占据的位置不同。话题出现在句首,可以由时间、处所状语充当(如例⑬⑮),更多的是由主语充当(如例①②⑳㉗)。话题与主语两者重合,说明也就与谓语重合。例⑬⑭⑮中的说明都是主谓短语,说明与谓语并不重合。话题与主语的不同,还表现在语用方面,话题往往带有强调的口气。

(二) 谓语的构成材料

　　谓语通常由谓词性词语充当,在一定条件下也可由名词性词语充当。谓语的作用是对主语进行叙述、描写或判断,能回答主语"怎么样"或"是什么"等问题。用作谓语中心的动词、形容词等通常是句法结构和语义解释的核心,它跟前头的主语、状语以及后头的补语、宾语都可以发生语法、语义关系。没有了谓语中心,句子就散了架。因此,认准谓语中心以及它跟前后各成分的结构关系和语义关系是十分重要的。

　　动词性词语经常作谓语。动词一般不单独作谓语。动词作谓语核心时,常常要在前面或后面带上别的成分(如状语、补语、宾语),如前面例④⑨⑭。动词单独作谓语有以下条件:(1)用在对话里,如"你瞧!"(2)用在复句的分句里,特别是在先行句和后续句里,如"你来,我就走!"(3)用在对比、排比句里,如"一个人干,八个人拆。"(4)常常要加上一定的语气词或动态助词,如"春天来了。"

　　形容词性词语也经常作谓语。形容词单独作谓语,也受一定的条件限制:

（1）在对话里，提问句和回答句都可以这样用，如"哪个地方凉快？那里凉快。"（2）用在复句的分句里，主要是对比句或者是先行句、后续句里，如"道远，你多走一会不就得了！""多穿点衣服再出去，外头冷。"（3）有时在句末要有语气词，如"我累了。""天晚啦。"

主谓短语作谓语是汉语区别于英语等语言的一大特色，如"他‖头脑冷静。""人生‖谁不爱惜青春。"

名词性词语作谓语比较少见，有一定的条件限制，如"明天清明节。""鲁迅，浙江绍兴人。"

数量短语既属名词性短语，又带有谓词性，既具有指称性，又有述谓性，如"他的体温三十七度""祖国万岁""这孩子快五个月了"。

（三）主语和谓语的语义类型①

主语和谓语的语义关系很复杂。当谓语表示动作时，主语可以是动作的发出者、主动者即施事，也可以是动作的涉及者、被动者即受事。当谓语不表示动作时，主语既非施事，也不是受事，可以说是中性的。概括起来，主语可粗分为施事、受事和中性三大类。

1. 施事主语

施事主语表示发出动作、行为的主体。这种主谓句的语义结构是"施事+动作"。例如：

① 狼‖把小羊咬死了。
② 两只水鸟‖在水草边梳理那晃眼的羽毛。
③ 演员的表情‖抓住了每个观众的视线。

从语法关系上看，这里所说的施事，是广义的施事，既包括动作的发出者，也包括客观上不能主动发出动作的事物〈如例③的"演员的表情"〉。以上三例，是施事主语句，也就是主动句。

2. 受事主语

受事主语表示承受动作、行为的客体，也就是动作、行为所涉及的对象。这种主谓句的语义结构是"受事+动作"。例如：

④ 羊‖被狼咬死了。
⑤ 这孩子‖我也疼他。
⑥ 这样的好机会，‖你可别错过了。

这里的受事是广义的。只要意义上可以看成动作、行为所针对的对象，包括动作的承受者和涉及对象，都是受事。例⑥中，"这样的好机会"并未接受动词"错

---

① 这里的"语义"不同于词汇意义，不是词典中孤立的词所表示的意义，而是词语组合时才有的关系意义，是词典里无法注明的意义，是语法意义之一。

过"的影响,却是"错过"所涉及的对象。例④⑤⑥都是受事主语句,例④又叫被动句。

3. 中性主语

中性主语表示非施事、非受事的人或事物。中性主语又叫"非施受主语"。例如:

⑦ 小妹‖只掉了几滴眼泪。
⑧ 我们‖跑丢了一只猫。
⑨ 这件事‖不能怪他。
⑩ 这个买卖‖你是怎么当的家?

这类例子中的谓语或谓语中心有时用及物动词,有时用不及物动词,但后面一定有宾语,主宾之间语义上常有领属关系。这种主语有时像施事(如例⑦)。有时只是跟谓语有关联,宾语才是施事(如例⑧)。因此,有的句子的宾语可以移到动词前做主语或主语中心,比如例⑧可以变换为"我们的一只猫跑丢了"。但是不能删去宾语而只用主语,否则句子不能成立或者改变了原意,比如例⑧不能变换为"我们跑丢了"。

除此以外,主语还有多种语义内容,可以表动作结果,如"大楼盖好了";表工具,如"钝刀割肉";可以表原因,如"外伤容易感染";可以表处所,如"汤里搁上点肉松"等。这些小义类也一律归入中性主语大类里。

推而广之,谓语中心不用动作动词而用形容词、名词、数量短语和非动作动词"是、有"等,其主语都属于中性主语。例如:

⑪ 远近高低‖各不同。
⑫ 只生一个孩子‖好。
⑬ 大丫头,‖水灵灵的一朵花。
⑭ 他‖刚三岁。
⑮ 他‖是劳动模范。
⑯ 山上‖没有树。

根据谓语对主语的作用,谓语的语义类型可以分为三大类。第一类着重于叙述,叙述主语所做的或与主语有关的一件事情,这主要由动词性词语充当,如例①②表示主语"做什么"或"怎么样"。有人把这种句子叫叙述句。第二类着重于描写,即描写主语的性状,这主要由形容词性词语(这里包括形容词性的主谓短语)充当,如例⑪⑫表示主语"什么样"。有人把这种句子叫描写句。第三类着重于判断说明,即说明主语的类属或情况,如"鲁迅是浙江人""荷叶,是小青蛙的摇篮",表示主语"是什么"。这种句子可叫判断句。

需要说明的是,由"是、有、像"等非动作动词组成的谓语只是用来判断说明主语的情况,如"知识就是力量。""你啊,真有本事。""她像一只受惊的小鹿。"

"她的眼光好像一把利剑。"这些句子只是做出解释、确认存在、表示比喻等,而不是叙述一个活动、一件事情。

二、动语 宾语

(一)动语的构成材料

动语和宾语是共现共存的两个成分。句内有宾语,就必有动语;无宾语,就没有动语。动语又叫述语,由动词性词语构成。例如:

① 山坡上下来两个打柴的。(动词)
② 我们相互交流过学术观点。(动词)
③ 你们要学好用好祖国的语言文字。(联合短语)
④ 他终于露出笑容。(中补短语)
⑤ 她昨天打破了一个茶杯。(中补短语)

动语可以由单个动词充当。更常见的是由动词带上补语构成(如例③④⑤),或带动态助词构成(如"买了什么?")。动语和动语中心通常是及物动词,在存现句里也可以是不及物动词,如例①。有时候,某些不及物动词必须带上补语之后才能后续非施事宾语,因为这里的宾语只跟补语发生某种语义联系,如"他走肿了脚"。该例不能变换为"他走了脚"。

形容词不能带宾语,但是兼属动词的形容词可以带宾语。例如:

⑥ 多一个铃铛多一声响。
⑦ 知识能够满足人的需要和社会的需要。

(二)宾语的构成材料

宾语也分名词性宾语和谓词性宾语两种。名词性宾语俯拾即是,比如上文例①~⑦中动语(即加点部分)后面的宾语。再如:

① 这间客厅有二十平方米。(数量短语)
② 海棠已经有红的了,梨还是青的。("的"字短语)
③ 园子里种着黄瓜、豆角、辣椒、茄子和西红柿。(联合短语)
④ 给你 一个惊喜。(双宾语)

例④中有双宾语。

谓词性词语充当宾语有一定条件,一般只能出现在能带谓词性词语的动语后边。例如:

⑤ 参军就是奉献。(动词)
⑥ 有成就的人理应受到尊重,但是她却受到伤害,这不能不使我感到惊奇。(动词、动词、形容词)
⑦ 教育成功的秘密在于尊重学生。(动宾短语)
⑧ 谁说女子不如男子?(主谓短语)

⑨ 早上一起床,大家发现风停了,浪也静了。(复句形式①)

(三)宾语的语义类型

宾语和动语的语义关系很复杂。根据与宾语之间的语义关系,宾语可粗略分成三种:

1. 受事宾语

表示动作、行为直接支配、涉及的人或事物,包括动作的承受者(如"割麦子""打落水狗")、动作的对象(如"告诉大家""感谢你")。

2. 施事宾语

表示动作、行为的发出者、主动者,可以是人或自然界的事物。施事宾语比受事宾语少见,多用于少数特定的句法结构(如表示出现、消失义或供需关系的句法结构)中,如"来了一位客人""走漏了消息""出太阳了""荷叶上滚着水珠""天上飘着白云""一锅饭吃十个人"。

3. 中性宾语

表示施事、受事以外的语义角色的宾语叫"中性宾语",即非施非受宾语。中性宾语也是多种多样的,可以借助不同的变换式或介词标记来辨认。例如:

(1) 结果宾语,如盖房子、挖坑(盖成房子、挖成坑)。

(2) 处所宾语,如回南方、坐车上、吃食堂(回到南方、在车上坐、在食堂里吃)。

(3) 时间宾语,如熬夜、过中秋节(在夜里熬着、在中秋节时过)。

(4) 工具宾语,如编柳条、晒太阳、吹电扇(用柳条编、用太阳晒、用电扇吹)。

(5) 方式宾语,如存活期、寄航空(用活期的方式存、用航空的方式寄)。

(6) 原因宾语,如避雨、缩水(因雨而躲避、因水而收缩)。

(7) 目的宾语,如交涉过财产问题、打扫卫生(为财产问题而交涉、为了卫生而打扫)。

(8) 类别宾语,如他当班长、我是学生(他是班长)。

(9) 存在宾语,如那里有鱼(鱼在那里)。

(10) 其他宾语,如上年纪、出风头。

宾语是动词分类的主要依据。根据带宾语的情况,可把动词分为及物动词和不及物动词。能带受事宾语的动词叫及物动词,如"做、给、看"等;不能带受事宾语的动词叫不及物动词,如"休息、游行"和"来、去"等。及物动词又可按照所带宾语的性质来分类:只能带名词性宾语的动词叫名宾动词,只能带谓词性宾语的动词叫谓宾动词,既能带名宾又能带谓宾的动词叫名谓宾动词。例如:

---

① 复句形式是类似复句而没有完整句调的语言单位。

(1) 名宾动词,如敲、砍、摇、打扫、修理、收割、采购等。

(2) 谓宾动词可细分为三种:

a. 打算、估计、计划、认为、主张、准备、省得等(真谓宾动词)

b. 给以、加以、予以、致以、进行等(准谓宾动词)

c. 开始、失悔、痛感、意味着、有助于等(真准谓宾动词)

真谓宾动词是能带谓词性宾语的动词,后面可带动宾、状中等动词短语,但不能带以谓词为中心的定中短语。如"值得认真地学习",不能说成"值得认真的学习"。准谓宾动词可以带以谓词为中心的定中短语,而不能带动宾、状中等短语,如"进行认真的调查"不能说成"进行认真地调查"。真准谓宾动词可带真谓词性宾语,又可带准谓词性宾语。如"开始有了一些变化"和"开始了新的变化"。

(3) 名谓宾动词可细分三种:

a. 指出、看见、说、表明、抱怨、埋怨等(名真谓宾动词)

b. 得到、有、作等(名准谓宾动词)

c. 想象、保证、称赞、担心、赞成、反对等(名真准谓宾动词)

名真谓宾动词是既能带名宾、又能带真谓宾的名谓宾动词,如"指出了他的缺点""指出了他有很多缺点"。名准谓宾动词是既能带名宾又能带准谓宾的名谓宾动词,如"得到了一些奖品""得到了大家的帮助"。名真准谓宾动词是能带上述两种宾语的名谓宾动词,如"想象将来的美好景象""想象自己将来成为有用的人才""大家正在想象美好的感受"。

三、定语

(一) 定语的构成材料和语义类型

实词和短语大都可以作定语,如"冰雪世界、神奇色彩、微型电脑、一片绿洲、戴眼镜的老汉、人多的地方"。

从表义作用看,定语可以分为限制性定语和描写性定语两大类。限制性定语一般能回答"哪一种或哪一类的、多少、何时的、何地的"等问题,描写性定语一般能回答"什么样的"问题。

限制性定语是对中心语所指的事物范围加以限制,使该事物在其性质、特征上能与同类的事物区别开来。它的作用主要是给事物分类,使语言增加准确性、严密性。这种定语越多,中心语所指的人或事物的范围就越小。一般来说,名词性词语、动词性词语和区别词做定语多是限制性的,表示人或事物的领有者、时间、处所、环境、范围、用途、质料、数量、性质、属性、来源等,如"颐和园的湖光山色、冬季的阳光、林子里的光线、教学设备、野生动物、驮炊具和行装的骆驼、石头房子、一块桦树皮、新衣服、大型歌舞、女朋友送的礼物"。

在限制性定语里,有一种是表同一性的。例如:
① (为谁服务)的问题是一个原则问题。
② 讲解员解说着(黄土高原变成肥沃良田)的远景。

同一性定语和中心语之间是同一关系,所指内容一致。如果把其间的结构助词"的"换成"这个",整个偏正短语就转化为同位短语。

描写性定语多数在语义上对中心语所指的事物加以描写或形容,它的作用主要是描绘人或事物的性质、状态,突出其原有的某一特性,使语言增加形象性、生动性。描写性定语多由状态形容词、性质形容词的重叠式、拟声词等充当,如"碧绿的田野、壮丽的故宫、绿油油的庄稼、弯弯曲曲的小河、如飞的火车、风平浪静的港湾"。

有些描写性定语也有限制作用。如"绿油油的庄稼"里的"绿油油",在描写状态的同时,也起限制范围的作用。

多数描写性定语和所有限制性定语的语义指向是"顺行指向",即指向后头的中心语;少数描写性定语的语义指向是"逆行指向",即指向中心语前头的人,而不指向中心语。例如:
③ 他终于熬过了这个苦闷的夜晚。(他←苦闷)
④ 他又做了一件蠢事。(他←蠢)
⑤ 他在困难时期只吃了一顿饱饭。(他←饱)

这种逆行指向的定中短语有少数不能独立表义,如"饱饭"不能单说,只有在特定语境中位居宾语中心才能成话,换了位置,就不能成话,如"饱饭他在困难时期只吃了一顿。"出现定语逆行指向的语用原因是追求语言表达的经济性或特定的修辞效应。

(二)定语和助词"的"

定语和中心语的组合,有的必须加"的",有的不能加"的",有的可加可不加。加不加"的",涉及定语的词类,也可能涉及定语或中心语的音节多少,以及其间的语义关系。

单音节形容词作定语,通常不加"的",如"红花、绿叶、新课本、好主意"。如果用"的",形成平行格式,就有强调描写的作用,如"好的主意、新的课本"。双音节形容词作定语,常常加上"的"字,特别是用描写状态的词,如"晴朗的天、干净的水、优良的传统、动听的歌声、通红的辣椒、稀薄的空气、粉红的脸"。加或不加,有时也取决于上下文音节的协调与否。有时为了避免"的"用得太多,在不致发生歧义的情况下,"的"可以不用。

名词作定语,有时可以直接修饰中心语,如"桦树皮、狍子肉、茅草屋顶、玻璃器具、语法论著",这类定中短语常用作名称。否则,就必须加"的",如"明天的课、脸上的表情、师傅的想法"。一些单音节名词作定语必须加"的",如"人的性格、水的深度、树的形状、花的香味"。双音节名词作定语而中心语是单音节时，也常常加"的"，如"黄河的水、野地的花、大海的风、北极的冰"。用不用"的"都可以的话，一般需讲究音节的调整，看读起来顺口不顺口，如"洪湖水，浪打浪""迎面吹过来大海风"，其中的"洪湖水、大海风"就不再加"的"了。有时候加不加"的"影响定语的性质和意思，加"的"表领属关系，不加"的"表性质、属性。试比较：

   定语表领属   定语表性质、属性
   （中国）的朋友很多 他有一个（中国）朋友
   她是（英雄）的母亲 她有个（英雄）母亲

  人称代词作定语表示领属者，一般要加"的"。如"你的书、我的朋友、他的眼神、他的著作"。如果用在句子或者一个更大的组合里，有时也可以不用"的"，如"他把我书包拿走了、我朋友的亲戚"。中心语是国家、集团、机关、亲属的名称，有时候也可以不加"的"，如"我们国家、你们学校、他弟弟"。如果中心语是表示亲属称谓的单音词，就不用加"的"了，如"你叔、他爹、我哥"。人称代词和名词一样，后面紧跟指示代词或表示时间、处所的定语时，一般也不用"的"，如"我这衣服、他上学期的成绩、你在上海的亲属、老张那些年的生活、老师五十年代的论文、哥哥在江心洲的家"。

  动词作定语，有两种情况。一种是直接修饰中心语，组成一种名称，如"活鱼、死狗、剩饭、烤肉、炒肉丝、烧茄子、感谢信、压缩饼干、注射器材、创作计划、使用情况"。当单音动词做定语时，中心语要用具体名词，如"烤肉"；双音动词做定语，不受这种限制，如"压缩饼干、使用情况"。另一种情况是一般要用甚至必须用"的"，如"写的字、编的草帽、积累的经验、翻滚的波浪、飘扬的雪花"。

  短语作定语，一般要加"的"，如"非常新颖的设计、有抱负的青年、质量好的产品、对这本书的意见、荷叶上的水珠、一阵阵的歌声"。没有重叠成分的量词短语作定语时后面不加"的"，如"一个中心、两个基本点、三个代表、八项规定"。

（三）多层定语

  定中短语加上定语就形成多层定语。下面分别用框式图解和加符号法举例说明：

   a. 一只大白鸡 b.（一只）大白鸡 c.（一只）（大）（白）鸡
            （大）白鸡
             （白）鸡

c 例不是三层定语修饰一个中心语(鸡),而是三种定语分别修饰三种中心语("一只大白鸡、大白鸡、白鸡")。

以下两种复杂短语不是多层定语,是由偏正短语或联合短语充当的一层定语。例如:

a. 我 的 同 学 的 父 亲 的 朋 友　(一个偏正短语作定语)

(((我)的同学)的父亲)的①朋友(定语是偏正短语)

b. 红 的 黄 的 白 的 菊 花

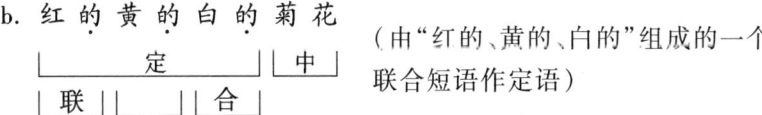

(由"红的、黄的、白的"组成的一个联合短语作定语)

(红的黄的白的)菊花(定语是联合短语)

多层定语的排列次序比较复杂。从最外层算起,一般次序如下:

(1) 表示领属关系的词语(表示"谁的?")
(2) 表示时间、处所的词语(表示"什么时候?什么地方?")
(3) 量词短语或指示代词(表示"多少?")
(4) 动词性词语和主谓短语(表示"怎样的?")
(5) 形容词性词语(表示"什么样的?")
(6) 表示质料、属性或范围的名词、动词(表示"什么?")

例如:

① 我们学校 80 年代 两位 有三十年教龄的 优秀 语文 教师也当
　　(1)　　(2)　　(3)(　　4　　)　(5)(6)
选为代表。

② 他的 一件 刚买的 新 羊皮 夹克也拿来了。
　　(1)　(3)　(4)　(5)(6)

多层定语的次序总是按逻辑关系来排列,跟核心名词的语义关系越密切的定语就越靠近核心名词。但是有一些词语具有灵活性,最灵活的要算量词短语。例如:

---

① 定语的标志"的",不是定语的一部分,所以把它画在圆括号"( )"之外。它更不是中心语的一部分,所以应在"的"下面加着重号,表示它不归哪个成分。本书一般都把"的"画在括号外,但也有特殊情况,如"红的黄的白的菊花",只有一个定语而不是三个定语,不能画三个括号,只好把三个"的"字都画在一个括号里。

③ 朋友送的两个小花瓶
　　（　4　）（　3　)(5)
④ 两个朋友送的小花瓶
　　（　3　)(　4　）(5)
⑤ 朋友送的很小的两个花瓶
　　（　4　）（　5　）（　3　）

这三个例子的量词短语的位置就不同。在使用多层定语时要避免歧义。如例④就有歧义，"两个"可以是"朋友"的定语，也可以是"朋友送的小花瓶"的定语，这就需要用移位或更换(量词)的办法来消除歧义。把例④说成例③，这叫移位法；例④中"两个"如果指朋友，可以换成"两位"，这叫替换法。

四、状语

（一）状语的构成材料、语义类型和位置

状语不只是由副词充当，还可以由时间名词、动词（含能愿动词）、形容词（特别是表示状态的形容词）、介词短语、量词短语和其他一些短语充当，如"上午来了、拼命地跑、头也不回地走了、应该做、认真考虑、从头到尾看了、一遍一遍地说、你一言我一语地讨论、像姐妹一样亲热"。

一般名词、动词很少可以直接修饰动词作状语，并且大多限于能用来表示动作方式、手段、状态的词，如"电话购票、笑脸迎人、公费出国留学、电子支付、现钱交易、现场直播、综合治理、摸索前进"等。动词常常组成短语来作状语，如"他一动不动地蹲在窗台下边、老木匠不眨眼儿地等在车门旁"。

状语的语义类别可粗分为限制性和描写性两类。限制性状语用来表示时间、处所、程度、否定、方式、手段、目的、范围、对象、数量、语气等。描写性状语是从性质和状态方面对动作情状加以描写或形容，在语法结构上也是修饰谓词性成分，在语义指向上有时是描写动作状态，指向谓词性成分，有时是描写动作者的情态，指向名词性成分。因此，描写性状语的语法结构关系和语义关系不都是一致的。例如：

① 小李[很高兴]地对我说。
② 大冷天她脸上[红扑扑]地冒着热气儿。
③ 她[脸色阴沉]地走了进来。
④ 他在黑板上[圆圆]地画了一个圈。
⑤ 矮墙上又[蓬蓬]地长着狗尾草。

状语一般放在主语后面，一些表示时间、处所、范围、情态、条件、关涉对象或者语气的状语有时也可以出现在主语前面。由"关于"组成的介词短语作状语，只能出现在句首。放在主语前的状语叫句首状语，修饰主谓短语或几个分句。例如：

⑥[午后],天闷得很,风小得只勉强能摇动庄稼叶子。
⑦[在回家的路上],小伙子的眼睛像七月的枣儿一样红了圈。
⑧[任何景物中],她都能发现美。
⑨[关于目前的形势],我们已经作了详细的分析。
⑩[按这里的旧俗],新娘子要由哥哥或弟弟背上车。
⑪[当然],房子必须装修。
⑫[在这三天里],[按以往习惯],大哥要去探亲访友。

那些可以有两种位置的状语,放在句首时常常有一些特别的作用:或者是强调状语;或者是照顾上下文的连接;或者状语较长、较多,放在句首可以使主语和谓语中心靠近,使句子结构紧凑,便于理解句意;或者放在句首修饰几个分句,这样既照顾了结构,避免用语重复,也照顾了表意。

(二) 状语和助词"地"

助词"地"是状语的书面标志。状语后面加不加"地"的情况很复杂。单音节副词作状语一般不加"地",有些双音节副词加不加"地"均可,如"非常热/非常地热"。单音节形容词做状语比较少,也大都不能加"地",如"快跑、慢走、大干、苦练"。多音节形容词有相当一部分加不加都可以,如"热烈讨论/热烈地讨论、仔细看了半天/仔细地看了半天、痛痛快快喝一杯/痛痛快快地喝一杯";也有少数不能加,如"不努力学习,肯定要落后"里的"努力";还有少数必须加"地",如"轻巧地划着小船、亲热地问长问短、惊喜地走了"。至于代词、表示时间或处所的名词、能愿动词、方位短语和介词短语作状语,都不加"地"字。那些可加可不加的,一旦加上,往往有强调意味,意在突出状语。试对比以下各例:

① 刚过S门,忽而车把上带着一个人,[慢慢]地倒了。
② 车夫毫不理会……却放下车子,扶那老女人[慢慢]起来。
③ 让我们张开双臂,[热烈]地拥抱这个春天吧!
④ [热烈]欢迎新同学。

(三) 多层状语

状中短语整体加上状语,就形成多层状语。例如:

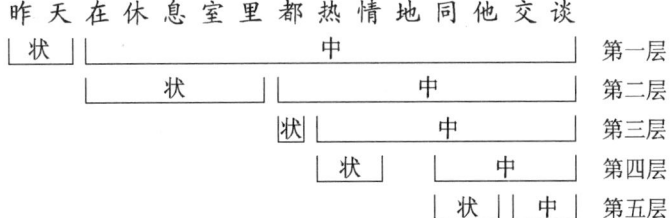

分析状语顺序也像分析多层定语一样,即以左统右。多层状语的排列次序不太固定,有时候位置不同,意思就不一样,例如"都不去/不都去""很不好/不很好"

意思不同。多层状语的语序问题比较复杂,哪种在前,哪种在后,取决于谓语内部的逻辑关系和表意的需要。大致的次序是:条件→时间→处所→语气→范围→否定→程度→情态→对象。上面例子的次序反映了多层状语的一般情况:

(1) 表示时间的名词(指明何时)(限制性状语)
(2) 表示处所的介词短语(指明何地)(限制性状语)
(3) 表示范围的副词(指明什么范围)(限制性状语)
(4) 表示情态的形容词(指明怎样)(描写性状语)
(5) 表示对象的介词短语(指明同谁)(限制性状语)

五、补语

(一) 补语的构成材料和语义类型

补语一般由谓词性词语充当。补语可以用来说明动作、行为的结果、趋向、数量、时间、处所、可能性或者说明性状的程度和人、物的状态。

1. 结果补语

表示动作、行为导致的结果,例如"他放跑了罪犯"。结果补语常用的是形容词,少数用动词和动词短语。结果补语前头不用助词"得"。例如:

① 小草丛中,吊钟花挂〈满〉了一排排紫色的铃铛。
② 这个字写〈错〉了。
③ 她被打〈肿〉了眼睛。
④ 一个月踢〈坏〉了三双鞋。

例③④的动词要带上补语才能后续宾语,即不是动词带宾语,而是中补短语带宾语。

结果补语的语义指向并不都是指向它的中心语,有的是指向主语或宾语。例如:

⑤ 我们打赢了球。(赢了的是我们,指向主语)
⑥ 我们打破了球。(破了的是球,指向宾语)
⑦ 我们打完了球。(完了的是"打"这个动作,指向谓语中心)

这三句分别代表三种语义指向,也可以用语义分解法或变换形式显示出来:

例⑤的变换式是:我们打球,我们赢了。(指向施事)
例⑥的变换式是:我们打球,球破了。(指向受事)
例⑦的变换式是:我们打球,打完了。(指向动作)

在经过变换形成的复句中,原来的谓词性补语成了复句中第二个分句的谓语,起到第二次陈述的作用。它可以有不同的陈述对象,例⑤的补语"陈述"主语,例⑥的补语"陈述"宾语,例⑦的补语"陈述"动词。汉语的中补结构体现了汉语结构凝练这一特点的表现。

上述分析只说明常见的情况,实际的句子还要复杂。有的补语可同时指向两个成分。例如:

⑧ 运动搞得太多了。(既指向主语又指向动词)

有时补语语义并不指向主、宾语和谓语动词,而指向泛指的或在上下文中出现的人或物,如"低度酒也会喝醉的"。

再看下面两句:

⑨ 甲队战胜了乙队。
⑩ 甲队战败了乙队。

两句补语意义相反,可是两句的意思相同,关键在于补语语义指向不同。例⑨"胜"指向主语"甲队",宾语"乙队"可以省略;例⑩"败"指向宾语"乙队",宾语"乙队"不可以省,否则句子意义会发生重大变化。

2. 情态补语

表示由于动作、性状而呈现出来的情态。中心语和补语中间常用助词"得"。例如:

⑪ 那阵雨来得〈猛〉,去得〈快〉。
⑫ 秋天来了,小树林的叶子变得〈殷红殷红〉的。
⑬ 纳税人的钱花得〈值不值得〉?
⑭ 讲的人讲得〈眉飞色舞〉,听的人听得〈津津有味〉。
⑮ 他摔得〈满身烂泥〉。

情态补语的作用有两种:有的用作描写,用状态形容词或谓词性短语;有的用作评价,只用性质形容词。这两种补语的语义分别表示施事、受事或动作的某种状态。补语前有时用"个、得个",如"雨下个不停、他说个没完、打了个稀巴烂、闹得个鸡犬不宁"。用"个"字,中心语后面有可能加上"了"。用"得"字引出的情态补语在一定的语境里可以省去,如"把你美得!""看你那头发乱得!""看你急得呀!"这种句子往往有无须或无法形容的意味,让对话者自己体会。

3. 趋向补语

表示事物随动作而移动的方向,都由趋向动词充当。例如:

⑯ 他跳〈上〉车子,一阵风似的扑〈来〉。
⑰ 站〈起来〉就走。
⑱ 远处传〈来〉了脚步声。

⑲ 人们绝不轻易把生命交〈出去〉。
⑳ 树林里跳〈出〉一只大老虎〈来〉。
㉑ 一个中年人挨了〈过来〉，把他的小母牛端详了一会。

动态助词"了"一般加在补语后面、宾语前面，如例⑱；有时候"了"加在补语之前，这时句子不会出现宾语，如例㉑。

趋向动词"起来、下去、下来、上、下"常有引申义。如"笑起来"的"起来"表示动作的开始，"笑下去"的"下去"表示动作的继续。这种用法的趋向动词仍作趋向补语，但其意义带有虚化的倾向。

4. 数量补语

数量补语有两种：一种是动量补语，由表动量的量词短语充当，用来表示动作发生的次数，如"看了几遍、走了一趟、看上几眼、打了我一下"；另一种是时量补语，用表时间的量词和加数词组成的数量短语充当，或用"数量名"短语充当，用来表示动作持续的时间，也就是时量、时段，如"住了三天、等了一个钟头、成立了五年了、挂了一天"。"来了三个星期（月）"中的"星期、月"也可表时段，但它们不是量词，而是时间名词，这是特例。因此，补语一般不用名词性成分充当，或名词性成分一般不能做补语。

5. 时地补语（介词短语补语）

时地补语多用介词短语来表示动作发生的时间和处所，包括表示动作的终止地点。例如：

㉒ 这事就出〈在1949年〉。
㉓ 人们都知道自己生〈在何处〉，却不知道死〈在何方〉。
㉔ 两个小伙子走〈向海边〉。

6. 可能补语

可能补语由动词、形容词充当，有两种情况。一种是用"得"或"不得"充当，表示有无可能进行。例如：

㉕ 这东西晒〈得〉晒〈不得〉？（"能晒不能晒"或"能不能晒"）
㉖ 眼下这事儿再耽搁〈不得〉了，得立刻解决。（"不能耽搁"）
㉗ 生产上的事你要多操心，大意〈不得〉。（"不能大意"）

另一种是在结果补语或趋向补语和中心语之间插进"得/不"（轻声），表示动作的结果、趋向可能不可能实现。例如：

	结果补语	⇒	可能结果补语
肯定式	[能]解决〈好〉	=	解决得〈好〉
否定式	[不能]解决〈好〉	=	解决〈不好〉
	趋向补语	⇒	可能趋向补语
肯定式	[能]拿〈出来〉	=	拿得〈出来〉

否定式　［不能］拿〈出来〉＝　　　拿〈不出来〉

可能结果补语和情态补语肯定式形式相同。例如"这个字写得好"中的"好",可以是可能补语,也可以是情态补语。判断的方法可用扩展法:补语前能加状语(如表示程度义的"很")的是情态补语,不能加的是可能补语。详见下表(见表4-8):

表4-8　可能补语和情态补语判断关系示意表

可能补语	肯定式	（同形）	写得好	不能扩展	*写得很好
情态补语			写得好	能扩展成	写得很好
可能补语	否定式	（不同形）	写不好	不能扩展成	*写不很好
情态补语			写得不好	能扩展成	写得很不好

7. 程度补语

程度补语很少,主要由"极、很"和表虚义的"透、慌、死、坏、多"等充当,表示人或物具有某属性的程度达到极点或很高的水平。程度补语表示的程度多为高程度,但有时也可以是低程度。比如,量词短语"一些、一点"表示很轻的程度。中心语主要是性质形容词,也可以是某些能前加"很"的动词。例如:

㉘ 心里痛快〈极〉了。(必须加"了")

㉙ 有一回天已经黑〈透〉了,他下了河滩。(同上)

㉚ 这拦河坝坚固得〈很〉。(必须加"得")

㉛ 这里闹得〈慌〉,蛙吵一夜惹人烦。(同上)

㉜ 一走进山沟,可把我乐〈坏〉了。(必须加"了")

㉝ 山那边的情况我熟悉,还是我去好〈一点〉。

程度补语本身没有否定形式。

上述补语的语义类型可列表(见表4-9)总结如下:

表4-9　补语总表

补语名称	表意作用	肯定式补语的例子	否定式补语的例子	有无标记"得"
结果补语	表动作结果	吃完	无	无
情态补语	表状态	讲得眉飞色舞	无	有
趋向补语	表趋向	拿来、拿出、拿出书来	无	无

续表

补语名称	表意作用	肯定式补语的例子	否定式补语的例子	有无标记"得"
数量补语	表动作次数 表动作时量	看一次、看他一次 看了一星期	无	无
时地补语	表时间 表地点	生于1950年 来自广州	无	无
可能补语 可能结果补语 可能趋向补语	表动作可能性 表能否得到结果 表可能和趋向	吃得（能吃） 吃得完 看得出来	吃不得（不能吃） 吃不完 看不出来	有
程度补语	表程度	好极了 好得很	无	只有"很"必有

（二）补语与宾语的辨认

分辨动词后的成分是补语或是宾语，主要是看标记、关系和词性。

一看标记。就是看有无助词"得"，有"得"的就是补语。可插入助词"得"的也是补语。而某些含语素"得"的动词，如"获得、取得、觉得、显得"中的"得"字是构词成分，不是助词。

二看关系。可用提问法，看动词后的词语能回答什么。能回答"V什么"的是宾语，能回答"V得〈怎么样〉"的是补语，如"爱干净"和"扫〈干净〉"。

三看词性。宾语一般由名词性和谓词性的成分充当，以名词性为主。补语一般限于由谓词性成分充当。表时间（时段）的名词性成分属于例外，如"我等了你〈三个小时〉了"可与"我浪费了三个小时了"加以比较，能用"把"字提到动词前的是宾语，否则是补语。动词后面是量词短语的话，有动量词的就是补语，有名量词的是宾语，如"看了三次"和"看了三本"。"看书看了三个小时"里有表时间的名词性偏正短语，可用变换法进行辨析，"看书把三个小时看了"不合原意，"三个小时"只能是补语。这种名词性补语是有条件的，只有表时量（时段）的名词性成分才能作补语。

（三）补语和宾语的顺序及多层补语

补语和宾语可以在动词后共现，它们排列的顺序有以下四种：

（1）动+补+宾：打破砂锅、走出教室（最常见）

（2）动+宾+补：去昆明两次、回家去、拿支笔来（较常见）

（3）动+补+宾+补：拿出书来、走进教室去（双层补语）

（4）动+宾+补+宾：给他三次钱（双层宾语）

动词后的宾语、补语可以有两个,即上面的双层宾语和双层补语。带双层补语的句子比较多,补语可以是结果补语、趋向补语、数量补语(含动量补语、时量补语)。例如:

(1) 结果+动量:叫醒三次、打晕两次、走散半年
(2) 趋向+动量:踏上一脚、看上两眼、寄来一年了
(3) 趋向+趋向:拿出书来、露出笑容来、跑回老家去①

六、中心语

中心语是偏正(定中、状中)短语、中补短语里的中心成分。有的中心语是短语。最后的中心语即中心词可叫"中心",如主语中心是指主语里的中心词,余可类推。根据同它配对的成分性质,中心语可分三种:定语中心语、状语中心语和补语中心语。

(一) 定语中心语

定语中心语指与定语配对的中心语,通常由名词性词语充当。如"(学术界)的(主要)注意力"一语里,两层中心语都是名词性的。谓词性词语也可以进入定语中心语的位置。例如:

① 经济的振兴要靠科学技术。
② 要始终十分重视智力的开发。
③ 放纵的结果是孩子的堕落下去。

"振兴、开发"和"堕落下去"都是定语中心语。动词或动词短语进入"定+的+×"这个名词性框架中获得指称性即名词性,成为借用的名词或短语。"振兴、开发、堕落下去"本是动词或动词短语,一旦被放进定名框架里,又处于主语中心或宾语中心的位置,自然就成为定语中心语。

(二) 状语中心语

状语中心语指与状语配对的中心语,通常由谓词性词语充当,如"他[已经]来了、[昨天]他来了、他[的确]经验丰富、他[很]有道理、他[已经]很疲倦了、[刚]粉刷装修过、[已经]好多了"。不过,名词谓语句里的状语中心语可以由名词充当,如"现在已经深秋了""屋子里就我们俩""台湾海峡狭窄处才135千米"。

(三) 补语中心语

补语中心语指与补语配对的中心语,通常由动词或形容词充当;也可以由谓词性短语充当,如"粉刷装修得很好看""自命不凡得厉害""惊慌失措得像个孩

---

① 这里的"出"和"来"、"回"和"去"中间有宾语时是两个补语,两个词;没有宾语时合在一起算一个补语,一个词,"出来"算离合词。以上结构切分的先后是先远后近。

子""吊死在一棵树上""他比我有经验得多"。

七、独立语①

独立语独立于八种配对成分之外,是特殊的句子成分。所谓独立和特殊,在于它身在句内又与句内的其他成分不发生结构关系,无配对的成分。它和句内的语气词、语调等被称为"零碎"。独立语是由于语用或表达的需要才出现在句内的,在表意上有其特定的重要作用。根据其作用,独立语大致可分为以下四种。

（一）插入语

插入语起补足句意的作用,以使句子表意严密化,用来表明说话者对话语所述事态的态度,交代信息来源、衔接语篇或引起听话者的注意。

有的插入语**表示肯定或强调的口气**,表明说话者那种不容置疑的态度。有时又点明特别值得注意的内容,以加深听话者的印象,通常用"毫无疑问、不可否认、不用说、十分明显、尤其是、主要是、特别是"等。例如：

① 十分明显,不大大提高中华民族的科学文化水平,实现现代化就是一句空话。

② 毫无疑问,周恩来总理必将作为伟大的无产阶级革命家而载入史册。

有的表示对情况的推测和估计,口气比较委婉,对所说事情的真实性不作完全的肯定,留有重新考虑的余地,通常用"看来、看样子、说不定、算起来、我想、充其量、少说一点"等。例如：

③ 我看,这就是人们为什么把雪称为瑞雪的道理吧。

④ 其间耳闻目睹的所谓国家大事,算起来也很不少。

有时候,为了表示消息来源也会使用"听说、据说、据报道"一类字眼。例如：

⑤ 据说,最美的城市应该在山与湖之间。

有时说话者希望听话一方接受自己的见解,又不愿用一种强调的语气,就会用"请看、你想、你瞧、你说"一类字眼来引起对方的注意。例如：

⑥ 你瞧,西面山沟里那一片柿子树,红得多么好看。

⑦ 事情明摆着,你看,我们还能不管？

如果是客观叙述一件事,也会用特定的词语来突出其中的某一点。例如：

---

① 独立语用(△)号表示。

⑧ 虎姑娘一向,他晓得,不这样打扮。

上例用插说"他晓得"来突出"一向",说明过去和眼前的不同。

除此以外,有的插入语起语篇衔接作用。或者表示总括性的意义,点明下文是对上文归总而来的结论;或者指出由此及彼,说明另外的事情。例如:

⑨ 总之,提高学生读写能力,是中学语文教学的目的所在。

或者表示注释、补充、举例,通常用"也就是、包括、正如"等来表示。例如:

⑩ 在那段日子,也就是一起在山西时期,我对他多少也关心过。

有的则表示对语意的附带说明,常用"严格地说、一般地说、不瞒你说、说句笑话"。例如:

⑪ 他呀,不客气地说,一辈子都不会有出息。

(二) 称呼语

用来呼唤对方,引起注意。例如:

① 春天,你在哪里?

② 他们跳了一辈子红绸舞,留下什么啦? 老师!

(三) 感叹语

用叹词表示惊讶、感慨、喜怒哀乐等感情的呼声和交际中的应对等。例如:

① 啊呀,老孙,想不到是你来了。

② 啊,多么令人兴奋的欣欣向荣的景象啊!

③ 唉,太沉不住气了,为什么不等靠近些!

④ 嗯,我这就走。

感叹语后面通常用逗号。感叹语后面如果用上了感叹号,就成了独立句中的一种。

(四) 拟声语

由拟声词构成,模拟事物的声音,给人以真实感,以加强表达效果。例如:

① 砰,砰,我正在擦枪的时候,响起了敲门声。

② 呼——呼——狂风夹着砂石扑来了。

要注意区分感叹语、拟声语和叹词句、拟声词句的不同,也就是要区分独立语和独立句的不同。先看下面的例子:

③ 哈哈,太幼稚了! ——"哈哈"是感叹语,独立语。

④ 哈哈! 太幼稚了! ——"哈哈!"是叹词句,独立句。

⑤ 哗哗,流水了! ——"哗哗"是拟声语,独立语。

⑥ 哗哗! 流水了! ——"哗哗!"是拟声词句,独立句。

独立语或独立句,都不与前后的句法成分或句子发生结构关系。尽管它们在结构上是独立的,但语义上、语用上却是与前后句有联系的。

☆八、句法成分小结

(一) 句子成分与句法成分

主语、谓语、宾语、定语、状语、补语原来称为六大句子成分,为什么在20世纪八九十年代的语法书上大都改称句法成分呢?句子成分分析法流行的初期,人们认为,句子成分是用词充当的,短语不能充当句子的六大成分。自从20世纪80年代以来,直接组成成分分析法流行,它尽量使用一分为二的办法,把一个复杂句子分出两个直接组成成分,往往是左一个短语、右一个短语,短语里还可逐层分出短语,最后分析出一个个的词。这样一来,短语就和词一样,能充当句子成分。研究还发现,除了独词句,分析句内的词类系列或句法结构实际就是分析短语,句子大都是由短语加语调形成的。有了这种新认识,短语便被认为是非常重要的一种语法单位。短语的地位大大提高了之后,分析出短语的组成成分就不应叫句子成分,而应叫短语成分了。句子有句法结构,短语也有句法结构,把它们的组成成分称为句法成分,就可用一个术语代替两个术语了。

(二) 怎样辨认句法成分

(1) 要透彻理解五种基本短语内部的五种语法结构关系,即陈述关系、支配关系、修饰关系、补充关系和联合关系。要认识句法成分的配对性,比如陈述关系存在于主语与谓语这两个配对成分之间,支配关系存在于动语和宾语之间。句子成分分析法认为,与宾语配对的是动词,不是谓语;与状语、补语配对的是动词和形容词;与定语配对的是名词。现在的句子分析法则强调成分对成分,即语对语,与宾语配对的成分叫动语或述语,与补语配对的是补语中心语,定语、状语与各自的中心语配对。

(2) 要记住主、谓、宾、定、状、补这些成分能回答什么问题。下面以及物动词"做"为例子,画一个汉语基础句的"太阳系图",恒星太阳是核心动词,行星是环绕太阳转的主语、宾语,各有各的位置。它们各自能回答一定的问题。

何时? 何地? 怎样(做)?

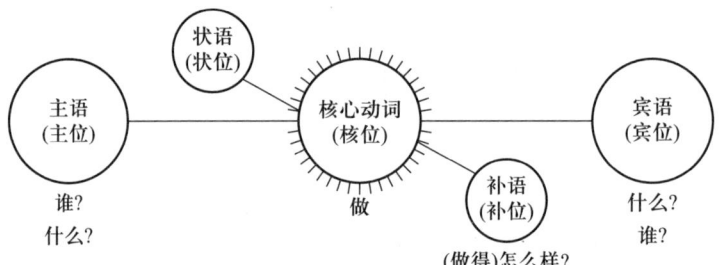

谁?
什么?   做   (做得)怎么样?   什么?
                                                                谁?

主语和宾语在动词前后,能回答"谁"做、做"什么"的问题;状语在动词前(或主语前),能回答"何时、何地、怎样做"等问题;补语在动词后,能回答"做得怎么样、做多少次、做多久"等问题。

（3）记住汉语各句法成分的位次。这个太阳系图可以让人记住四种围绕着"核心动词"的向核成分①的固定位置，即主语、状语在谓语动词前，宾语、补语在谓语动词后。这是汉语语序固定的具体表现。

（4）记住各配对成分常由哪些类词语充当。比如，主语、宾语经常由名词性词语充当，由谓词性词语充当是有条件的。谓语经常由谓词性词语充当，由名词性词语充当是有条件的。补语经常由谓词性词语充当，由名词性词语充当属于例外，仅限于表时段的时间词，且时间词前面必须有数量词修饰。

（三）怎样辨认不同析句法及其句法成分的差异

不同的析句法使用的句法成分术语大都相同，连术语定义也差不多，但在分析同样一个句子时，往往有的地方相同，有的地方不同。比如分析"他死了父亲"一句时，各种析句法都认为"他"是主语，"死了父亲"是动宾短语；层次分析法认为"死了父亲"整体是谓语，而传统的句子成分分析法规定动宾短语不能作谓语，其中中心词（"死"）才算是陈述主语的谓语。这两种分析名同实异，容易造成混乱，因而有必要分清两种流行的析句法的析句原则。

早在 1980 年以前，我国就流行着"句子成分分析法"。此法因从句子里分析出主语、谓语（述语）、宾语等句子成分而得名，又简称"成分分析法"。

早期成分分析法的代表作是黎锦熙的《新著国语文法》(1924)。书中规定一个句子成分须由一个实词充当，短语不能以整体充当句子成分，要分解成若干成分。黎氏的图解法可例析如下：

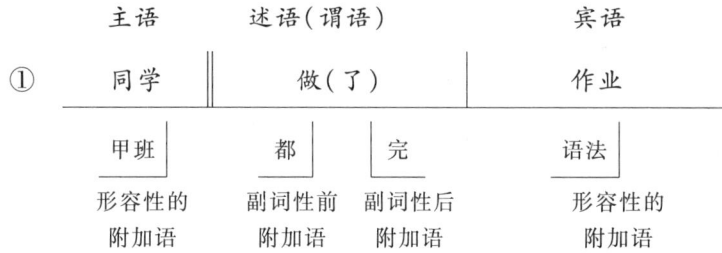

偏正短语"甲班同学"，层次分析法认为可以作主语，句子成分分析法认为中心词"同学"才是主语，"甲班"作名词"同学"的附加语。动宾短语"都做完了语法作业"，层次分析法认为可以作谓语，句子成分分析法认为要核心词"做"才是谓语。

中期成分分析法的代表作是《暂拟汉语教学语法系统》(1956)。它继承了上述分析法的析句原则而有所改变，但仍然将上例分为七个成分。具体如下所示：

② 甲班 同学 ‖ 都 做 完了 语法 作业。
　　定语 主语　　状语 谓语 补语 定语 宾语

---

① 指主语、宾语、状语、补语。定语是修饰名词的向核成分，能回答"什么样的、什么时候的、什么地方的、多少个"等问题，它不是动词谓语句里的向核成分。

句中的成分都使用加线法符号。主语、谓语是基本成分,都用双横线表示;其余四个成分:定语、状语和补语都用浪线表示,宾语用单横线表示。双竖线前头"甲班同学"是主语部分,是名词性短语,要分解出中心词"同学",才能找到基本成分——主语。双竖线后是谓语部分,是动词短语,不能作谓语,要找到核心词"做",才能找到基本成分——谓语。在基本成分前后找出一个个实词,凭关系定为附加成分定语、状语和连带成分补语、宾语,七个实词充当七个成分。

　　后期的成分分析法以本教材第一版(甘肃人民出版社,1979、1980)为代表。规定名词性偏正短语不能作主语、宾语,作主宾语的是其核心词。动词性短语不能充当谓语,作谓语的是其核心词。这样做,有利于归纳句型和检查病句。

　　以上三种成分分析法尽管有很大差别,但对例②这一基础句的分析结果却是一样的。因此,要想判别是不是成分分析法,可拿例②这一基础句作试金石,看它怎样分析:凡是名词性偏正短语不能作主语、宾语的,或动词性短语不能作谓语的,都属于成分分析法,绝不是层次分析法。层次分析法的特点是主张任何短语和实词都可作一定的句法成分。总之,要分清各种分析法的析句原则,要避免同一句子或同一部书混用甲分析法和乙分析法的现象。

附录:句法分析例解

　　为了加深对流行的两种析句法的理解,下面通过一些例子的分析来说明两者的差异及其析句原则的利弊,作为对上一节中"短语分析小结"的补充。

① 喜欢看踢足球的学生今天都来了。

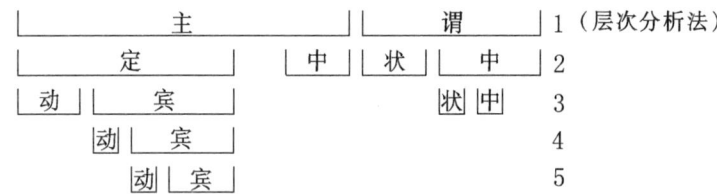

② (喜欢)看　踢　足球的学生‖[今天][都]来了。①
　　　定　宾　宾　宾　　主　　状　　状　谓　　(中期成分分析法)

③ (喜欢看踢足球)的学生[今天][都]来了。②　(后期成分分析法)

在例①里,层次分析法认为名词性偏正短语可充当主语,动词性短语可以充当谓

---

①　例②的这个加符号法用的不是《暂拟系统》的析句符号,而是《中学语法系统提要》里的符号。《暂拟系统》规定的符号是:<u>主语</u>　<u>谓语</u>　<u>宾语</u>　<u>定语</u>　<u>状语</u>　<u>补语</u>。

②　本例依照后期的成分分析法和所用的成分符号来分析,因为它规定各种短语可以作定、状、补语。这样就不会像中期成分分析法那样,为了提取中心词而把句子弄得支离破碎,出现三个宾语,不成句型。从这个不太复杂的例子的分析,已经可以看出《暂拟系统》的析句原则(动宾和偏正短语都不能整体作成分,要找中心,分解为若干成分)不利于描写复杂单句的句型。

语。在例②里,中期成分分析法认为双竖线左边的偏正短语是主语部分,其中心词"学生"才是主语。主语前的动宾短语不能整体作定语,必须"分解"为几个成分,找到中心"喜欢"才找到定语。定语"喜欢"后面有宾语,但不能由短语充当,"看踢足球"这个短语的中心词"看"才是"喜欢"的宾语。依此类推,例②八个实词画出八个成分。在例③里,后期成分分析法认为各种短语都可以充当定语、状语、补语,但名词性偏正短语不能作主语、宾语,动词性短语不能作谓语。又如:

④

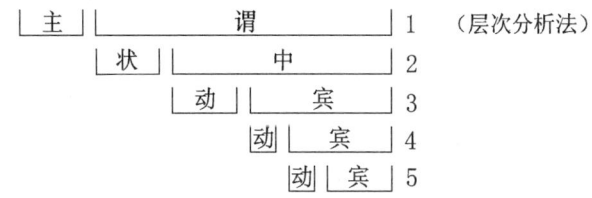　（层次分析法）

⑤ 学生‖[大都]喜欢看 踢 足球。
　　主　　状　谓宾宾　宾　（中期成分分析法）

在例④里,层次分析法认为双竖线右边的动词短语,整体充当谓语。在例⑤里,中期成分分析法认为动词短语要分解,中心"喜欢"才是谓语。同理,"看"是"喜欢"的宾语,"踢"是"看"宾语,"足球"是"踢"的宾语。例⑤六个实词六个成分,竟有三个宾语,例②也有三个宾语。是不是可以构成主谓句内的三宾句?不然的话它是什么类型呢?找不到答案。又如:

⑥

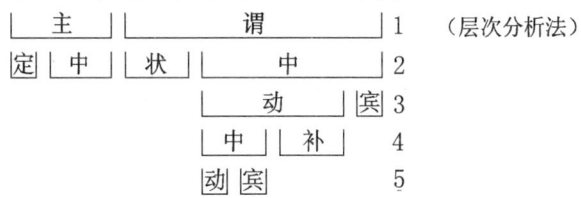　（层次分析法）

⑦ （他）父亲‖[去年]给　他〈三次〉钱。
　　定　主　　状　谓　宾　补　宾　（中期成分分析法）

例⑥是层次分析法的一种图解法。对于谓语的再切分,各家有不同看法:第二层的"状+动+宾"是个状中短语(状∣动宾),还是动宾短语(状动∣宾),各有各的理由。此外,这个短语带有两个宾语。有人主张三分,即"给他钱";有人主张二分,即给他钱。层次分析法难于显示的结果,用句子成分分析法则一目了然,例⑦即为如此。

⑧ 领导叫他乘飞机去北京开会。

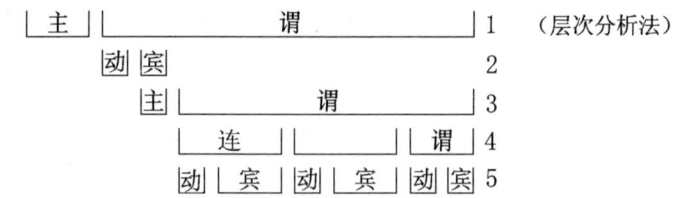

⑨ 领导‖叫　他　乘　飞机：去　北京：开会。①
　　主　谓　宾兼主　谓　宾　谓　宾　谓　宾（后期成分分析法）

层次分析法对例⑧的第一层一分为二,对谓语作第二层分析时就无法贯彻一分为二的原则,只能切两刀,即一分为三。先把"叫"和"他"作为第二层里的动语和宾语,然后把"乘飞机去北京开会"移到第三层做谓语,再把第二层"他"移到第三层充当主语。"他"这个宾语兼主语的词有了跨两个层次的双重身份。第三层中谓语"乘飞机去北京开会"也很难一分为二,只能一分为三。对例⑨,后期成分分析法认为主、谓、宾都是主干,全句就有九个主干,线性排列在一起,分析起来不存在层次分析法的困扰。

通过以上的分析可以看出,现有析句法都各有利弊。本教材主要采用了层次分析法,因为层次分析法最能反映语言结构的层次性,短语和词一样都可以充当所有的句法成分。不过,为了弥补层次分析法不利于说明句型系列和发现语病的缺点,我们也吸收了句子成分分析法重视中心语作用的优点,使用了核心分析法。

思考和练习五

一、了解各种句法成分的构成材料。(从教材里归纳并加以补充,注意指出每个成分经常用什么词语充当、有什么条件限制。)

1. 什么词语可以充当主语、宾语?什么词语可以充当谓语?
2. 什么词语可以充当定语、状语、补语?三者各修饰或补充什么成分?
3. 主谓短语和联合短语能或不能充当哪些句法成分?试说明并举例。

二、指出下面句子的主语和谓语,并说明由哪种结构类、功能类的词语充当。

① 提高整个中华民族的科学文化水平,是亿万人民群众的切身事业。
② 现状和习惯往往束缚人的头脑。
③ 一年三百六十五天。
④ 康熙皇帝对当时西方传教士所带来的一切欧洲学术,几乎都产生了兴趣。
⑤ 当年红军二方面军长征渡金沙江时总指挥贺龙写的一封信已经在云南丽江纳西族自治县被发现。

---

① ":"表示两边是谓词性成分,有连滑关系。

⑥ 越王勾践独自坐在石室里。
⑦ 用历史著作《三国志》去对比文学著作《三国演义》,未尝不是有益的事。
⑧ 几乎大多数历史事件和历史人物,史学界的评价还莫衷一是。
⑨ 中国实行改革开放的40多年是中国现代史上最好的40多年。

三、指出下面句子的宾语和补语。
① 阳光火一般地喷下来,我热得气都喘不过来。
② 他的话说到我的心坎里了。
③ 这批汉代简册的发现,具有极其重要的意义。
④ 这些见解道出了古代东方学术精神和希腊科学精神的深刻差别。
⑤ 树上掉下一个苹果来。
⑥ 老雷找到了他的同学。
⑦ 我们走进了昨天还是威风凛凛的大门。
⑧ 这时已经是下午三点多钟了。
⑨ 我们左右张望了一下。
⑩ 一条船可以坐五十人。
⑪ 他到医院看几天病。
⑫ 考得上,是你的福气。

四、试指出第三题中各句宾语所属的语义类别。

五、试指出第三题中各句补语所属的语义类别。

六、指出下面句子的定语、状语是用什么词语充当的(短语需指出结构类)。
① 他拿来一件崭新的白色府绸衬衫。
② 国家保护公民的合法收入、储蓄、房屋和其他生活资料的所有权。
③ 我们的国家进入了新的历史时期。
④ 这是一件刚买来的呢子大衣。
⑤ 他用胳膊轻轻地触着我,眼睛却仍然在兴奋地望着外面。
⑥ 宏儿听得这话,便来招水生,水生却松松爽爽同他一路出去。

七、试指出下面句子里每个定语所表示的语义类别,说明是描写性的还是限制性的。
① 我们的祖国多么壮丽!
② 昨天的报纸有个好消息。
③ 西湖的风景非常美。
④ 前面是一片绿油油的田野。
⑤ 他是一个勇敢的人。
⑥ 四个战士都来了。
⑦ 铜茶壶放在桌子上。
⑧ 那件衣服已经晒干了。

八、下面句子里的状语,哪些既可以放在主语后、又可以移到主语前?哪些只适宜于放在主语前?哪些不能放在主语前?
① 在敌国,在暴君的掌握之中,我也不怕不惊。

② 早在十六七世纪之交,西方的一些自然科学知识已经传播到中国。
③ 根据一些地方的调查,五十年代,从事农业生产的劳力占 95% 以上。
④ 几百年来,很多人都没有解决这个问题。
⑤ 一会儿,瘦李一阵风一样飘进来。
⑥ 今天回国的难道是三个被俘的士兵!
⑦ 李记饭馆的买卖像春雷滚过的青草地似的蓬蓬勃勃。
⑧ 这地方本来就低洼。
⑨ 你不妨对他直说。
⑩ 我从年轻时就希望有个强大的祖国。

九、指出下面句子里的独立语表示的意义,并指出结构上属于哪一类词或短语。
① 哎呀,漏水了,怎么办?
② 同义词,例如"看"和"瞅",大都是在意义上有细微差别的。
③ 你想想,这难道不是事实吗?
④ 看来不会下雨了。
⑤ 车,不用说,当然是头等的。
⑥ 这个礼堂,充其量只能容纳一千人。
⑦ 小张,快点来。
⑧ 听说你昨天来过三次。

十、用层次分析法和成分分析法分析下面句子的句法成分和语义成分。
① 他迅速地从球场东头跑到西头。
② 从球场东头跑到西头的学生很多。
③ 小丽用棍子把虫子拨到水里。

第六节 单 句

[目的要求]了解句型、句式、句类的分类依据,记住各类句子的结构特点和语气特点及其使用条件,认识变式句的种类和语用价值,了解句子变换的方法和作用,从而掌握现代汉语的单句系统。

根据内部结构的不同,句子可分为单句和复句[①]。单句是由短语或词充当的、有特定的语调[②]、能独立表达一个相对完整的意思的语言单位。单句可以根据不同的标准来划句型和句类。句型是句子的结构类,即根据句法成分的配置格局分出来的类。句类是句子的语气类,即根据全句语气语调分出来的类。

[①] 复句里的分句和单句相似,本节个别地方举复句的例子,分析其中分句的结构类型。
[②] 这里的语调指句子的必有句调和句子末尾的停顿。

一、句型

（一）主谓句

由主语、谓语两个成分构成的单句叫主谓句。 从谓语核心看，它可以分成以下三个小类。

1. 动词谓语句

动词性词语充当谓语的句子叫动词谓语句，主要用来叙述人或物的动作行为、发展变化等，因而又叫叙述句。它以动词为核心，动词前有主位、状位，后面有补位、宾位。例如：

① (西斜)的阳光‖照[①]着|(整条)街道。(主+动+宾——动宾谓语句)

② 长江三峡‖留〈下〉过|(许多人)的梦。(主+动+补+宾——动补宾谓语句)

③ 我们‖[以前]讨论过。(主+状+动——状动谓语句)(省了宾语)

④ 他‖[只]休息了〈一天〉。(主+状+动+补——状动补谓语句)(不及物动词不带宾语)

⑤ 我‖[最近]去了〈一趟〉北京。(主+状+动+补+宾——状动补宾句)

⑥ 他‖上街：买菜。(主+动+宾+动+宾——连谓句)

⑦ 大家‖选他当代表。(主+动+兼语+动+宾——兼语句)

2. 形容词谓语句

形容词性词语充当谓语的句子叫形容词谓语句，主要用来描写人或物的形状、性质、特征等，所以又叫描写句。它以形容词为核心，形容词前头有主位、状位，后头有补位，这一点与不及物动词相同。与及物动词不同的是，它没有宾位。例如：

⑧ (她)的脸‖红通通的。(主+形——单形谓语句)

⑨ (她)的脸‖[刚才][已经][很]红了。(主+状+形——状形谓语句)

⑩ (她)的脸‖红得〈像苹果〉。(主+形+补——形补谓语句)

⑪ (她)的脸‖[刚才]红〈很〉。(主+状+形+补——状形补谓语句)

3. 名词谓语句

名词性词语充当谓语的句子叫名词谓语句，主要用来判断或说明事物的种类、数量、时间、性质、特点、用途等。它以名词为核心，名词前有主位、状位。例如：

---

① 汉字底下的着重号表示核心成分即谓语中心。

⑫ 今天‖星期六。　（名‖名,表时间）
⑬ 明天‖国庆节。　（名‖名,表节日）
⑭ 昨天‖晴天。　（名‖名,表天气）
⑮ 二妹子‖广东人。　（名‖名词短语,表籍贯）
⑯ 潘老太太‖刚好八十八岁。　（名‖数量短语,表年龄）
⑰ 米饭‖一碗,饮料‖两瓶。　（名‖数量短语,表数量）
⑱ 一次‖三分钟。　（数量短语‖数量短语,表数量）
⑲ 她‖大眼睛,(红脸蛋)。　（代‖定中短语,表容貌）
⑳ 山上‖净石头。　（方位短语‖副、名,表存在）
㉑ 这本书‖新买的。　（名词短语‖"的"字短语,表类属）

名词性词语一般是不能作谓语的,只有在以下四种条件下才能充当谓语：(1)只能是肯定句,不能是否定句;(2)只能是短句,不能是长句;(3)一般只能是口语句式,不能是书面语句式。(4)限于说明时间、天气、籍贯、年龄、容貌、数量等。从它表示否定时必须加动词来看,名词谓语句实际上应该看成动词谓语句的变体或省略形式。处于名词性谓语句谓语中心的名词或名词短语都有表述性,有的又能前加副词状语(如例⑯⑳),有的必须前加数量短语(如例⑱)、形容词(如例⑲)。从以上四种条件限制看,名词谓语句与前两种无条件限制的句型不同,属于特殊句型。

（二）非主谓句

分不出主语和谓语的单句叫非主谓句。它由主谓短语以外的短语或单词加句调构成,可以分为以下几类。

1. 动词性非主谓句

由动词语加语调构成。如"集合！""出太阳了。""上课了。""禁止吸烟！""反对霸权主义！"这种句子通常用来说明自然现象、生活情况、祈愿希望,有的是口号。一些兼语句也是非主谓句,如"有个小村子叫王家庄。""让农业产值翻两番。"

2. 形容词性非主谓句

由形容词或形容词性短语构成。如"对！""好！""糟糕！""太妙了！"

3. 名词性非主谓句

由名词或定中短语构成。例如：

① 1949年春天。上海外滩。（剧本里说明时间、地点）

② 多么真挚的感情啊！（表示赞叹）

③ 好球！（表示喝彩）

④ 蛇！（表示突然的发现）

⑤ 小王！（表示呼唤）

⑥ 夏天了！（表示提醒）

这种句子并不是省略了主语成分的省略句,而是无须补出或无法补出其他成分的非主谓句。它不需要特定的语言环境就能表达完整而明确的意思。省略句是在特定语境(含上下文)中可以明确补出省略了的成分的句子。如例④的"蛇"是一个人惊慌中说出来的。如果指着一条蛇问小孩:"这是什么？"小孩说:"蛇!"这就不是名词性非主谓句,而是"这是蛇!"主谓句的省略。又如,能进例⑥"名词+了"这个框架的名词,必须有顺序义或时间推移义。像"春天、夏天、秋天、冬天"能循环反复,就有顺序义。

4. 叹词句

由叹词构成,如"啊!""嗯!""喂!"①

5. 拟声词句

由拟声词构成,如"轰!""哗哗!"

凭句内核心词的词性来给单句分类,可分为动句、形句、名句、叹句、拟声句。动句指动词谓语句和动词性非主谓句,形句指形容词谓语句和形容词性非主谓句,余可类推。

二、句式

在上述句型中,主谓句中的动词谓语句最复杂,也富有特点。这里选讲其中常用的、有结构特点的几种句式。②

(一) 常式句

1. 主谓谓语句

主谓短语充当谓语的句子叫主谓谓语句。这类句子可以从全句的主语(称为大主语)和主谓短语里的主语(称为小主语)之间的语义关系来考察,大体有下面五种。

（1）大主语是受事,小主语是施事,全句的语义关系是:受事‖施事—动作。大都可以变换成不同或相似的句式。例如：

① 这件事‖大家都赞成。（⇔大家‖都赞成这件事。）

② 任何困难‖他都能克服。（⇔他‖任何困难都能克服。）

③ 一口水‖他都不喝。（⇔他‖一口水都不喝。）

④ 这包肉丸子,‖你拿回去喂狗吧。（⇔你拿这包肉丸子回去喂

---

① 有的书把表示呼唤、呼应的叹词"喂、嗯"构成的句子叫呼应句,独立于叹词句之外,我们为了教学的简便,把它归入叹词句。

② 句型和句式都是根据结构分出的类名。句型是根据全句特点分出的上位类名,句式是根据句子的局部特点分出的下位类名。

狗吧。)

⑤ 大家的事情‖大家办。(⇔大家‖办大家的事情。)

例④谓语里连用两个动词,大主语只跟其中一个动词有动作和受事关系。

(2)大主语是施事,小主语是受事,全句的语义关系是:施事‖受事—动作。例如:

⑥ 你这人,‖锤把都没摸过。

⑦ 他‖什么书都看过。(往大里夸张)

⑧ 他‖任何困难都能克服。(往大里夸张)

⑨ 他‖一口水都不喝。(往小里夸张)

⑩ 我‖一瓶热水也灌好了。

这种句子的受事有时有周遍性(指所说没有例外),有时表列举的事物,如例⑩。有周遍性的受事,可能前面有任指性词语,后面有"都"或"也"相呼应,有往大里夸张的意味,如例⑦⑧;或者用"一"和"不、没有"相呼应,有往小里夸张的意味,如例⑨。这些没有宾语的句子也可以把受事的小主语移作宾语,成为"主+动+宾"句式,但会失去夸张的意味,而且要去掉为该句式服务的"都、也"等副词,有的连意思也变了,如例⑦⑧最为明显。

(3)大主语和小主语有广义的领属关系。例如:

⑪ 他‖一向态度和蔼。(⇔他的态度‖一向和蔼。)

⑫ 她‖眼睛熬得通红。(⇔她的眼睛‖熬得通红。)

⑬ 他‖工作很好。(⇔他的工作‖很好。)

⑭ 领导和群众‖心连心。(⇔领导和群众的心相连。)

这种句子的小谓语,有一些可以跟大主语和小主语同时发生语义联系,如果不用小主语,句子也能成立,如例⑪;有一些跟大主语没有直接的语义联系,如果删去小主语,句子就不能成立或另表他意,如例⑫⑬。

(4)谓语里有复指大主语的复指成分。例如:

⑮ 一个边防军人,‖他时刻准备着为边关奉献一切。

⑯ 这孩子,‖我也疼他。

⑰ 咱们俩‖谁也别忘了谁。

例⑮的小主语和例⑯的宾语是大主语的复指成分。例⑰谓语里的两个"谁"是任指用法,但是它的指代范围被大主语限制住了,只能指其中的任意一个,这可以看成类似复指的成分。

(5)大主语前暗含介词"对、对于、关于"等。大主语如果加上介词,就变成句首状语了。例如:

⑱ 这类事‖中国人的经验太多了。

⑲ 这三个问题,‖我们讨论了两个。

㉑ 全村的人，‖ 我就服你。

以上主谓谓语句里的小谓语是动词语或形容词语。

小谓语还有用名词语的现象，这多见于口语短句，只有肯定形式，大都隐含一个动词。例如：

㉑ 对虾 ‖ 一对多少钱？（一对要多少钱│一对花了多少钱）

㉒ 大家 ‖ 一人一包。（一人得一包│一人给一包）

㉓ 三个人 ‖ 一人一件大衣。（一人给一件大衣│一人买一件大衣）

主谓谓语句是凭谓语的结构确定的结构类名。若按小谓语的词性分类，它应分别归入上述三种主谓句：小谓语是动词的，叫动词谓语句；小谓语是形容词的，叫形容词谓语句；小谓语是名词的，叫名词谓语句。也就是说，上述主谓谓语句可分别放到动词谓语句、形容词谓语句和名词谓语句之中。

2. "把"字句

"把"字句是指在谓语中心词前头用介词"把"或"将"组成介词短语作状语的一种主谓句，意义上多数表示对事物加以处置。例如：

① 我们 ‖ 一定要治好海河。（一般主谓句）

⇔我们 ‖ 一定要把海河治好。（"把"字句）

② 你 ‖ 收拾一下房间吧！（一般主谓句）

⇔你 ‖ 把房间收拾一下吧！（"把"字句）

"把"字句又叫处置式。所谓处置，是指谓语动词所表示的动作对"把"字引出的受事施加影响，使它产生某种结果、发生某种变化或处于某种状态。如"狼把羊咬死了"一句里，"咬"的结果是"死了"。又如"狼把羊咬了"一句，用"了"表示事态发生了变化。

用介词"把"介引的词语[①]不宜理解分析为动词的宾语提前或前置。因为有很多"介引成分"有时并不能移到动词后面。例如：

③ 他让卖粥大嫂把粥盛在饭盒里。

④ 老张把炉子生上了火。

动词后有介词短语做补语的句子（如例③），动词后另有宾语的句子（如例④），其中的介引成分都不能移后作动词的宾语。

"把"字句有四个特点：

（1）动词前后常常有别的成分，动词一般不能单独出现，单音节动词尤其不能单独出现。动词通常后面有补语、宾语、动态助词，或使用重叠式，如"把书放在桌子上、把地种上庄稼、把茶喝了、把信带着、把情况谈谈"。或者是动词前面有状语，如"别把脏水到处泼"。如果动词是动补型双音节词，就可以单独出现，

[①] 介词所介引的词语可简称"介引成分"。但为了从众，称它为"宾语"也可以。

例如"不要把直线延长"。韵文中可以不受上述限制,如可以说"夫妻双双把家还"之类。

(2)"把"的宾语一般说在意念上是有定的、已知的人或事物,因此前面常带上"这、那"一类修饰语,如"把书拿来、把那支铅笔带上"。说"把书拿来"时,这书一定是确指的某一本书或某些书。如果用无定的、泛指的词语,常是说明普遍的道理,如"不能把真理看成谬误、把一天当作两天用"。

(3)谓语动词一般都有处置性,就是动词要能对受事施加积极影响。因此,不及物动词、能愿动词、判断动词、趋向动词和"有、没有"等不能用来作谓语动词。没有处置性的动词比较少见,如"把慰问对象忘个一干二净""只把目录看了一遍"。

(4)"把"字短语和动词之间一般不能加能愿动词、否定词,这些词只能置于"把"字前。如不能说"他把青春愿意献给家乡的建设""我们把困难敢踩在脚下""我把衣服没有弄坏""为什么把这消息不告诉他"。不过,熟语性句子可以有例外,如"怎能把人不当人呢"。

有时候,"把"的介引成分跟动词没有多少语义上的联系,而是跟动补短语有联系,整个短语用来说明使介引成分怎么样,如"把眼睛哭肿了""我的故事把在座的朋友都讲哭了"。

介词"把"还有"让、使"意义,用它构成的句子没有处置义,而有致使义,如"怎么把罪犯跑了""怎么把奶奶病了"。这些句子里"把"字的宾语不是受事,而是施事。这种句子不属于表处置的"把"字句。

3."被"字句

"被"字句是指在谓语中心词前面,用介词"被(给、叫、让)"引出施事或单用"被"的表示被动的主谓句。① 它是受事主语句的一种。例如:

① 树叶被风吹跑了。
② 我被那诚恳的言辞打动了。
③ 衣服给雨浇湿了。
④ 地上的水叫太阳晒干了。
⑤ 一夜之间,许多座百米以上的沙丘让风搬到十公里之外。
⑥ 他的心灵第一次被震撼了。

"被"字直接附于动词前,这是古汉语用法的延续。如例⑥。

另外,书面语里还有"被……所"的格式,口语里还有"让(叫)……给"的格

---

① "被"字句是被动句的一种。凡是主语是受事的动词句都是被动句,有的不必用"被",有的可加"被",如"信寄出去了。""任务顺利完成了。"都不必用"被"。"鸡蛋打破了"之类的句子内部可以加"被"或"被+施事"。被动句必须要以受事为话题,即受事出现在句首。

式。例如:

⑦ 一切困难都将被全国人民所战胜。

⑧ 他让人家给撵走了。

⑨ 杯子叫我给打碎了一个。

例⑦⑧⑨中的"所""给"是助词,"给"还可用于"把"字句(主动句),如"我把杯子给打碎了一个"。

"被"字句表示受事主语"被处置",被处置的结果多数带有遭受、不如意的语用色彩,少数是如意的和中性的,如"他被批评了、他被表扬了、他被调走了(中性,指无所谓如意不如意)"。

如同"把"字句一样,"被"字句也有自己的构成特点和应用条件:

(1) 动词一般是有处置性的,跟"把"字句里的动词差不多。动词后面多有补语或别的成分。如果只用一个双音动词,前面就要有能愿动词、时间词语等状语。如"自行车叫我弟弟骑〈走〉了,小鸡被黄鼠狼叼〈去〉了一只,这句话[可能]被人误解"。

(2) 主语所表示的受事必须是有定的。如果没有特定的语境,就不能说"一本书被他撕破了",必须在"一本书"前加上"这、那",使之成为有定的方可。

(3) 能愿动词和表否定、时间等的副词只能置于"被"字前,如"丑恶的现象[应该]被消灭、他[没有]被困难吓倒、这件事[已经]被人传出去了、他[大概]让朋友留下吃午饭了"。

"被"字句的主语通常表示受事,也有表间接受事的。如"他家被黄鼠狼叼走了两只小鸡",丢了鸡是"他家"的遭遇。

近年来,"被"字句也产生了一些新用法,如"被结婚""被吵架""被开心""被精神病"。这些新用法突破了传统"被"字句的使用条件,"被"字后加用不及物动词、形容词、名词。这些新用法只用来表示不如意的事情,具有虚假、被迫等意味。

4. 连谓句

由连谓短语充当谓语或独立成句的句子叫连谓句。连谓句里前后谓项有以下几种语义关系。例如:

① 摸着石头过河。(表先后发生的动作)

② 领导表扬先进树榜样。(前后表方式和目的关系)

③ 他低着头沉思往事。(前一动作表方式)

④ 他俩站着不动。(从正反两方面说明一件事)

⑤ 这件事想起来心烦。(后一性状表前一动作的结果)

⑥ 他看书看累了。(前后两件事表因果关系)

⑦ 小二黑有资格谈恋爱。(前后有条件和行为的关系)

例⑤第二个谓词是形容词,其他例句都是两个动词。有时也可以连用几个谓词,例如"他骑车上市场买菜去了"。例⑥是重复同一动词,一个带宾语,一个带补语,动作没有先后之分。连谓句内部的几个谓词不管语义关系如何,排列顺序大都是遵循时间先后,即先出现的动作在前。第一个谓词除了用"来、去"和以此组成的词外,往往不用单个动词,一般要带上宾语、补语等成分;后一谓词没有这种限制。这些谓词都可以分别跟同一个施事发生语义关系,即是同一施事发出的几个动作。

例句中多数是动词或动词短语连用,因而又名"连动句"。有时,后头也可连用一个形容词或形容词短语,如例⑤。因此,我们采用连谓句的说法。

5. 兼语句

兼语短语充当谓语或独立成句的句子叫兼语句。根据兼语前一动词的语义,常见的兼语句有以下几种。

(1)使令式。前一动词有使令意义,能引起一定的结果。常见的动词有"请、使、叫、让、派、催、逼、求、托、命令、吩咐、动员、促使、发动、组织、鼓励、号召"等。例如:

① 老师鼓励学生学好功课。

② 奥运会上的51枚金牌使中国人民族自豪感倍增。

③ 中国的变化令人惊奇。

(2)爱恨式。前一动词常是表示赞许、责怪或心理活动的及物动词,它是由兼语后面的动作或性状引起的,前后谓词有因果关系。常见的动词有"称赞、表扬、夸、笑、骂、爱、恨、嫌、喜欢、感谢、埋怨"等。例如:

④ 我感谢你告诉我一个好消息。

⑤ 他妈妈也骂他是个懒鬼。

(3)选定式。前一动词有"选聘、称、说"等意义,兼语后头的动词有"为、做、当、是"等。例如:

⑥ 大家选他当代表。

(4)"有"字式。前一动词用"有""轮"等表示领有或存在等。例如:

⑦ 他有个妹妹很能干。

⑧ 村外的黄土路上有人在走。

⑨ 没有人找你呀!(非主谓句)

⑩ 轮到你值班了。(非主谓句)

兼语句和连谓句可以先后连用在一句里。例如:

⑪ 鲁迅先生‖派人叫我[明天早晨]打电话托内山先生请医生看病。

还有一种兼语连谓兼用句。例如:

⑫ 我陪他上街。

⑬ 我扶他下楼。

⑭ 我带他去电影院。

在后三例里,兼语后头的动词是"我"和"他"的共同的动作,不是"他"(兼语)单方的动作。

兼语句跟主谓短语作宾语的句子形式上相似,因此要注意两者的区别。举例对比如下:

$\begin{cases} A. 我请他来——*我请∨他来——*我请[明天]他来 \\ B. 我知道他来——我知道∨他来——我知道[明天]他来 \end{cases}$

两者的区别是:(1)停顿处和加状语处不同。兼语句(A句)在第一个动词后,不能有停顿(∨),不可加状语;主谓短语作宾语的句子(B句)可以。(2)第一个动词性质不同,支配的对象不同。兼语句的动词多有使令意义,支配的是人,不是一件事;主谓短语作宾语的句子的动词是认知、言说类动词,支配的是一件事,不是一个人。(3)变换式也不同。如B句可变换成"他来,我知道",A句不能说"他来,我请"。

6. 双宾句

有指人和指事物双层宾语的句子叫双宾句。双宾句的动词必须是三价动词。比如,在"我(施事)给(动作)他(与事)苹果(受事)"里,动词"给"是有三个必有成分的三价动词。离动词近的叫近宾语(与事宾语或间接宾语),一般指人;离动词远的叫远宾语(受事宾语或直接宾语),一般指物或事。① 例如:

① 伯父给我两本书。

② 你给了我很多帮助。

③ 我借他十块钱。("向他借"或"借给他")

④ 王老师教过我们语文。

⑤ 他告诉我今天停电。

⑥ 他请教老师两个问题。

⑦ 我问他哪个办法好。

⑧ 教育局给我校两个英语教师。

⑨ 大家叫她祥林嫂。

双宾句有如下特点:

(1)动词要有"给出"(如例①②)、"取进"(例③)、"询问"(例⑥⑦)、"称说"(例⑨)等意义。有的动词如"借、分"等既可表"给出",又可表"取进"(如例

---

① 南方一些方言的语序与此相反,近宾语指物,远宾语指人,如广州话把"给他钱"说成"畀钱佢"(给钱他)。

③)。

(2) 近宾语一般指人,回答"谁"的问题,靠近动词,前面无语音间歇,常由代词、名词充当;远宾语一般指事物,也可指人(例⑨),回答"什么"的问题,远离动词,前面可以有语音间歇或逗号,一般比较复杂,可以由词、短语、复句形式充当。

(3) 双宾句有的可变换为非双宾同义句。变换之后,宾语离位,句子就不再是双宾句。尽管句法结构和句法成分不同了,但语义结构、语义成分不变。例如:

例①伯父给我两本书。⇔伯父[把(那)两本书]给了我。("两本书"加"那"变成有定事物)

例④王老师教过我们语文。⇔王老师教过我们的语文。(加"的")

例⑨大家叫她祥林嫂。⇔大家[把她]叫祥林嫂。(把近宾语提前)

7. 存现句

存现句是表示某处存在、出现、消失了某人或某物,结构上用来描写景物或处所的一种特定句式。它可分存在句和隐现句两种。

(1) 存在句是表示某处存在某人或某物的句式。例如:

① 山上有个庙。

② 山上净(是)石头。("是"字可有可无)

③ 明信片背后贴着鸟巢的风景邮票。

④ 山顶覆盖着白雪。("白雪覆盖着山顶"不是存现句)

⑤ 台上坐着主席团。("主席团坐在台上"不是存现句)

⑥ 刚才天空中飞着一只老鹰。

⑦ 屋顶上飘着五星红旗。

以上①~⑤是静态存在句,⑥⑦是动态存在句。

(2) 隐现句表示何处出现或消失何人或何物。例如:

⑧ 烟囱里冒出一阵阵浓浓的黑烟。

⑨ 她的脸上透出一丝笑意。(以上表出现)

⑩ 小溪边顿时没有了女人的踪迹。

⑪ 昨天村里死了两头牛。(以上表消失)

存现句一般分为三段。下面对存现句的前、中、后三段作些说明。

(1) 前段是处所段,可以同时出现时间词语。如例⑪的前段是时间状语,它是存现句的可有成分,不是必有成分(指处所词语),如果把例⑪说成"昨天死了两头牛",不能认为"昨天"是主语,可以看成省了主语(处所词)的省略句。

有些表示处所的方位短语可在前面加介词"从、在"等构成介词短语,作状语。例如:"[从树林子里]跳〈出〉一只吊睛白额老虎〈来〉。"这种句子可以认为是存现句的变体,属于非主谓句。

(2)中段是不及物动词或"有""是"。存在句的动词常带助词"着",也可带"了",如"车库里放了(着)十辆车"。隐现句的动词常带趋向补语和"了"。有些存在句的动词可以隐去,或用"是"和"有"。如例②隐去"是"字,成了没有动词的存在句即名词谓语句,可看成存现句的变体。

(3)后段必有存现宾语。存现宾语大都具有施事性或不确指性,有的兼而有之。如例⑤的"主席团"就在不及物动词后头,有施事性;例①在非动作动词句的后段就没有施事性,带有不确定性。

(二)变式句

共时语法的某一句型总有一定句法成分,各成分的排列都有固定的位置。在交际中出于修辞或语用上的需要,故意减省了句法成分或调换成分的位置,这些变化了的句型叫变式句,变化前的句子叫原句。变式句可分为省略句和倒装句两种。

1. 省略句

在一定的语境里,为了语言的经济原则,说话时往往会省去句中某个句法成分,即省去已知信息的成分。如果离开了这样的语境,意思就不清楚,必须添补一定的词语才行,这就是省略。下面只就对话和上下文的省略举例说明。

(1)对话省。

① 问:他上哪儿了?

答:V上公园了。(省略主语"他")

② 问:谁来了?

答:我V。(省略谓语"来了")

③ 问:小刚吃过早饭了吗?

答:V吃过V了。(省略主语"小刚"和宾语"早饭")

④ 问:他吃了几个苹果?

答:V吃了三个V。(省略主语"他"和宾语中心语"苹果")

或答:三个。(省略主语"他"、谓语核心"吃了"和宾语中心语"苹果")

(2)因上下文而省。有的成分,上文已经有了,或者下文马上就要出现,也往往省去不说。复句里的分句往往会承前或蒙后省去某些成分,后面讲复句时就要讲到。

注意,不要把非主谓句看作省略句。相关内容可参看非主谓句。

2. 倒装句

调换原句句法成分位置的变式句叫倒装句。倒装句调换了位置的句法成分,可以恢复原位而句法结构保持不变。常见的有下面两种。

（1）主谓倒置。主语在前，谓语在后，这是一般的语序。有时也会颠倒过来，主语后置，这种现象常见于疑问句、祈使句和感叹句。例如：

① 怎么了，你？
② 出来吧，你们！
③ 多乖呀，这孩子！

这往往是为了强调谓语，或者是说话急促而先把信息焦点说出来，然后追加主语。主语一般读得轻些。

（2）定语、状语后置。定语、状语在中心语前，这是一般的语序。有时也会放到中心语之后。例如：

④ 我看了本小说，长篇的。
⑤ 她跌倒了，慢慢地。

后置的定语、状语可以是联合短语。这往往是为了突出它，或者是为了调整语序，使语句显得简洁。有时要强调状语的中心语，也会把状语放后，如口语中的"十二点了，都""下班了，已经"。这些后置成分又叫追补语。

倒装句也叫易位句。倒装句与原句相比，成分不变，基本意思不变，只是语用价值不同。

作句法分析时，变式句要照变化前的原句分析，即省了的要补上，易位的要复位。

（三）句子的变换分析

俗话说："一句话，百样说。"意思是说，一句话的内容，可以用（变换成）多种格式说出来。例如：

① A. 感情淹没了他的理智。（带宾动词谓语句）
　　B. 他的理智被感情淹没了。（"被"字句）
　　C. 感情把他的理智淹没了。（"把"字句）

上面三句话属于不同句式，但意思基本相同，是同义句，就是说它们的深层结构或内在语义结构和语义成分是相同的，都是"施事+动作+受事"。共同的语义基础构成三个句法格式的相关性，于是三句话才有变换关系。

一个意思为什么要用多种句式表示呢？这是因为运用语言表达思想要受许多因素的制约，最大的制约因素是语境（含上下文），B句与A句不同是因话题不同。如果上下文要求以"他的理智"为话题，就应该用B句，不宜用A句。A句和C句，话题相同，但也有区别。A句的焦点（注意力的重点）是"他的理智"；C句的焦点是"淹没了"，即注意对"他的感情"的处置方式及其结果。虽然三句的语义结构相同，但各句都有自己的表意特点或差别，这是语言表达要求细致入微造成的。又如：

② 有翼被石头把脚砸伤了。（"被、把"共现句）

⇔③ 有翼的脚被石头砸伤了。("被"字句)
⇔④ 有翼被石头砸伤了脚。("被"字句)
⇔⑤ 石头把有翼的脚砸伤了。("把"字句)
⇔⑥ 有翼把脚砸伤了。(不出现"石头","把"字句)

上面五句词类序列不完全相同,句式不同或同中有异,但它们的深层结构即内在语义结构是相同的,都是"施事(石头)+动作(砸)+受事(脚)"。另外还有"领属(有翼)+物体(脚)""动作(砸)+结果(伤)"这些附加的语义关系。这几个句子意思虽然大体相同,但是为了适应语境表达细微的意义差别,使用了词类序列不同的句式。如例②和例③是语用上话题不同;例②与例④话题相同,焦点不同;例②焦点是"砸伤"了,例④焦点是"脚";例⑤与众不同,话题是"石头";例⑥的特点是隐夫了"施事"(石头),等于说"有翼的脚被砸伤了"。

句子的变换不限于单句之间的变换,单句与复句、复句与句群之间也可以变换,句式与句类之间也可以变换。

有人把变换方法称为变换分析法,把它看作与析句法中成分分析法和层次分析法并列的第三种析句法。其实变换分析法只是与扩展法、插入法、代替法等并列的语法研究方法之一。它们只是用来鉴别、测试或分析同形结构,并不是一种新的析句法。

下面举个鉴别或分化同形结构或歧义结构的例子:

A. 台上 坐 着 主席团 ⇒ B. 主席团坐在台上。
C. 台上 演 着 京 戏 ⇏ D. *京戏演在台上。

在这里,A、C两例是同形结构,属于"处所词语+动词+着+名词"的词类系列。如果对这两个句子进行句法分析,分析结果相同。但是,通过变换法可以知道 A、C 两句不是真正的同形结构,这是用成分分析法和层次分析法作句法分析无法发现的。其实 A、C 只是表层相同,深层并不一致。动词"坐"和"演"语义特征不同。"坐"有"使附着"语义特征,可以变换成 B 句式,A 句是个表示存在的静态存在句;C 句"演"没有"使附着"语义特征。C 句是个表示活动的动态存在句,不能变换成 D 句。

句法分析的局限促进了变换法的运用,变换法可以发现句式是否相同。至于为什么相同或不同,还要依靠语义分析和语用分析来加以解释。

三、句类

句子都有语气,语气是说话人根据需要采取的说话方式。句子根据语气可以分为四种类型:陈述句、疑问句、祈使句和感叹句。这与句子有四种用途有关。一般说来,陈述句用平调,平而略降;疑问句多数用升调;祈使句和感叹句用不同的降调,祈使句的降调略为短促,感叹句的降调略为舒缓而较长。一种句类可以使用不止一个语气词,也可以不用语气词。

(一) 陈述句

叙述或说明事实、带有陈述语气的句子叫陈述句。它是思维最一般的表现形式,也是使用得最为广泛的一种句子。它可带的语气词有"了、的、嘛、呢、罢了、啊"等,表示略有区别的陈述语气。例如:

① 华威先生猛地跳起来了。("了"表示新情况出现)
② 他不会去的。("的"表示确认本来如此)
③ 他头一回做嘛。("嘛"表示显而易见、无须多说)
④ 收获不小呢。("呢"略带夸张口气)
⑤ 今天星期六了。
⑥ 刮风了。
⑦ 这是一个夏天的傍晚。

有时候肯定的口气可以用"双重否定"来表示。双重否定的陈述句常在一句话内用两个互相呼应(抵消)的否定词,如"不……不……""没有……不……""非……不……"等。这与数学上的"负负得正"相像。但要注意,双重否定的句子跟相应的单纯肯定的句子的意思并不都一样。例如:

⑧ 他不会不同情我的。(=他会同情我的)
⑨ 他不能不去。(=他必须去。)
⑩ 他不敢不来。(=他只好来。)

例⑧跟表示肯定的句子"他会同情我的"意思差不多,只是在口气上双重否定句委婉些。例⑨⑩两个双重否定句跟表示肯定的句子有差别;如例⑩的意思不是"他敢来",而是表示"他没有不来的胆量"的意思,有点像"他只好来",多少带有"情势迫使"的意思。例如:

⑪ 没有一个人不怕他。
⑫ 没有不变忧为喜的。
⑬ 没有什么不可以。
⑭ 我非把这本书念完不可。
⑮ 可是他非叫我不行。
⑯ 非说说不痛快。

例⑪至⑬都是双重否定表示肯定,语气较为强烈。例⑭至⑯表示"一定要怎么样",口气坚决、确定。

口语中还有"非得去""非要说"等说法,跟"非……不可"的意思相同,但形式上没有"双重否定"。这种说法就是从"非……不可"变来的。

在书面语言中常见"无不、无非、不无、未必不"等说法。例如:

⑰ 本府各官无不喜悦。

⑱ 就说他们原来不愿让出这块地来,无非是怕吃亏。
⑲ 想尊兄旅寄僧房,不无寂寥之感。
⑳ 他未必不知道。

"无不、无非"都比相应的肯定的意思加重,"不无、未必不"则比相应的肯定的意思有所减轻。

(二)疑问句

提出问题、具有疑问语气的句子叫疑问句。疑问句句末用问号,提问的手段有语调、疑问代词、语气副词、语气词或疑问格式(如"Ⅴ不Ⅴ"等)。有时只用一种手段,有时兼用两三种,其中句调是不可或缺的。根据提问的手段和语义情况,疑问句可以分为四类:是非问、特指问、选择问、正反问。

1. 是非问

是非问的句法结构像陈述句,即没有表示疑问的结构或代词,句末常带有语气词"吗"或"吧",也可以只用疑问语调来标记是非问(如"你是大学生?")。

是非问句是对整个命题进行提问,只能作肯定或否定的回答,常用"是、对、嗯"或"不、没有"等来作答,或用点头、摇头回答,所以又叫然否问。例如:

① 你真要带我走?(语调上升)
② 这事你知道吗?("吗"表疑问语气,只用在是非问句里)
③ 你明天能来吧?("吧"表带有推测性的询问语气)
④ 你忘啦?("啦"="了+啊")
⑤ 又是蒋玉菡那些人哪?("哪"="呢+啊")
⑥ 你要淘汰掉这匹马,是吗?
⑦ 哪里都能种苹果树吗?("哪里"表示任指,不表疑问)

例①没有语气词,一定用上升句调,问话者对事情有一定猜测,可加"吗";例②可以用降调和升调,不用升调时,靠"吗"负载疑问信息;例③用"吧",是测度疑问,有"吧"就可使用降调。是非问句用疑问代词任指,仍然可以用"吗"表是非问,如例⑦。

2. 特指问

用疑问代词(如"谁、什么、怎样"等)或由它组成的短语(如"为什么、什么事、做什么"等)来表明疑问点,说话者希望对方就疑问点作出答复,句子往往用升调。例如:

⑧ 谁叫他来的?
⑨ 你[怎么]不进去说说呢?("呢"舒缓语气)
⑩ 那[为什么]我们住的地方不供应开水?
⑪ [明天早晨什么时候]出发啊?("啊"舒缓语气)
⑫ (什么)事这么着急?

⑬ 你还待在这里做什么?

特指问常用语气词"呢、啊",但是不能用"吗"。

需要注意,有疑问代词的句子并不都是特指问句,因为疑问代词有"任指""虚指"用法。例如:

    A. 他什么都不要吗?("什么",是任指)(是非问)
    B. 你想吃点什么?("什么"是虚指)(是非问)
    C. 你想吃点什么吗?("什么"是虚指)(是非问,不是特指问)
    D. 你想吃点什么呢?("什么"是实指)(特指问)
    E. 有谁去过吗?("谁"是虚指,不是特指问)

例 B、例 C 尽管有疑问代词,但并不表示是特指问。例 B 有歧义,有例 C 虚指("什么"等于"东西")和例 D 实指(提问)两个意思。例 D 的"什么"不能用"东西"代替。

3. 选择问

用复句的结构形式提出不止一种看法供对方选择的句子叫选择问。选择问用"是、还是"连接分句。常用语气词"呢、啊",不能用"吗"。例如:

⑭ 打篮球,还是打排球?
⑮ 是光我一个人呢,还是另有别人?
⑯ 努力提高呢,还是努力普及呢?
⑰ 简单地说,还是详细地说?
⑱ 明天你去呀我去?

选择问中间一般不能用问号,用了问号就变成句群了。

4. 正反问

由单句谓语中的肯定形式和否定形式并列而构成的句子,又叫反复问。正反问可粗分为三种疑问格式:(1) V 不 V (来不来);(2) V 不(来不),省去后一谓词;(3) 附加问,先把一个陈述句说出,再后加"是不是、行不行、好不好"一类问话格式。正反问句常带语气词"呢、啊"等,不能用"吗"。例如:

⑲ 这个人老实不老实?
⑳ 你是不是哪儿不舒服了?
㉑ 你愿意不愿意去?
㉒ 客人吃不吃晚饭呢?
㉓ 明天他来不?
㉔ 你见过长城没有?
㉕ 他当过 30 年中学教师,是不是?

还有一种特殊的"呢"字问句(如"你呢?")。它与一般"呢"字句的不同在于:没有疑问代词或疑问结构,但可以在句中添补出来。例如:

㉖（他们都去北京,）你呢？

它可以变换成：

⇒你怎么办呢？你去哪儿？（特指问）

⇒你去不去呢？（正反问）

⇒你去还是不去呢？（选择问）

根据答语的差异,疑问句可分为三种:询问句、反问句和设问句。例如：

㉗你的家乡在哪里？（询问句,有疑而问,有问有答）

㉘难道我是三岁小孩子？（反问句,无疑而问,有问无答）

㉙什么叫自律？自律就是自己管束自己的行为。（设问句,自知而问,自问自答）

反问句执行的是无疑而问,意在强调自己的判断或立场,不要求回答。反问口气相当于否定口气。否定格式加否定口气就变成肯定的意思（即负×负＝正）,如下面例㉚；反之,肯定格式加否定口气就变成否定（即正×负＝负）,如下面例㉛。例如：

㉚你瞅这汽车路不是真的修了吗？（＝真的修了）

㉛累死人啦,怎么还打草？（＝不要打草了）

㉜你是来帮我呢,还是来拆台呢？（＝来拆台）

㉝他们这一手你说厉害不厉害？（＝厉害）

反问句多用是非问（例㉚）和特指问（例㉛）,少用选择问（例㉜）和正反问（例㉝）。

疑问句可列表如下（见表4-10）：

表4-10 疑问句总表

类 型	例 句	结构特点	语气词	答 语
(1) 是非问	他去吗？ 他去吧？ 他去？	像陈述句＋疑问语调	用"吗",不用"呢",也可不用"吗"	可以回答"是"或"不、没有"或用点头、摇头答复
(2) 特指问	谁去？ 谁去呢？	用疑问代词表示	可用"呢",不可用"吗",也可不用"呢"	就疑问代词部分作答
(3) 选择问	他今天去呢,还是明天去呢？	用有选择关系的复句表示		选择其中一项作答,或用另外的话作答,如"后天去"
(4) 正反问	他去不去呢？	在单句谓语中,用肯定否定并列的形式表示		选择其中一项作答,或用另外的话作答,如"还没定"

（三）祈使句

要求对方做或不要做某事、具有祈使语气的句子叫祈使句。它可分为两大类：一类是命令、禁止，一类是请求、劝阻。这两类句子虽都用降调，但在语气词等的运用上略有不同。

表示命令、禁止的祈使句一般带有强制性，口气强硬、坚决。这种句子经常不用主语，结构简单，语调急降而且很短促，不大用语气词，句末一般用叹号，语气缓和的也可用句号。例如：

① 快去捞饭！
② 带他们走！
③ 不得随地吐痰。
④ 不许乱说乱动。
⑤ 别动，别动。

表示请求、劝阻的祈使句包括请求、敦促、商请、建议和劝阻等。一般也用降调，但往往比较平缓。表示请求时，多用肯定句，常常用语气词"吧"或"啊"；表示劝阻时，多用否定句，常用"甭、不用、不要、别"等词语和语气词"了、啊"等。例如：

⑥ 您喝吧，赵大爷！
⑦ 你不要再胡闹了。

用语气词"吧"带有商量的口气，用"啊"略带敦促的意味。试比较下面这一句：

⑧ 说呀，为什么不说呢？说吧！

头一个"说呀"有催促意味，后一个"说吧"有商请的意味。

请求或敦促人家做事，总是有商量的余地，比较客气，因此适合使用重叠形式的动词，有时用敬词"请"，前面常出现主语。例如：

⑨ 您说说。
⑩ 您请坐。

下面是表示劝阻的句子：

⑪ 不用来了，信写好了！
⑫ 别闭眼啊！（"啊"用升调）
⑬ 不要提他！
⑭ 甭提啦！
⑮ 姑娘，别挑错了人哟！
⑯ 别客气嘛！
⑰ 别声张，悄悄的！

(四) 感叹句

带有浓厚的感情、具有感叹语气的句子叫感叹句。它表示快乐、惊讶、悲哀、愤怒、厌恶、恐惧等浓厚的感情,句末都用叹号。

有的感叹句由叹词构成。有的叹词,它所代表的感情,一目了然,如"哦"表示醒悟,"呸"表示鄙视;但是有的叹词表示什么感情,则要看前后的话才能确切知道。请看下面的例子:

① 哈哈,哈哈!这酒真是美极啦! (表示喜悦)
② 哈哈!太幼稚了! (表示讥笑)
③ 哎哟!救命哟! (表示痛楚)
④ 哎哟!这么说来,就得三年工夫。 (表示惊讶)
⑤ 唉!你的伤多重啊! (表示叹息)
⑥ 哎!那施粥厂门外也没有这般挤呀! (表示感慨)
⑦ 噫!还是"三炮台"呢!你小子发财了! (表示诧异)

四、单句分类小结

句子可根据它的结构的不同,首先分为单句和复句。单句凭结构可分为主谓句和非主谓句两种下位句型。主谓句凭谓语的核心词的性质又分为动词谓语句、形容词谓语句、名词谓语句三种下位句型。凡是就单句整体的结构或主体词词性特点定出的类名,叫**句型**;凡是就单句的局部某一结构特点定出的类名,叫**句式**。如"被"字句,是动词谓语句中谓语动词前头有"被"字引出施事或只有"被"字的被动句。与"被"字句相对的句子是"非被字句"。句式与句式可以相互包容,共存在一个句子里,如"被字句"与"把字句"共存在一个单句里,但同级的句型里很少有交叉共存的现象。句式是开放性的,有多少特点就有多少句式,数量不受限。句型是封闭性的,同级句型数量有限。广义上讲,句式也是句型中有特点的一种小类,即小句型,两者都是凭结构分类的,可以不严格区分。句型与句类是性质完全不同的。句类是凭语气分类的。同一句类可以属于不同的句型或句式。如"你把他表扬了吗?"既是疑问句,又是主谓句,既是主谓句的下一级的动词谓语句,又是动词谓语句里的下位句式"把字句"。反之,同一句型可以属于不同的句类。如"你去吗?""你去。""你快去吧!"均为主谓句,但分属于不同的句类。

现在把单句的句型、句式和句类列示如下:

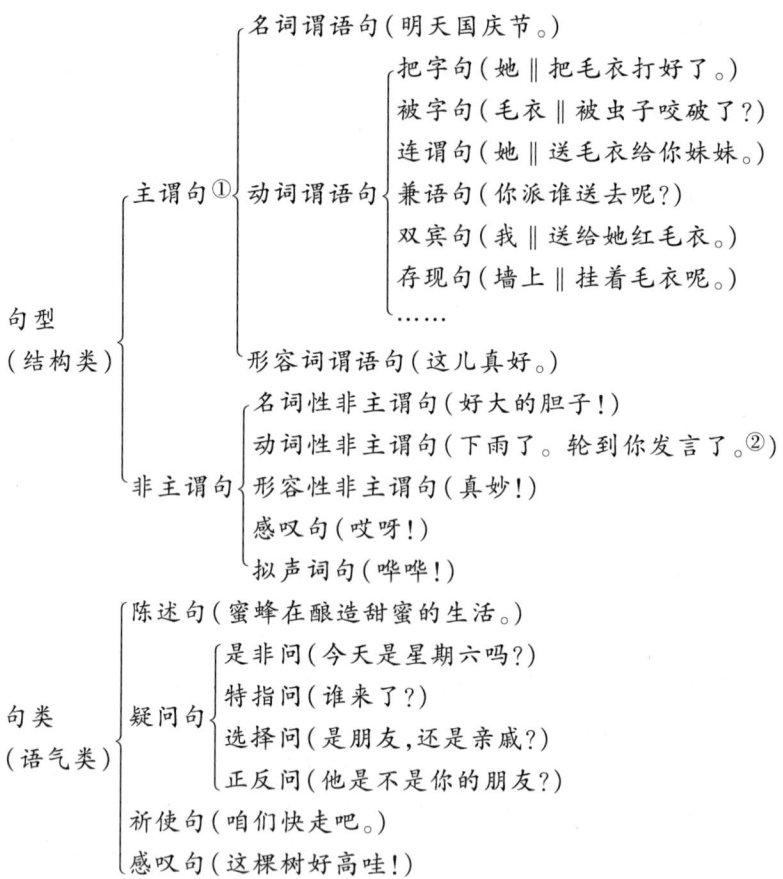

句子中不影响句型的因素,主要有以下四点:

(1) 语气词的有无不影响句型。如"你去吗?""你去!""他去。"这三个句子句类不同,意思不同,但句型相同,都是主谓句、动词谓语句。

(2) 倒装与否不影响句型。如"怎么了,你?"与"你怎么了?"这两个句子同是主谓句。

(3) 省略与否不影响句型。如"他派谁去?""派我去。"后面省略主语的句子也是主谓句(主谓变式句)。

(4) 独立成分的有无不影响句型。如"看来快下雨了!"与"快下雨了!"都

---

① 表中把主谓句分三类。有的书分四类,第四类是主谓谓语句,理由是它的功能比前三类多,不应属于前面哪一类。其实主谓谓语句的三种小谓语的功能分别有名词性、动词性、形容词性,因此可根据小谓语的词性或功能分别归属前面三类。

② 这里的兼语句,多数是主谓句,少数是非主谓句。

是非主谓句。

决定句型的因素是结构,是主干成分,如主语或主语中心、谓语或谓语中心、宾语或宾语中心。

下面主要谈谈单句和短语的区别。

(1)句子有特定的语气、句调,可分为陈述句、疑问句等;短语没有特定的语气、句调,因此没有陈述短语、疑问短语等。

(2)短语有主语、状语、谓语、补语、定语、宾语等八个配对成分;句子也有八个配对成分,但比短语多出了独立语这种语用成分。

(3)句子内部会有成分的倒装和省略(如倒装句、省略句),短语没有倒装短语、省略短语等。

(4)句子是交际单位,短语不是。

句子和短语的本质不同:句子是语言的运用单位,是动态单位;短语是造句的备用单位,是静态单位。

☆五、语法分析简介

(一)语法分析的三个层面

汉语语法的系统研究始于一百多年前的《马氏文通》。此后,学者们多致力于句法分析,即对句法结构中的句子成分和词类及句型进行分析,对语义分析和语用分析也有所涉及,但大都不够重视。20世纪80年代开始,由于受到国外新的语法理论(如生成语法、格语法、功能语法、认知语法,特别是符号学)的启发,我国部分学者结合汉语语法研究的实际,明确提出了语法研究的三个层面[①]的新理论。他们认为,语法研究应包含句法分析、语义分析和语用分析三方面的内容,应该分清三者并结合起来研究,要加强语义和语用方面的研究,其中对语义方面提出了较多的分析方法。本教材从20世纪90年代起就吸收了三个层面理论并加以运用。在此对三者作简要的介绍。

句法分析:找出句法结构中的句法成分、指明构成成分的词语类别和词、语、句的整体类型或格式等,也就是对语法单位之间的结构关系和语法单位的类型进行分析。

语义分析:指出句法结构中的核心成分(通常是动词、形容词)与关联成分(通常是名词语)之间的语义关系,即动作与施事、受事、与事[②]、工具、时间、处所

[①] "三个层面"也叫"三个平面",指句法、语义、语用,有的学者称"结构、语义、表达"三个方面,有的学者称"语表、语里、语值"小三角,所指大同小异。国外符号学研究语言符号也有三个方面内容:1. 符号与符号之间的关系。2. 符号与所表示的事物之间的关系。3. 符号与使用者及使用环境之间的关系。符号学这三个方面与语法研究的三个层面有密切关系。

[②] 动作行为的参与者。

等关系以及指出其他词语之间的语义关系,如领属、同位、方式等;此外,还包括语义成分、语义指向、语义特征等的分析。简言之,对语法单位之间的语义关系的分析,实际上是对与语法有关的客观事理关系的分析。

语用分析:包括话题和说明、表达重点、语境、省略和倒装、语气和语调(停顿、重音、句调的升降)等的分析,也就是对语言符号与它的使用者、使用环境之间的关系进行分析。

(二)三个层面的语法分析举例

(1) 先举几个实例,作句法分析。例如:

① 狼咬死了他家的羊。(带宾主谓句、主动句)

```
|主|      |     谓      |
   |  动   |    宾      |
   |中|补| |定|   |中| 
             |定|中|
```

② 狼把他家的羊咬死了。("把"字句)

```
|主|      |    谓      |
         |  状   |  中  |
              |中|补|
```

③ 他家的羊被狼咬死了。("被"字句)

```
|     主     |      谓      |
|定|  |中|  |状|  |中|
      |中|补|
```

上面用框式图解标明了这三个句子的句法结构层次和关系,不仅注明了三种结构不同的句式,也进一步指出了句中各成分由哪一类词语充当,并对句子作变换分析。这些对结构体本身的分析都属于句法分析。

(2) 对这三句作语义分析,就必须指出句中"咬"是动作,"狼"是施事,"他家的羊"是受事,"他家"和"羊"有领属关系,以此说明句中各语义成分和它们之间的主要关系,表明三个句子的动词与句法成分之间的语义关系是一致的。三个句子构成一组同义句,它们的语义结构都是"施事+动作+受事",彼此间有变换关系。句中"死"是动作的结果,"死"的语义指向是宾语"他家的羊"。

句法成分搭配是否妥当,往往要依靠语义特征分析来说明。如"吃饭"(动+宾)可以搭配,"喝饭"(动+宾)不能搭配,因"饭"有[-液体]的语义特征;"喝水"(动+宾)可以搭配,因"水"具有[+液体]的语义特征。分析句子的语义关系、语义指向、语义特征都属于语义分析。

(3) 对这三句作语用分析,就必须指出三者各有各的使用场合。随着语境的不同,话题("狼"或"他家的羊")的使用也不同。话题在前,与后面的说明呼应,话题相同的句子也会因表意及其侧重点不同而作不同的说明。例①与例②话题相同,例②用了"把"字句突出处置义,强调了"羊"被处置,而例①就没有被处置这个表达的重点。除了作上述分析之外,语用分析还有对句调、语气、独立成分(呼语、感叹语、评注成分)等和语境的分析。此处三句都用的是陈述语气和句调。句调的不同可决定句类的不同。重音的不同可决定不同的句子焦点或意义重点。

(三)句子的语义分析

语义分析可分为语义成分、语义特征和语义指向的分析等。

(1)语义成分,指词语组合时双方所发生的意义关系的名称。例如,说明下面句中的动词跟其他词语之间的语义关系就需使用"动作""时间""处所""施事""受事""与事""工具"这些语义成分名称:

昨天　　他的弟弟　　在校园里　　与同学小李　　用木棒　　把疯狗
(时间)　(施事)　　(处所)　　(与事)　　　(工具)　　(受事)

打　　死了。
(动作)(结果)

此外,这个句子的语义关系还有领属关系("他"和"弟弟")、同位关系("同学"和"小李")等。整个句子的语义结构是属于"施事+动作+受事"类型。

(2)语义特征,指词语在句法结构中互相比较时显出的语义特点。如"榕树死了"可以说,"木头死了"不能说,只能用语义特征或语义要素去解释。"榕树"的语义特征是[+生物],"木头"的语义特征是[-生物]。又如,存现句"床上躺(站、坐)着一个人"可以变换成"一个人躺(站、坐)在床上","台上演(唱)着京戏"不能变换成"京戏演(唱)在台上",同样只能用动词的语义特征去解释:"躺、站、坐"有[+使附着]的语义特征,"演、唱"就没有[+使附着]这一语义特征。可见语义特征分析有助于说明词语的搭配和同形结构的分化等问题。

(3)语义指向,指句法结构中甲成分与乙成分有语义联系或甲成分是乙成分语义所指的方向。如"我和他都只有一个弟弟"中,状语"都"与主语"我和他"有意义联系,是前指;状语"只"是指向宾语"一个弟弟",是后指。又如"两个报社的记者"中,定语"两个"的语义指向可以是"报社"(=两家报社的记者),也可以是"记者"(=报社的两个记者)。又如,"老王有个明星女儿很骄傲"是个歧义结构。"骄傲"可以指向"女儿",也可以指向"老王","女儿"和"老王"两者都有[+成年人]这一语义特征。指向"女儿"时,全句是个兼语句;指向"老王"时,全句是个连谓句。而"老王有个女孩很淘气"和前例的词类序列相同,但无歧义,因"淘气"有[+年幼]这一语义特征,只能指向兼语(女孩)。

上面介绍的句法分析、语义分析和语用分析并不处于平行等立的平面上,而是属于不同的层面。在语法研究过程中,把三者区分清楚,有助于拓宽语法研究的视野,把三者结合起来,能把语法研究从描写推向解释,使语法分析逐步走向深入、全面。当然,目前还不能把它视作一种完全成熟的理论方法,因为各家观点分歧较大,公认的成果还不多。三个层面的语法分析是一块大有可为的处女地,有待大家继续努力耕耘。

 单句分析举例

思考和练习六

一、指出下列句子的句型(主谓句和非主谓句及其小类):

① 窗下一幅繁华的街景。
② 他给我们以武器。
③ 有一头张牙舞爪的大熊隐藏在野树林子里。
④ 这种野兔子,我一次能捕获两三只。
⑤ 你们应该把情况汇报上去。
⑥ 大家故意不给他水喝。
⑦ 勤劳让你有钱花。
⑧ 部长同志,请你转告师长,我是一名八路军战士,不是你的客人。
⑨ 你把那杯茶端给我喝。
⑩ 从南口经居庸关到八达岭,尽是崇山峻岭。
⑪ 他们在渺无人烟的野草丛林间披荆斩棘种下果木。
⑫ 大厅里弥漫着一种森严气氛。
⑬ 施工之前,我就主张把图纸改一条线,加两条线。
⑭ 多少年来,那捆他用生命换来的教科书和指导员没说完的话,一直激励着我前进。
⑮ 别忘了带雨伞。
⑯ 我,你还信不过吗?
⑰ 当心油漆!
⑱ 伍子胥过昭关一夜白了头。
⑲ 我在学校门口看小学生匆匆忙忙回家吃饭。
⑳ 天哪!

二、试指出下列句子属哪一句类。如果是疑问句,要指出小类名;如果有语气词,还要指出它的意义。

① 面对这一派大好形势,我们能无动于衷吗?
② 给他两块钱上街买冰棍儿吃。
③ 有什么事儿瞒着我呢?
④ 这儿还有一张漫画哪!
⑤ 你来取呢,还是我送去呢?
⑥ 他的事您到底还管不管?
⑦ 快往屋里搬东西吧!
⑧ 他难道会说这种糊涂话吗?
⑨ 他不会说这种糊涂话的。
⑩ 当心上小李的当。

三、把下列句子变换为其他格式的句子。
① 小伙子们嗓了喊哑了。
② 谁都能评价出诚实和忠厚的分量。
③ 你认识刚才进去的那个人?
④ 我耳边响起了一个洪亮的声音。
⑤ 万绿丛中闪耀着赭石色屋顶和鹅黄色屋顶。
⑥ 墙上挂着横幅。
⑦ 战火把这个村的树木烧尽了。
⑧ 我把纸糊了窗户了。
⑨ 病毒被我们战胜了。
⑩ 他告诉我中国在雅典奥运会上拿了32枚金牌,居第二位。

四、分析下面各句并指出其句型(附加成分内部可以不分析):
① 鲁迅是在文化战线上,代表全民族的大多数,向着敌人冲锋陷阵的最正确、最勇敢、最坚决、最忠实、最热忱的空前的民族英雄。
② 风景美丽的西双版纳,吸引了成千上万的有志气、有抱负的时代青年进入橡胶园。
③ 敦煌艺术宝库的保存,使我们有可能来理解一千五六百年来的中国艺术的成长、演变和发展。
④ 康藏公路和青藏公路的通车把幸福和繁荣带给了住在青藏高原的人们。
⑤ 生长在江南的同志们看到这些水墨画高兴得直鼓掌。
⑥ 凡是于小事忠实的于大事也忠实。
⑦ 我所遇到的毕竟还是好人多于坏人。
⑧ 篇章指的是由句子连接成篇的语言体。
⑨ 银行法对中国金融业的发展意义重大。
⑩ 旧社会逼得他没路可走。
⑪ 多威风啊,仪仗队!
⑫ 在战争年代,人们对一身灰布制服,一件本色的粗毛线衣,或者自己打的一副手套、一双草鞋,都很有感情。

⑬ 为了保护羊群,英雄的小姐妹——玉荣和龙梅同暴风雪搏斗了一天一夜。

⑭ 他被亲人送到医院把伤治好了。

五、按照下面的格式造句。

① 主+状+动+补+宾。(带宾主谓句)

② 状+主+状+动+宾

③ 主+状+动+宾+动+补

④ 状+主+状+动+补+宾+补

⑤ 主+状+形+补

⑥ 施事+时间+动作+受事

⑦ 处所+动作+施事

⑧ 受事+被+施事+动作+时量(时段)

⑨ 施事+动作+宾+动作+受事

六、指出下列句子的错误并加以改正。如果是方言的句子,要指出它跟普通话语法规范何处不合和为什么不合。

① 眼看离考试没几天了,恨不得不吃饭,不睡觉,把二十四小时都扑在学习上。

② 大家先把这个问题考虑,以后抽时间研究。

③ 我们不应指责别人而辩护自己。

④ 不坚固的房子被地震倒塌了。

⑤ 这时,高蓓的心脏跳动被停止了,血液循环的总枢纽被阻断了。

⑥ 老雷在旧社会受尽了剥削和压迫,剥夺了上学读书的权利,直到新中国成立后才识几个字。

⑦ 作者把要求改正文章中某些错误的信件,没有寄给编辑部,而寄给某同志。

⑧ 加强精神文明建设,提高全民族的文化素质和法制观念,已成为当务之急。

⑨ 你有收到我的信吗? 或:你有没有收到我的信?

⑩ 这个人高过那个人。或:这个人强似那个人。

⑪ 你讲少两句好不好? 或:你讲先。

⑫ 你去学校不(唔)去?

⑬ 我给(畀、拨)一本书你。

第七节 单句语病的检查和修改

[目的要求] 讲解单句运用中常见的句法失误,使学生了解病句的检查方法和修改原则,提高他们发现和改正病句的能力。

语病范围很广,包括语音、词汇、语法、语用各方面的失误。语法错误指的是句子中出现的不合语法规则的现象,又可分词法失误和句法失误。词法失误前面已讲过了,这里主要讲句法失误。

一、常见的句法失误

(一) 搭配不当

1. 主语和谓语搭配不当

由于不理解词义的配合关系或粗心大意而造成主语和谓语在意义上搭配不当。例如：

*① 三年当中，这个县的粮食总产量，以平均每年递增百分之二十的速度，大踏步地向前发展。

*② 我市各单位首批赴北京参观的代表均由先进生产者组成。

例①是主语中心和谓语中心不能搭配。"总产量"不能说"发展"，可以说"提高"，因为"发展"是指事物由小到大的变化，而总产量的递增不能说由小到大，只能说由少变多，因此这种数量比原来多的变化应该说"提高"，应当把"大踏步地向前发展"改为"大幅度地提高"。例②主谓搭配不当。动词"组成"的语义特征是[+集体]，可与代表团、代表队这种群体名词相搭配，原句可改为"我市各单位首批赴北京参观的代表均为先进生产者"。

"是"字句中的主语和宾语之间经常会出现意义上搭配不当的现象。例如：

*③ 报晓的公鸡是集合的信号。

例③主语中心"公鸡"和谓语中的宾语中心"信号"意义上搭配不当。"公鸡"和"信号"根本不是同一事物或同类事物。主语改为"公鸡报晓"才能够说是"集合的信号"。

有些用动词作宾语中心的句子，宾语中心和主语在意义上不匹配或表达不清，也容易造成主谓搭配不当。例如：

*④ 一些长期有争议的问题，有了不同程度的进展。

例④"有争议的问题有了进展"，文意不明确。如果把第二个"有"改为"得到"，把"进展"改为"解决"，文意就明确了。

2. 动语和宾语搭配不当

*⑤ 他主动为这个系工程力学专业的两届船舶结构力学学习班挑起了薄壳力学、船舶结构力学等三门课的主讲任务。

*⑥ 小米含蛋白质、铁及维生素 B_1、B_2 丰富。

*⑦ 参加修建红星渠的劳动大军，响应上级的号召，又快又好地进行施工任务，争取提前完成这项工程。

*⑧ 我们主张由浅入深、循序渐进的方法。

例⑤动语"挑起了"和宾语中心"任务"不能搭配。因为与"挑起了"搭配的是"担子""水桶""土筐"一类的名词，"任务"是"指定担任的工作"，只能"承担"或"完成"。原句要么说成"挑起了主讲……的担子"，要么改为"承担了……的主讲任务"。例⑥"含"要求带名词性宾语,而"蛋白质、铁及维生素 B_1、B_2 丰富"是个谓词性短语。"含"后边可改为"丰富的蛋白质、铁及维生素 B_1、B_2"。例⑦"进行"是形式动词,要求带谓词性宾语,而"施工任务"是名词性宾语,应删掉其中的"任务"。例⑧"主张"是谓宾动词,只能带谓词性宾语,不能带名词性宾语,应该把宾语改成"采取由浅入深、循序渐进的方法"。

3. 定语、状语、补语与中心语搭配不当

* ⑨ 中学时代打下的坚实的基础知识,为他进一步自学创造了条件。

* ⑩ 我们要注意团结跟自己合不来、看不惯的同志。

* ⑪ 老师问清了原因,沉思了少许,慢慢地踱到我身旁。

例⑨主语中心同定语搭配不当。"中学时代打下的"是"基础",不是"基础知识"。如果要保留"知识",就把"打下"改为"掌握""学到"之类的动词,同时把"坚实"改为"丰富"。如果保留"打下",就得把"知识"去掉,让"基础"和"打下"相互搭配。例⑩状语"跟自己"同中心语"合不来"能搭配,同"看不惯"不能搭配,犯了施受关系颠倒的错误,可改为"……注意团结跟自己合不来或自己又看不惯的同志"。例⑪补语"少许"表示数量少,同中心语"沉思"不能搭配,因为"沉思"有时间长短问题,可改为"沉思了片刻"。

4. 联合短语中的一部分与配对成分搭配不当

许多语病出在能充当各种成分的联合短语上。原因往往是联合短语中有一部分词语能与配对成分搭配,而另一部分不能搭配。遇到联合短语,要逐项检查,看能否与配对成分搭配。例如:

* ⑫ 摇滚乐那强烈快速的节奏和迷离闪烁的灯光效果,让人看得眼花缭乱。

* ⑬ 晚会上演出了音乐、舞蹈、曲艺、体操、武术等文艺节目。

例⑫作主语中心的联合短语里前一项"节奏"与谓语里的"让人看得眼花缭乱"不能搭配,因为"节奏"是看不到的,也谈不上眼花缭乱,可以改为"让人感到心烦意乱"。例⑬宾语是个同位短语,但同位短语的前部分"体操""武术"并不是文艺节目。改法有三:一是去掉"文艺",二是将"文艺"改为"文体",三是在"文艺"后加上顿号和"体育"。

(二) 残缺和多余

如果不符合省略的条件而缺少应有的成分,以致造成句子结构不完整,表达的意思不准确,这叫作成分残缺;反过来,由于多了某个成分而造成表达意思不清楚、冗赘重复,这叫作成分多余。

1. 成分残缺

(1) 主语残缺。由于滥用介词和"介词……方位词"格式,造成句子的主语残缺。例如:

*① 由于游泳技术的提高,为广泛深入地开展群众性游泳活动提供了条件。

*② 在建设事业迅猛发展的新形势下,对建筑材料工业提出了更高的要求。

这两个句子,实际上并非真正缺少主语,而是误将主语放在介词短语之中了。只要把例①的"由于"、例②的"在"和"下"去掉,句子就都有主语了。

有时暗中更换主语,也会造成后续分句主语残缺的情况。例如:

*③ (许厂长关怀我们,不让我们干重活。)我们再三恳求,终于答应了,并且发给我们工作服,多么高兴啊!

例③第一分句主语是"我们",第二、三分句主语是许厂长"他",最后一分句主语又是"我们"。短短四个分句,两次更换主语,造成主语残缺。"终于"之前应加主语"他","多么"之前应加主语"我们"。

(2)谓语残缺。一句话说了主语,还没有接上谓语,却又另外起了个头,因此造成谓语残缺。例如:

*④ 南堡人民经过一个冬天的苦战,一道4米高、20米宽、700米长的拦河大坝,巍然屹立在天目溪边。

*⑤ 一天,炮一连炊事员朱柯忠在去炮兵阵地的路上,突然有一个打扮成采猪草模样的人迎面向他走来。

例④这个句子的结构是:主语$_1$+状语,主语$_2$+谓语$_2$,可见前一分句没有出现被状语修饰的中心语,即谓语中心残缺。可把"经过"提到句首,用"经过南堡人民一个冬天的苦战"作状语,让"一道……大坝"作句子的主语。例⑤的错误性质同例④,应该在"突然"之后,补上一个动词"发现"或"看见"作谓语中心。

句子缺少谓语中心,也会造成谓语残缺的情况。例如:

*⑥ 这些杂交高粱产量高,而且比外国进口的杂交高粱更高的抵抗病虫害的能力,因此,受到了当地农民的欢迎,推广面积越来越大。

*⑦ 伟大思想家鲁迅在《祝福》中的祥林嫂是受封建礼教迫害的千百万妇女中的一个。

例⑥第二分句缺少谓语动词,应该在"更高的"前面加上"具有"。例⑦主语里的定语应是个主谓短语,可是这个主谓短语缺少谓语中心,应在介词短语"在《祝福》中"之后添上"塑造"二字。

(3)宾语残缺。例如:

*⑧ 从中西医结合到完成新医学的过程,必须是中医、西医、中西医结合三种力量同时发展,不断使中西医结合向纵深发展。

*⑨ 冶金部第一冶金地质勘探公司518队地质师李作君,帮助太行山老

第七节 单句语病的检查和修改

区人民找矿和开采小矿点,为太行老区人民走上富裕之路作出贡献,被冶金部授予双文明建设先进个人。

例⑧"是"的宾语缺少中心语"过程"。这是因为"中医、西医……向纵深发展"太长而给挤丢了,应在句末加"的过程"。例⑨"授予地质师李作君双文明建设先进个人"是不成立的,应该在"先进个人"后面加上"的称号",使"称号"成为宾语中心。

(4) 定语、状语、补语残缺不全。例如:

*⑩ 当前和今后一个相当时间内,每年进入劳动年龄的人口数很大,安排城镇青壮年劳动力就业是一项相当繁重的任务。

*⑪ 这个带形的草原,是基密尔大岭山洪冲成的一条不十分规则的河流,叫基密尔河……年深日久,冲积成厚厚的土层……淤成了一片大大小小的沼泽地,遍生着芦苇、乌拉草。

*⑫ 2月18日,最后一批滞留巴拿马的古巴难民被遣返美军在古巴的关塔那摩基地。

"相当时间"一般是指某一个时间,并不表示某一段时间。例⑩用"相当"作定语是不完整的,必须加一个"长",使"相当长(的)"作定语。例⑪"是"的前面,缺少必不可少的"本来"或者"原来"之类的状语。例⑫"美军在古巴的关塔那摩基地"是一个表示处所的名词性偏正短语,它不受动词"遣返"的支配,只能以介词短语作补语的形式表示处所,所以必须在"遣返"后加上一个介词"到"。

2. 成分多余

(1) 主语有多余成分。例如:

*⑬ 马金龙的成长和发展,使他认识到平凡人也可做出不平凡的事情。

*⑭ 部明辉同学在党的培养下,他成了既爱学习又爱劳动的好学生。

例⑬的主语中心"成长和发展"意义相近,用前头一个就行了。例⑭主语"部明辉同学"与"他"重复,应去掉"他"。

(2) 谓语有多余成分。有些句子已有一个动词或动词性词语作谓语,又加进另一个动词或动词性词语作谓语。例如:

*⑮ 读完这篇文章,读者就会被主题所感染,使读者感到余味无穷,不忍释手。

*⑯ 习惯势力使他对罢黜百家感到习以为常。

例⑮"使读者感到余味无穷,不忍释手"是承前省略主语的兼语短语作谓语,如果把主语补出,则是"读者使读者感到余味无穷,不忍释手",显然"使读者"是谓语的多余成分,应删。例⑯谓语里的"感到"是多余成分。

(3) 宾语有多余成分。动词后本来有合适的宾语,可是还硬要加进不合适

的词语,造成宾语有多余的成分。例如:

　　*⑰ 蒲松龄的《聊斋志异》,借神话抒"孤愤",刺贪虐扬善美,行世200多年来,各种版本难以数计,至今仍有广大读者群。

　　*⑱ 全国人民决心以实际行动热烈庆祝中华人民共和国成立六十周年国庆节的到来。

例⑰宾语"广大读者群"的"群"多余,应删。例⑱宾语中心"的到来"多余,因为"庆祝……国庆节"意思已经完整,加上"的到来"反而同谓语中心搭配不上。

　　(4) 定语多余。例如:

　　*⑲ 领导干部的楷模孔繁森真正具备了一个共产主义战士的优秀共产党员的品质。

　　*⑳ 我国有百分之六十左右的青年认为"诚实守信""助人为乐"是优秀的传统美德,是做人的基本准则。

例⑲"共产党员"同"共产主义战士"意思重复,可删一个。例⑳"优秀"与"美德"意思重复,应当删去"优秀"。

　　需要注意的是,定语的中心语有时也是多余的。例如:

　　*㉑ 翻开科学史的记录可以看到,从天体运动规律的总结中得出了万有引力定律。

例㉑"科学史的记录"就是"科学史","的记录"应删。

　　(5) 状语多余。例如:

　　*㉒ 目前财政困难,有些问题短期内不可能很快解决。

　　*㉓ 我们要取缔非法贩卖黄色淫秽读物的摊点。

例㉒"短期内不可能解决"和"不可能很快解决"意思一样,因此"短期内"和"很快"用在一起共同修饰"解决",造成了重复,应删去其中的一个。例㉓状语"非法"多余,因为没有合法贩卖黄色淫秽读物的摊点。

　　(6) 补语多余。例如:

　　*㉔ 从此,这个原本平静的家庭里,就不时发生出一些使人不安的怪事来。

例㉔中的"发生"就是出现,补语"出""来"多余。

　　(三) 语序不当

1. 定语、中心语错位

定语、中心语错位是指定语、中心语的位置颠倒了。例如:

　　*① 由于纺织工人努力提高产品质量,我国棉布的出口深受各国顾客的欢迎。

　　*② 巴金的晚年,仍然文思敏捷,精力充沛,写了许多优秀作品。

例①"(棉布)的出口"应改为"(出口)的棉布",因为深受欢迎的是"棉布"。例

②应是"晚年的巴金,仍然文思敏捷",定中语序不当。

2. 定语、状语错位

定语、状语错位,是指定语错放在状语位置上,或状语错放在定语位置上。例如:

*③ 夜深人静,想起今天一连串发生的事情,我怎么也睡不着。

*④ 飞快的18次特快列车向北京奔驰。

例③"一连串"应移到"事情"之前作定语,因为"一连串"才是指"事情"的一个接一个。例④"飞快的"应移到"向北京"之前,改成"飞快地",作状语。

3. 状语、补语错位

状语、补语错位是指状语错放在补语位置上,或补语错放在状语位置上。例如:

*⑤ 李汉阳活灵活现讲岳飞。

例句中"活灵活现"是指讲的结果生动、形象,像亲眼见到一样,不是讲的性状,应把它从状语位置移到补语位置,整句修改为"李汉阳讲岳飞讲得活灵活现"。

4. 状语、中心语错位

状语、中心语错位是指状语、中心语的位置颠倒了。例如:

*⑥ 社会动荡冲突带给一些青年的创伤,是一时难以弥合的。

例句中的"难以"是谓宾动词,要求谓词性词语作它的宾语,如"难以形容""难以置信"。动宾之间是不插入状语的,如不说"难以一时置信",而说"一时难以置信"。本句"难以一时弥合"就犯了状语位置上的错误。

5. 句中状语错位

句中状语错位是指句中状语错放在句首状语位置上了。例如:

*⑦ 历任美国总统下台后都要造一个纪念图书馆。罗斯福是第一个为自己设立图书馆的总统。1940年,在纽约的海德公园他自己筹款建图书馆。

最后一句处所状语"在纽约的海德公园"是"建图书馆"的地点,现在错放在句首,成了"筹款"的地点,说罗斯福只在海德公园筹款就违背事实了,应改为"他自己筹款在纽约的海德公园建图书馆"。

6. 多层定语语序错位

多层定语语序错位是指中心语前的多个定语排列次序不当。例如:

*⑧ 校长、副校长和其他学校领导出席了这届迎新会。

*⑨ 年轻美丽的美国海军陆战队上尉鲍勃的妻子莎莉,依依不舍地送自己的丈夫去前线。

例⑧"其他学校领导"可理解为"(其他)(学校)领导"(指本校的其他领导),也可理解为"(其他学校)的领导",有歧义。应改为"本校其他领导"或"学校其他领导",才能消除歧义。例⑨"年轻美丽的"到底指向谁？从句中位置看,有歧义。实际上应该是"妻子莎莉"而不是"鲍勃"。"妻子莎莉"有两个定语,"年轻美丽"表性状,"美国……鲍勃"表领属。按多层定语排列的顺序应是领属性定语在前,性状定语在后,所以全句应改为"美国……鲍勃的年轻美丽的妻子莎莉……"。

7. 多层状语语序错位

多层状语语序错位是指中心语前的多个状语排列次序不当。例如：

*⑩ 为了争取高速度,我们必须狠抓科学技术的现代化,把国民经济用先进的科学技术搞上去。

例⑩中"搞上去"前面有两个状语,按多层状语的排列顺序,表对象的状语"把国民经济"应放在表工具、方式的状语"用先进的科学技术"后面。

（四）句式杂糅

1. 两种说法混杂

说话、写作时拿不定主意,既想用这种说法,又想用那种说法,结果把两种格式糅到一起,形成两句混杂。例如：

*① 以农业为基础这个思想,经过社会主义建设的多年实践,无可争辩地证实了这个思想的正确。

*② 住了几天,三连的同志们发觉,这个村为什么北山上采石叮叮当当,田地里生产却冷冷清清？

*③ 高速磁悬浮列车运行时,与轨道完全不接触。它没有轮子和传动机构,列车的悬浮、导向、驱动和制动都靠的是利用电磁力来实现的。

例①把两种不同句式混在一起了,是因说话人对主语犹疑不定。改法有两种：一是改成"以农业为基础这个思想,经过社会主义建设的多年实践,充分证明是正确的"。这时主语"以农业为基础这个思想",意念上是"证明"的受事。二是以"社会主义建设实践"为主语,改成"社会主义建设的多年实践,无可争辩地证明了以农业为基础这个思想的正确"。例②动词"发觉"后面的宾语应当用陈述语气,却用了个疑问语气。这是把两种语气的句子混杂在一起了。要么把"为什么"删去,句末问号改为句号；要么把"为什么"移到后头另成一个问句。或者不用"发觉",把它改为"感到很奇怪",再把逗号改为冒号,后面的词语不改动。例③是两种说法混杂。要么说"都靠的是电磁力",要么说"是利用电磁力来实现的"。两种说法选择一种即可。

2. 前后牵连

把前一句的后半句用作后一句的开头,硬把前后两句连成一句,就会造成前后牵连。例如：

*④ 当上级宣布我们摄制组成立并交给我们任务的时候,我们大家有一

种既光荣又愉快的感觉是颇难形容的。

*⑤ 我们听到一个中学生奋不顾身同罪犯搏斗的英勇事迹对我们教育很大。

例④"一种既光荣又愉快的感觉"是前一分句"有"的宾语,又是后一分句的主语,牵连在一起,形成语病。修改时可以在"感觉"后加一个逗号,再加上"这种感觉"四个字。例⑤把"我们听到一个中学生……的英勇事迹"跟"一个中学生……的英勇事迹对我们教育很大"这两个分句纠缠在一起。全句可改为"我们听到一个中学生奋不顾身同罪犯搏斗的英勇事迹,受到很大教育"。或者在"对我们教育很大"前面加"这件事",并在"这"字前面加个逗号。

二、检查语病的方法

检查语病的方法很多,主要有以下几种。

(一) 朗读法

朗读法是清晰响亮地把语句念出来的方法。这种方法是在视觉语感的基础上突出听觉语感,让两种语感双管齐下,如此更易判断出顺口不顺口、顺耳不顺耳,从而找出语病的所在。例如:

*他妹妹有二个孩子,一个男孩当教师,一个女孩当护士。

这个句子读到"二个"时,就觉得别扭,毛病正在这里,因错用了"二"字。要改为"两"才顺口。该例句违反了一条语法规律:个体量词前面用"两"不用"二",如"两条、两张、两把、两块"等。只有"位"是例外,"两位、二位"都合法。

(二) 简缩法

简缩法是先检查句子的"主干",后检查句子"枝叶"的方法。"主干"指的是句子的主语中心、谓语中心、宾语中心。"枝叶"指的是附加成分。在查主干、拨枝叶时,为了符合原意,有时要保留必要的枝叶(如否定词等)。检查时拨开枝叶,先看主干是否有毛病,这样可使句子结构简单明了。例如:

*① 四个现代化的伟大目标将由你们来完成。

*②《杂文报》文风严肃,形式多样,的确起到了激浊扬清、贬恶扬善的效果。

例①拨开枝叶之后,剩下主干,就容易看出主语中心"目标"和谓语中心"完成"搭配不当。因为"目标"是实现不实现的问题,"任务"才是完成不完成的问题。所以把"目标"改为"任务"或把"完成"改为"实现"。例②最后一个分句的主干是"《杂文报》……起到了效果",谓语中动语和宾语中心搭配不当。"起到"应改为"产生",或将"效果"改为"作用"。

如果句子的主干没有毛病,则检查枝叶和主干的关系,看附加成分与中心语

是否搭配不当,有无多余和残缺情况等。例如:

　　*③ 由于坚持植树造林,这一带基本上根除了风沙灾害。

　　*④ 供应清宫饮水的运水车,经常往返于玉泉山运水。

例③状语"基本上"同中心语"根除"互相矛盾:"基本上"是大体上,不是全部;"根除"是彻底铲除。修改时可把"根除"改为"消除",或把"基本上"删去。例④"往返"有在起点和终点间来回的意思。"往返于玉泉山"却是单向的,导致中心语和补语搭配不当,可以改为"……经常到玉泉山运水",或者删除"运水",加上"与清宫之间"。

　　如果句子的主干、附加成分与中心语的关系都无毛病,那么就要检查附加成分即枝叶本身有无毛病了。例如:

　　*⑤ 为了推广利用菜籽饼或棉籽饼喂猪,加速发展养猪事业,这个县举办了三期饲养员技术培训班。

　　*⑥ 这次到会的代表提交了各种中医、藏医学术论文91篇。

例⑤句首状语是个介宾短语,但宾语里的动语"推广"是个名宾动词,要求带名词性宾语,却带了谓词性宾语,所以应改为"推广利用菜籽饼或棉籽饼喂猪的经验"。例⑥句子的主干"代表提交论文"没有问题,但检查枝叶却发现"学术论文"前的两个定语语序倒置了,"各种"不应当放在"中医、藏医"的前面。中医、藏医各是一种,谈不上"各种",应删去"各种"。

(三)类比法

类比法是造一些与原句结构类似、词语性质相同的句子同原句比较,以判断原句是否正确的方法。例如:

　　*① 作家们把自己对城市的感受没有倾吐出来。

在着手修改之前,我们可先按照原句的格式仿造几个意义不同的句子,在一起比较。如果仿造的句子都能成立,原句就是正确的,否则就是错误的。下面三个句子即是仿造句:

　　*② 她把自己对他的感情没有说出来。

　　*③ 他把自己对小李的印象没有谈出来。

　　*④ 他把自己对张勇的要求没有提出来。

根据语感,仿造的句子都是不能成立的。正确的说法是:

　　她没有把自己对他的感情说出来。

　　他没有把自己对小李的印象谈出来。

　　他没有把自己对张勇的要求提出来。

　　作家们没有把自己对城市的感受倾吐出来。

再如:

　　*工作越忙也要注意休息。

这句话通不通,也可用跟原句同结构的格式来类比。例如:

*生意越火也要注意讲信用。

*天气越冷也要注意锻炼。

后两句显然不能说,可见原句是有问题。正确的说法是:

工作越忙越要注意休息。

生意越火越要注意讲信用。

天气越冷越要注意锻炼。

原句把"越……越……"(工作越忙越要注意休息)和"再……也……"(工作再忙也要注意休息)两种格式杂糅在一起,从而造成语病。

三、修改语病的原则

(一)分析和修改相结合

分析正确是保证修改正确的前提。分析和修改是同步进行的,不能分开。所谓正确分析就是利用语法知识,准确找出语法失误的症结所在。例如:

*省委、省政府认真总结了造成这种落后状态的教训,明确树立起依靠科学技术,加快解决这一突出矛盾。

上例所犯的语病是"宾语中心残缺",应该在"依靠科学技术"后面加上"的思想"。从另一角度看,该句又可认为是动宾搭配不当。语法知识告诉我们,动语"树立"是名宾动词,只能带名词性宾语,不能带谓词性宾语,应把宾语改成"依靠科学技术的思想"。

(二)修改要符合原意

要符合原意就要做到原句有的意思不要删,原句没有的意思也不要添。例如:

*① 2008 年 5 月是一个多么令人难忘的日子啊!

② 2008 年 5 月 12 日是一个多么令人难忘的日子啊!

③ 2008 年 5 月是一个多么令人难忘的岁月啊!

例①是一个病句,因为"5 月是日子"搭配不当。如果改成②,句子虽然没有毛病了,却增加了原句没有的意思。例③改得恰当,符合原意,但量词"个"最好改为"段"。

(三)修改要保持原句的结构

汉语的语法结构是形式和意义的结合体,结构变化了,意义也会变化。例如:

*① 焦思成被送手术室,躺在高高的乳白色的铁架手术床上。

② 焦思成进了手术室,躺在高高的乳白色的铁架手术床上。

③ 焦思成被送进了手术室,躺在高高的乳白色的铁架手术床上。

例①是病句,如果改成②句,虽然通顺了,但由于改成了主动句,不仅结构发生了变化,意义也发生了变化。正确的改法应该是③句,因为"手术室"是个处所宾语,动词"送"要有趋向动词作补语才能搭配。

(四)修改不要顾此失彼,出现新问题

有些句子毛病复杂,内部互相牵连,改动一处往往影响另一处,很容易顾此失彼,出现新问题。例如:

原句:我们应该刻苦学习,否则不学习,就很难把自己培养成建设祖国的有用人才。

改句:* ① 我们应该刻苦学习,不学习,就很难把自己培养成建设祖国的有用人才。

* ② 我们应该刻苦学习,如果不学习,自己就很难成为有用的建设祖国的人才。

③ 我们应该刻苦学习,否则就很难把自己培养成建设祖国的有用人才。

原句的毛病出在"否则不学习"上,有两个错误:一是"否则"已包含有"假如不……"的意思,后面再加"不学习",语意重复;二是"不学习"和"应该刻苦学习"不能构成直接的反义关系,前面讲"应该刻苦学习",后面只能用"不刻苦学习"。

改句①虽然改掉了"否则",解决了语意重复问题,但并未解决偷换概念问题,顾此失彼。改句②该改没改,不该改的改了,"有用的"移到"建设祖国"的前面不对。改句③考虑比较周全,既没有语意重复,又没有偷换概念问题。

(五)小改比大改好

修改病句尽量少增少减,能调整语序的就尽量调整语序。例如:

原句:* 脊椎动物包涵鱼类、两栖类(例如青蛙)、爬行类(例如四脚蛇)、鸟类和哺乳类。

改句:① 脊椎动物有鱼类、两栖类(例如青蛙)、爬行类(例如四脚蛇)、鸟类和哺乳类。

② 脊椎动物包含鱼类、两栖类(例如青蛙)、爬行类(例如四脚蛇)、鸟类和哺乳类。

③ 脊椎动物包括鱼类、两栖类(例如青蛙)、爬行类(例如四脚蛇)、鸟类和哺乳类。

原句"包涵"用得不对。改句①②③都可以,改句③改得更切合原意。

再如:

原句:* 这些角色不同类型,如果没有善于塑造人物性格的技巧是演不好的。

改句:① 这些角色属于不同类型,如果没有善于塑造人物性格的技巧是演不好的。

② 这些角色类型不同,如果没有善于塑造人物性格的技巧是演不好的。

改句①和②都是正确的,①是从谓语中心残缺角度改的,②是从语序有误角度改的。相比之下,②的改法更为经济、简洁。

思考和练习七

一、下面几组句子中的甲乙两种说法都对吗?为什么?

第一组

甲、艰苦的工作正是我们锻炼自己的好机会。

乙、担任艰苦的工作正是我们锻炼自己的好机会。

第二组

甲、吴哥寺在淡蓝色的烟霞中就像一座仙宫,多么美妙地引起人们的遐想。

乙、吴哥寺在淡蓝色的烟霞中,就像一座仙宫,引起人们多么美妙的遐想。

第三组

甲、他甚至连车窗外的茂密的青松、起伏的翠岗和遍地的野花也无意观赏。

乙、他甚至连车窗外的株株青松、道道翠岗和束束野花也无意观赏。

二、下面句子中的动语和宾语是否都能搭配?谈谈你的看法。

① 我国防治流行性出血热的科研人员,在国内首次分离到能稳定传代的流行性出血热相关病原体。

② 那就要谴责和依法严肃惩处肇事者,医治和保护受害者的安全和健康。

③ 人体耳朵与全身器官经脉相连,"魔针"实现了在耳朵上自动选穴探测治疗全身各种疾病。

④ 看完电影后,除了银幕上活跃着的那些人物给我的印象外,我仿佛还感到一个没有出场的人物,那就是作者自己。

三、下列各句中没有语病的一项是(　　)

A. 德国队中场队员积极抢断,破坏了巴西队的一传到位率。

B. 科技界的同志对这一问题表示了极大的关心和浓厚的兴趣。

C. 韩国《千年历史人物》称:"成吉思汗的驰马驿站,是当时通信业的最佳最快形式,是当今世界超前的因特网。"

D. 这套网上航班查询系统和中国民航局计算机订座系统相连,具有及时、准确、信息全面等特点。

四、下列句子有没有成分搭配不当的毛病?如果有,试加以改正,并说明理由。

① 张钰所以这般刻苦,是因为有一种坚强的思想在支配她。

② 参加这次运动会的八名男运动员和三名女运动员,均由优秀选手组成。

③ 我们不但盖出了林立的工厂、学校、住宅,而且盖出了人民大会堂和历史博物馆这样宏伟浩大的工程。

④ 这次在工厂最后一天的劳动,是同学们最紧张、最愉快、最有意义的一天。

⑤ 敌人已经发现我们了,这里不能久住,今晚六点出发瓦窑堡。
　　⑥ 文艺作品语言的好坏,不在于它用了一大堆华丽的词语,用了某一行业的术语,而在于它的词语用的是地方。
五、试分析比较下面三种说法,看看有没有病句。
　　① 在老师的教育下,使我提高了认识。
　　② 在老师的教育下,我提高了认识。
　　③ 老师的教育,使我提高了认识。
六、下列句子有没有成分残缺或多余的毛病?如果有,试加以改正并说明理由。
　　① 5月3日,分局又在《解放日报》上刊登了"招认无名女尸"广告的当天,近100万份《解放日报》及时发至全国各地和本市的街头巷尾。
　　② 通过多年的生产劳动和技术革命活动中,使我深刻地认识到,一个人的智慧是有限的,群众的智慧是无穷的,我们劳动人民有无穷无尽的智慧和力量。
　　③ 贺兰县接到文件后,立即在会议上进行了传达,一致认为,文件说出了广大农民和干部的心里话。
　　④ 大热天劳动,出汗多,身体里的水分和盐分消耗得也多,不随时补充上去,容易发生中暑。
　　⑤ 目前正值印度黄金季节。全国游客纷至沓来,这种盛况为"黑市"生意提供了机会。
　　⑥ 他很后悔,不该和自己同过患难、共过生死的好朋友分道扬镳。
　　⑦ 在俄罗斯社会史的研究正方兴未艾,而其巨大的生命力正来源于历史唯物主义的基本理论和方法。
　　⑧ 荣获诺贝尔物理学奖的殊荣。
　　⑨ 我国将于5月12日至6月10日由本土向太平洋南纬7度0分、东经171度33分为中心,半径70海里圆形海域范围内发射运载火箭。
　　⑩ 我们要为建设现代化的社会主义强国的美丽前程而贡献自己的一份力量。
　　⑪ 他说他要写出三部巨著来反映改革开放前后以及我们所取得的成就。
　　⑫ 文字字数最多不得超过3 000。
七、下面句子有什么毛病?试指出来并加以改正。
　　① 从他身上,我们看到了许多党的地下工作者的光辉形象。
　　② 两个感叹句,仿佛使我们看到郭老写这段文字时那种心情舒畅、信心满怀的喜悦心情。
　　③ 不仅这样,他们还把小岛建成花园一样美丽。
　　④ 考试场设在一间古色的大厅里举行的。
　　⑤ 红萍具有繁殖快、肥效高的特点,但在生产上长期采用季节性稻底养萍,潜力没有充分发挥。
　　⑥ 我们姐妹蜷缩在地板上,合盖一床薄薄的被子,冻得发抖,只好用相互的身子暖和着对方。
　　⑦ 只有弄清30年来教育战线上的是非得失,认识教育规律,才能改革教育适应四

个现代化的要求。

⑧ 他奋然而起,挪开床,刨着泥土,汗水湿透了里外衣衫。几层用厚塑料布严密包裹着的小铁箱终于出现了。

⑨ "心连心"艺术团到来的消息传开后,街道里的妇女、老人和孩子许多都跑了出来。

⑩ 他详细地给我们介绍了这个民族的风俗习惯、政治制度和与其他民族不同的服饰打扮。

八、用层次分析法和成分分析法分析下面两句的句法成分和语义成分,指出对和不对的原因。

① 绿色的念头愤怒地睡觉。

② 安娜的妹妹正在安静地睡觉。

九、教师教学用书中经常出现"通过……使……"或"通过……"这样的句式。下面三句都用了这样的句式,请分析哪句是正确的、哪句是错误的,为什么?

① 通过教学,使学生明白艰苦环境对磨砺坚强意志的作用。

② 通过学习,使学生初步掌握认识社会问题的方法,形成初步的思考社会问题和现象的能力。

③ 通过系统教学法的实践,能够帮助学员明确目标,在教学中更有针对性和灵活性。

十、用简缩法检查下面句子的毛病并加以改正:

① 古往今来,青青翠竹吸引了无数诗人和画家,竹画已成为我国诗画的传统题材,它象征了中华民族坚定顽强、不卑不亢的气概。

② 参加研制人造地球卫星的全体工人和科技人员,在党的领导和关怀下,在全国人民的支援下,在中国人民解放军的配合下,经过多年的紧张劳动,于1964年9月15日,我国成功地发射了第一颗人造地球卫星。

③ 车站大厅里挤满了来自祖国各地的人们,有的来自东南沿海的战士,有的来自边远山区的矿工,有的来自东北林区的采伐工人,有的来自喜马拉雅山的牧民。

④ 南京近期重建沈万三纪念馆,如今一座总面积2700平方米的仿明大院正在中华门落成,院内深宅大屋,曲径回廊,显示出沈万三当年难以估量的财富……

十一、用类比法检查下面的短语,看看哪个是正确的、哪个是不正确的。

① 不干净的一件衣服

② 刚刚回来的黄诚文的哥哥

③ 枫叶红了的时候

④ 等到满山红叶时

十二、举例说明如何把简缩法和类比法结合起来运用。

第八节 复 句

[目的要求]了解复句与单句的区别,学会多重复句的分析法,掌握复句的意义类型,提高对复句病例分析的能力。

一、概说

复句是由两个或两个以上意义上相关、结构上互不作句法成分的分句加上贯通全句的句调构成的句子。复句的各分句间一般有句中停顿,书面上用逗号、分号或冒号表示。①

从结构上看,构成复句的分句可以是主谓结构,也可以是非主谓结构。例如:

① 天气暖和,下着小雨。
② 蓝天,远树,金黄色的麦浪。

从复句的主语看,各分句的主语可以相同,也可以不同;可以省略,也可以不省略。例如:

③ 面对未来,我们豪情满怀。(蒙后省)
④ 他是我的一个本家,应该叫他五叔。(承前省)

例③两个分句主语相同,前一分句主语蒙后一分句主语"我们"省略了。例④第二分句主语承第一分句定语"我"省略;这是分句主语不同,而不是承前主语省略的例子。

为了强调或突出主语,也可以不省略。例如:

⑤ 时间就是生命,时间就是速度,时间就是力量。

这句重复主语"时间",整个句子兼有修辞中"反复"和"排比"两种辞格的表达效果。

从复句中的关联词语看,复句中分句之间的关系有时用关联词语来表示,这种关联组合的方法叫关联法;有时不用或不能用关联词语表示,这种直接组合的方法叫意合法。口语中多用意合法,书面语多用关联法。

关联词语包括关联词和关联短语。关联词大多是连词,如"因为、无论";有少量是副词,如"也、又";个别的是助词,如"的话"。关联短语指的是"还是、不是、一方面、另一方面"等。关联词语能起明确地表示分句间关系的作用。试比

---

① 有的语法书上说,"两个或两个以上的单句可以构成一个复句",这是经不起推敲的通俗说法。它这样说,主要是因为只看重单句和分句的结构无区别,忽略了两者句调的不同。分句没有完整、独立的句调,单句则有完整、独立的句调。

较下面三句:

⑥ 如果他努力学习,就能够学会许多新的知识。(假设关系)

⑦ 只要他努力学习,就能够学会许多新的知识。(条件关系)

⑧ 因为他努力学习,所以能够学会许多新的知识。(因果关系)

有的复句没有关联词语,脱离语境,可分析为多种关系的复句,也就是可以加上不同类型的关联词语,成为不同类型的复句,上面例⑥⑦⑧去掉所有关联词语,就可作多种分析。要断定这种没有关联词语的复句的类型,必须依靠语境。

有少量表示条件、假设关系的关联词语"无论……都""只有……才""除非……才""就是……也""哪怕……也"等,既可以用在复句的不同分句里,也可以用在单句的句法成分之间。不能看见句中有复句惯用的关联词语就认为是复句。例如:

⑨ 只有热爱工作的人,才能热爱生活。

⑩ 无论在什么特殊情况下,我们都要坚持到底。

例⑨的"只有"表示主语是必备的条件,例⑩的"无论"表示状语所说无例外。把关联词语去掉就可清楚看出前后是互作句法成分的,没有分句与分句之间的关系。

几个分句的组合在句中充当了一个句法成分,失去了完整的句调,就成为复句形式,不能称为复句。例如:

⑪ 我曾经说过,人不犯我,我就不犯人。

这个句子的宾语是用"就"关联的复句形式。

二、复句的意义类型

根据分句间的意义关系划分,复句可以分为联合复句、偏正复句两大类。复句内各分句间意义上平等、无主从之分的叫联合复句,又叫等立复句;复句内各分句间意义上有主有从,也就是有正句有偏句之分的叫偏正复句,又叫主从复句。正句即主句,是句子的正意所在;偏句是从句,意义从属于正句。

(一) 联合复句

联合复句可分为并列、顺承、解说、选择、递进五小类。

1. 并列复句

前后分句分别叙述或描写有关联的几件事情或同一事物的几个方面。分句间或者是平列关系,或者是对举关系。常用的关联词语有:

平列	合用	既A,又(也)B 又(也)A,又(也)B 有时A,有时B 一方面A,(另、又)一方面B 一边A,一边B 一会儿A,一会儿B
	单用	也 又 同时 同样 另外

对举	合用	不是 A,而是 B　并非 A,而是 B　是 A,不是 B
	单用	而　而是

平列关系就是分句间表示的几件事情或几个方面并存。平列关系的关联词语有前后分句成对使用(合用)的,也有只在后一分句单独使用(单用)的。例如:

① 他一边收拾行李,一边认真思考刚才谈的问题。
② 绿既是美的标志,又是科学、富足的标志。
③ 知识是积累起来的,经验也是积累起来的。

对举关系又称对待关系,就是前后分句的意义相反相对,表示两种情况或两件事情彼此对立,也就是用肯定和否定两个方面对照来说明情况或表达所要肯定的意思。关联词语可以成对使用,也可以只在后一分句单用。例如:

④ 人的明智并非同经验成正比,而是同经验的吸收力成正比。
⑤ 我不是要人装傻,而是要人保留一份纯真。

并列关系常用意合法。例如:

⑥ 感情的短处在于会使人迷失方向,科学的长处在于它是不动感情的。

简单并列复句的分句之间的停顿一般用逗号,只有多重并列复句的分句之间才用分号。例如:

⑦ 前年的今日,我避在客栈里,他们却是走向刑场了;去年的今日,我在炮声中逃在英租界,他们则早已埋在不知哪里的地下了;今年的今日,我才坐在旧寓里,人们都睡着了,连我的女人和孩子。

2. 顺承复句

前后分句按时间、空间或逻辑事理上的顺序说出连续出现的动作或相关的情况,分句之间在语义上有先后相承的关系。顺承复句又称连贯复句、承接复句。常用的关联词语有:

合用	首先(起先、先)A,然后(后来、随后、再、又)B　刚 A,就 B　一 A,就 B
单用	便　就　又　再　于是　然后　后来　接着　跟着　继而　终于

例如:

⑧ 她先开了柜子上的锁,拿出了衣服,又开了首饰匣子上的锁,取出了项链戴好。

⑨ 世界上有思想的人应先想到事情的结局,随后着手去做。
⑩ 她进入这个世界,便奉献给这个世界以真诚。

顺承关系常用意合法。例如:

⑪ 愿为事业献青春,献了青春献终身,献了终身献儿孙。
⑫ 金山取了笔记本,走了。

少数顺承复句(如例⑫)如果分句之间的停顿取消了,书面上没有逗号,就变成了单句中的连谓句;反之,单句中的连谓句,几个连续动作中间加上停顿,书面上增加逗号,就会变成顺承复句。

有些属于顶真修辞格的句子,也可以看作顺承复句。例如:

⑬ 反正说的都离不开修沟,修沟反正是好事,好事就得拍巴掌,拍巴掌反正不会有错儿。

顺承关系分句的次序是按逻辑顺序相继而下,作鱼贯式排列,一般不能变换次序。并列关系的分句是雁行式排列,往往可以变换次序。

3. 解说复句

分句间有解释和总分两种关系。解释关系的后头分句对前头分句进行解释;一般不用关联词语,也有少数在后一分句单用"即、就是说"等关联词语的。例如:

⑭ 我们的祖先在历史的黎明时便幻想出一个神话式人物,叫大禹。
⑮ 说假话的人会得到这样的下场,即他说的真话也没人相信。

总分关系有先总说、后分述的。例如:

⑯ 调查有两种方法:一种是走马观花,一种是下马观花。
⑰ 乐观主义者和悲观主义者的区别非常可笑,前者看到的是面包圈,后者看到的是那个窟窿。

总分关系的复句里总说分句与分说分句之间常用冒号,如例⑯。

有先分述、后总说的。例如:

⑱ 对自己,"学而不厌",对人家,"诲人不倦",我们应取这种态度。

还有先总说、再分述、最后总说的。例如:

⑲ 这样看来,有两种不完全的知识,一种是现成书本上的知识,一种是偏于感性和局部的知识,这二者都有片面性。

4. 选择复句

分句间有选择关系。选择可以分为未定选择和已定选择。有的分别说出两种或几种可能的情况,让人从中选择,这叫未定选择。这类选择复句又分数者选一(即任选)和二者选一(即限选)两类。有的说出选定其中一种,舍弃另一种,这叫已定选择,又称决选。这类选择复句又分先舍后取、先取后舍两类。常用的关联词语有:

未定选择	数者选一	合用	或者(或、或是)A,或者(或、或是)B　是A,还是B
		单用	或者　或是　或　还是
	二者选一	合用	不是A,就是B　要么A,要么B　要不A,要不B
已定选择	先舍后取	合用	与其A,不如(毋宁、宁肯、还不如、倒不如)B
		单用	还不如　倒不如
	先取后舍	合用	宁可(宁、宁肯、宁愿)A,也不(决不、不)B

在未定选择中,数者选一表示或此或彼的意思,即任选关系,说话人态度灵活。例如:

⑳ 或者你去上海,或者你去南京,或者你哪里都不去。

㉑ 在晴朗的月夜里,海横在天边就像一根发亮的白带,或者像一片发亮的浅色云彩。

不管是合用还是单用,"或者、或是、或"都表示陈述式选择,"是……还是""还是"表示疑问式选择。例如:

㉒ 他是忘了,还是故意不来?

在未定选择中,二者选一表示非此即彼,即限选关系。分句在意义上互相排斥,二者必居其一,语气肯定,关联词语必须成对使用。例如:

㉓ 不是鱼死,就是网破。

㉔ 要么被困难吓倒,要么把困难克服。

在一定语境中,"或者A,或者B"可能表示限选,而"不是A,就是B""要么"也可能表示多于两项的选择。例如:

㉕ 或者把老虎打死,或者被老虎吃掉,(二者必居其一)。

㉖ 他不是在车间,就是在仓库,要不就在料场。

㉗ 人们要么尊他为孙老,要么唤他老孙,要么就叫他孙会计。

先舍后取的已定选择可以成对使用关联词语,也可以只在后一分句单用关联词语。例如:

㉘ 与其夸大胡说,还不如宣布"我不知道"。

㉙ 哎呀,你这样做太慢了,还不如他那样做来得快。①

先取后舍要成对使用关联词语。例如:

㉚ 我宁可自己多做些,决不愿意把工作推给别人。

---

① 句中的感叹语是独立语,不算一个分句。例㉙只有两个分句。

㉛ 我们宁要少而精,也不要多而杂。

具有取舍意义的复句表示在两种情况中衡量得失,选择其中较好的,舍弃其中较差的。先舍后取的句子,语气比较委婉;先取后舍的句子,语气比较坚定,是一种强调的说法。

5. 递进复句

递进复句中,后面分句的意思比前面分句的意思更进一层,一般由少到多、由小到大、由轻到重、由浅到深、由易到难,反之亦可。递进复句可分为一般递进关系和衬托递进关系两类。递进关系必须用关联词语,常用的有:

一般递进	合用	不但(不仅、不只、不光、非但)A,而且(还、也、又、更)B 不但不 A,反而 B
	单用	而且 并且 况且 甚至 以至 更 还 甚至于
衬托递进	合用	尚且 A,何况(更不用说、还)B　别说(慢说、不要说)A,连(就是)B 也(都)
	单用	尚且 何况 反而

一般递进关系的例子如:

㉜ 哥白尼的地动学说不但带来了天文学上的革命,而且开辟了各门学科向前迈进的新时代。

㉝ 我们不仅要学习他的学术著作,更要学习他崇尚科学、严谨治学、淡泊名利、甘于奉献的崇高品格。

㉞ 这次展出的年画,数量多,而且题材新颖、形式风格多样。

㉟ 他认识我,甚至连我的小名都知道。

以上是一般递进复句,两个分句都表示肯定,层层推进。合用关联词语时,递进的意思比单用关联词语的强些。用"不但 A,而且 B,甚至 C"关联,可以表示多层递进。例如:

㊱ 参加培训班的学员,不但有本校的学生,而且有外校的学生,甚至不少社会青年也来报名参加。

还有一种比较特殊的一般递进,前一分句表示否定,后一分句表示肯定,从反面把意思推进一层。例如:

㊲ 你这样说不但不能解决问题,反而会影响团结。

衬托递进复句中,前面分句是后面分句的衬托,后面分句的意思更进一层。这种复句具有特别强调的作用。关联词语可以合用,也可以只用承上关联词语,或只用启下关联词语。例如:

㊳ 见面尚且怕,更不必说向他提意见了。

㊴ 老年人热情都那么高,何况我们青年人呢?

㊵ 城里尚且买不到,乡下她哪里能得到手呢?

衬托递进复句也可能有多层递进,常用关联词语"尚且 A,何况 B,更何况 C"。例如:

㊶ 现在年近40的教授尚且考博士,何况他刚刚过了30岁,更何况他仅仅是个副教授。

一般递进复句和并列复句在形式上的主要区别是关联词语。例㉜如果去掉关联词语,或删去启下关联词语、把承上关联词语改成"又",就成了并列复句。原句强调后一分句的作用也就消失了。

(二) 偏正复句

偏正复句可分为条件、假设、因果、目的、转折五小类。

1. 条件复句

偏句提出条件,正句表示在满足条件的情况下所产生的结果。条件关系分有条件和无条件两类,有条件又分充足条件和必要条件两类。常用的关联词语有:

有条件	充足条件	合用	只要(只需、一旦)A,就(都、便、总)B
		单用	便 就
	必要条件	合用	只有(唯有、除非)A,才(否则、不)B
		单用	才 要不然
无条件		合用	无论(不论、不管、任、任凭)A,都(总、总是、也、还)B

用充足条件关联词语,表示偏句是正句的充足条件,正句表示在具备这种条件下就能产生相应的结果。例如:

① 只要在什么时候再听到那种歌声,那声音的影片便一幕幕放映出来。

② 多读多写,作文就会有进步。

充足条件不排斥其他条件。比如,例①中"那声音的影片一幕幕放映出来"的条件有很多,"在什么时候再听到那种歌声"只是其中的一种。一般说来,有这样的条件,肯定会有那样的结果。

用必要条件关联词语,表示偏句是正句的必要条件,缺少了这个条件,就不能产生正句提出的结果。例如:

③ 只有春天到了,才能见到这种鲜花。

④ 除非是到了春天,你才能看到这遍山的杜鹃花。

⑤ 除非各方都有合作的愿望,否则不能达成协议。
⑥ 能看懂印度文学原著,才谈得上对中印文学作真正的比较研究。

必要条件经常是唯一条件(如例③),但有时不是唯一条件。例如:

⑦ 向还没有开辟的领域进军,才能创造出新天地。

"只有……才"和"除非……否则"所表达的意思有差别:"只有……才"从正面强调必要条件,"除非……否则"从突出结果方面来强调必要条件。"否则"的意思是"要是没有前面分句所说的条件,就不能……",如例⑤等于说"除非各方都有合作的愿望,要是各方没有合作的愿望,就不能达成协议"。

无条件关联词语要成对使用,偏句表示排除一切条件,正句表示在任何条件下都会产生同样的结果。例如:

⑧ 无论什么时候到站,都有人热情接待。
⑨ 不管谁来,他都要按制度办事。

2. 假设复句

偏句提出假设,正句表示假设实现后所产生的结果。假设关系分一致关系和相背关系两类。常用的关联词语有:

一致	合用	如果(假如、假使、假若、假设、倘若、倘使、若是、若、要是、万一)A,就(那么、那、便、则)B
	单用	那 那么 就 便 则 的话
相背	合用	即使(就是、就算、纵使、纵然、哪怕)A,也(还) B 再 A,也 B
	单用	也 还

一致关系的假设复句,偏句提出假设,正句表示结果;假设如果成立,结果就能出现,即假设与结果是一致的。例如:

⑩ 如果不互相尊重,爱也难以持久。
⑪ 要是你不去,那么谁去?
⑫ 假如你认为有必要的话,我就设法去办。
⑬ 你临时有事的话,可以打个电话来。

例⑫⑬中的"的话"是表假设的助词,用在表假设的分句后。

"如果说……那么"是一种新兴的用法,前一分句所表示的是已然的事实,但故意当作"假设"提出来,以便利用这种句式所表示的充足条件关系来强调对后一分句的肯定。例如:

⑭ 如果说南郭先生的装腔作势只是骗了一个齐宣王,那么,在革命队伍里装腔作势,那就是骗党、骗群众。

一致假设也可以用意合法。例如：

⑮ 你考上了大学,你妈的病一定好。

用相背关系关联词语时,偏句、正句语意是相背的,假设和结果不一致。偏句先让一步说,把假设的情况当作事实承认下来,正句则说出不因假设实现而改变的结论。这种句子有人称它为让步复句,自成一个大类。我们认为偏句若为假设让步,应视作假设复句。例如：

⑯ 即使我们的科学技术赶上了世界先进水平,也还要学习人家的长处。

⑰ 宝石哪怕混在垃圾堆里,也仍然晶莹夺目。

相背假设复句同让步转折复句相近,其区别在于相背假设偏句表示的是未实现的事实,让步转折复句的偏句表示的是已实现的事实,两者的关联词语也不同。

表相背关系的假设复句(例⑯、例⑰),第一分句表让步假设,后面分句表转折,我们不把它视为转折复句也是因为复句的分类应重在偏句的关联词语。

假设复句与条件复句有共同点,都是偏句提出条件,因此有的书把两者合成条件复句。我们认为假设复句的偏句重在表示假设,这点与条件复句的偏句明显不同,所以不应该合并成一个复杂的大类。

假设复句一般偏句在前、正句在后,有时也可以正句在前、偏句在后。正前偏后是为了更加突出正句。例如：

⑱ 你一定能听到石油掀起的波浪声,假如你把耳朵贴到油管子上。

3. 因果复句

偏句说出原因或理由,正句表示结果。因果关系分说明因果关系(即自然界或人类社会领域两个事态之间的原因与结果关系)和推论因果关系两类(即思维领域推理活动所涉及的前提与结论关系)。常用的关联词语有：

说明	合用	因为(因、由于)A,所以(才、就、便、故、于是、因此、因而、以致)B 之所以A,是因为(是由于、就在于)B
	单用	因为 由于 是因为 是由于 所以 因此 因而 以致 致使 从而 以至(于)
推论	合用	既然A,那么(就、又、便、则、可见)B
	单用	既然 既 就 可见

说明因果关系关联词语可以合用,也可以在后一分句或前一分句单用。合

用关联词语表达比较郑重、严密,书面语中用得较多。单用表"因"关联词语,侧重原因表达,单用表"果"关联词语,侧重结果表达,这两种情况在口语中常出现。例如:

⑲ 因为马克思有广博的知识做基础,所以他能够建筑起他的学术的高塔。

⑳ 由于他是中文系毕业,所以同我这个爬格子的人有许多共同的语言。

㉑ 19世纪中叶,由于物理学发展了,人们开始用光谱分析、光度测量和照相术等方法研究天体。

"因为"和"由于"略有不同:"因为"常和"所以"合用,"由于"常单用,也可以和"因此、因而"合用。

为了强调原因,可以在"因为"等前面加上"正、就、正是、就是"等词语。例如:

㉒ 正因为他喜欢你,才有这样的行动。

"因此、因而"单用在后面分句,作用相当于"因为……所以",但这两个关联词仍有区别。"因此"联系的分句含有"因为这样,所以……"的意思,"因而"联系的分句所叙述的事实有连续关系。例如:

㉓ 知识的海洋是无穷无尽的,因此,学习是无止境的。

㉔ 今天进城要办的事情很多,因而一清早他就出门去了。

"以致、致使"多用于后果不好的情况或说话人所不希望的结果;"以至(于)"引出的结果一般不侧重于好或坏。例如:

㉕ 他优柔寡断,以致坐失良机。

㉖ 河里结了冰,致使轮船不能开航。

㉗ 形势变化很快,以至让很多人感到惊讶。

推论因果关系关联词语可以合用,也可以单用。偏句提出理由或根据,正句则从理由或根据推出结论。例如:

㉘ 我们既然拿来了,就不带回去了。

㉙ 基本公式都弄错了,可见没有认真学。

㉚ 既然我把那么深厚的感情灌注在我的歌里,她怎么会听不见呢?

例㉚的正句用反问的形式,有加强肯定语气的作用。

推论因果可以由因推果,也可以由果推因。例如:

㉛ 既然产品又好又适用,就一定畅销。

㉜ 既然畅销,产品就一定又好又适用。

"既然"和"所以"合用,这是一种较新又较普遍的用法。例如:

㉝ 既然他抱定了成见,所以大家跟他讲的他都听不进去。

因果复句通常偏句在前,有时偏句在后则是为了突出正句,偏句起补充说明的作用。例如:

㉞ 不要揭露别人的隐私,因为在你侮辱他人时,你的信誉也将受到损害。

4. 目的复句

偏句表示行为,正句表示行为的目的。关联词语只能单用。目的关系可分为求得什么和求免什么两类。常用的关联词语有:

求得	单用	以 以便 以求 用以 借以 好 好让 为的是
求免	单用	以免 免得 省得 以防

用求得类关联词语,表示希望达到什么目的。例如:

㉟ 迅速推进,以便早日打败敌人。

㊱ 你把意见整理一下,明天好交大会讨论。

㊲ 我们把政策交给群众,为的是更好地接受群众的检验和监督。

用求免类关联词语,表示要避免某种不希望的情况发生。例如:

㊳ 迅速推进,以免被敌人打败。

㊴ 我把发动机重新检查了一遍,以防中途发生故障。

㊵ 麻烦你把这本书捎给他,省得我再跑一趟。

这类句子后一分句的主语往往承前省略。"以免"用于书面语,"省得"用于口语。

如果分句间表示的目的关系很明确,也可以不用关联词语。例如:

㊶ 小王学习特别勤奋,想毕业后报考研究生。

实际上求得句和求免句是互通的。"以便"之类词语后面如果表肯定意思,只要把肯定意思改为否定意思,"以便"等就可以改为"以免"类词语,求得句也就变成了求免句。例如:

㊷ 她总是认真学习,以便保留学习模范的称号。→她总是认真学习,以免丢失学习模范的称号。

如果把"以免"改成"以便避免",求免句就变成了求得句。例如:

㊸ 迅速推进,以免被敌人打败。→迅速推进,以便避免被敌人打败。

5. 转折复句

前后分句的意思相反或相对,即后面分句不是顺着前面分句的意思说下去,而是突然转成同前面分句意思相反或相对的说法。从全句看,后面分句是说话人所要表达的正意。根据前后分句意思相反、相对程度的强弱,转折关系分重转、轻转、弱转三类。常用的关联词语有：

重转	合用	虽然（虽是、虽说、虽则、虽、尽管、固然）A，但是（可是、然而、但、却、还、也、而）B
轻转	单用	虽然 但是 但 然而 可是 可 却
弱转	单用	只是 不过 倒

重转关系分句间的意思是先让步后转折，相反意味很重，又叫让步转折句。关联词语要合用。例如：

㊹ 虽然权势是一头固执的熊，可是金子可以拉着他的鼻子走。

㊺ 虽然二诸葛说是千合适万合适，小二黑却不认账。

“尽管”比“虽然”语气重。例㊹的“虽然”如换成“尽管”，语气便重多了。再如：

㊻ 很多人尽管讲起来一样头头是道，打起仗来却有胜负之分。

轻转关系的转折意味比较轻，单用启下或承上关联词语。例如：

㊼ 虽然有八辆大卡车，我看今天下午拉不完。

㊽ 麻雀虽小，五脏俱全。

㊾ 她曾经是个柔弱的女孩子，可是岁月的风刀使她变得坚强起来。

弱转关系分句间意义上的相对往往不那么明显，转折语气较弱，只用承上关联词语。例如：

㊿ 事情到了后头，他倒不干了。

(51) 兄弟并没有什么过人之处，不过为人率直罢了。

(52) 他是应该来的，只是没有时间。

转折复句一般偏句在前，有时也可以偏句在后，这是为了突出正句。偏句起补充说明的作用。例如：

(53) 今晚却很好，虽然月光也还是淡淡的。

并列、递进、条件、假设、因果等关系的复句有时在后一分句加“但（却）”，就会带有转折复句的性质，从而形成混合关系复句。例如：

(54) 他既想到基层去工作，但又怕有些关系不好处理。（并列转折混合复句）

(55) 这位厂长一方面在岗位上作出了贡献，但另一方面也存在不少缺点。（同上）

(56) 那人不但不闹，却反而给对方办了不少好事。（递进转折混合复句）

(57) 无论你怎样审问，他却总是不开口。（条件转折混合复句）

(58) 如果说职称还可以以后补上的话，那么人品却遗臭万年了。（假设转折混合复句）

(59) 即使腰缠万贯，他却还很节俭。（假设转折混合复句）

(60) 既然天很热，那么为什么却要穿棉衣呢？（因果转折混合复句）

三、复句的结构类型

根据结构层次的多少，复句可以分为一重复句和多重复句。只有一个层次的叫一重复句。前面举过的很多例子，大多是一重复句。有不止一个结构层次的叫多重复句。[1] 其中又分二重复句、三重复句等。例如：

① ㊀成功的基础是奋斗，‖（并列）㊁奋斗的收获是成功，|（因果）㊂所以，天下唯有不知艰难而奋斗的人，才能走上成功的高峰。

例①包含三个分句，有两个层次，是二重复句。分句㊀和㊁合成一个分句组，表示原因，分句㊂表示结果，用“所以”关联，其间是因果关系，这是第一个层次，用“|”表示。分句㊀和分句㊁是并列关系，用意合法，这是第二个层次，用“‖”表示。上面的分析是在原句句内加竖线标记法，即㊀ ‖（并列）㊁ |（因果）㊂。下面用框式图解法表示：

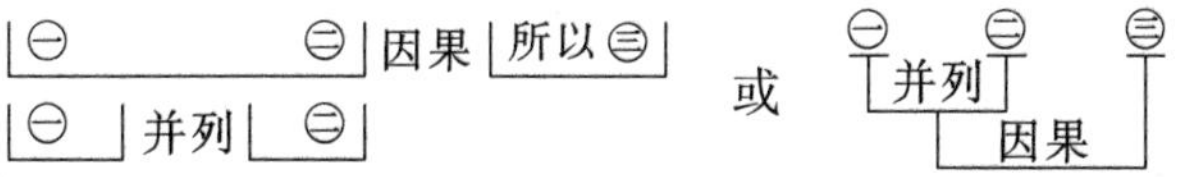

左图是从大到小，层层切分；右图是从小到大，多层组合。

多重复句不同层次的分句之间的关系既可以不同，也可以相同。例如：

② ㊀山峦清朗，‖（并列）㊁湖水明净，|（并列）㊂日里披着阳光，‖（并列）㊃夜里罩着星辰。

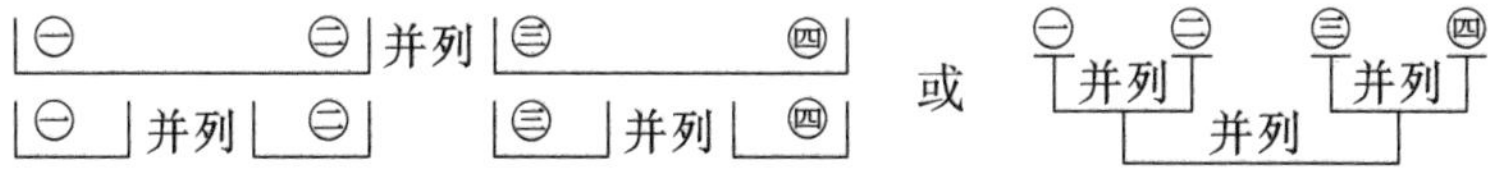

这个复句的分句之间都是并列关系，但有两个结构层次，是二重复句。

五重以上的复句很少见。下面举三重、四重复句的例子。例如：

③ ㊀北京是美丽的，我知道，|（因果）㊁因为我不但是北京人，‖（递进）㊂而且到过欧美，|||（顺承）㊃看见过许多西方的名城。

---

① 分句多并不一定就是多重复句。前面提到的顺承复句例⑬有 4 个分句，选择复句例㉖、例㉗有三个分句，但都是一重复句。

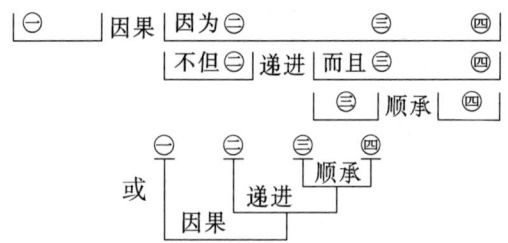

④ ㈠不管是什么人，‖ ㈡不管地位多高，‖ ㈢官有多大，｜ ㈣如果高高在上，‖ ㈤对群众的呼声充耳不闻，‖ ㈥把自己的意志和权威看得高于一切，‖ ㈦甚至称王称霸，‖ ㈧骑在人民头上拉屎拉尿，‖ ㈨那是不行的。

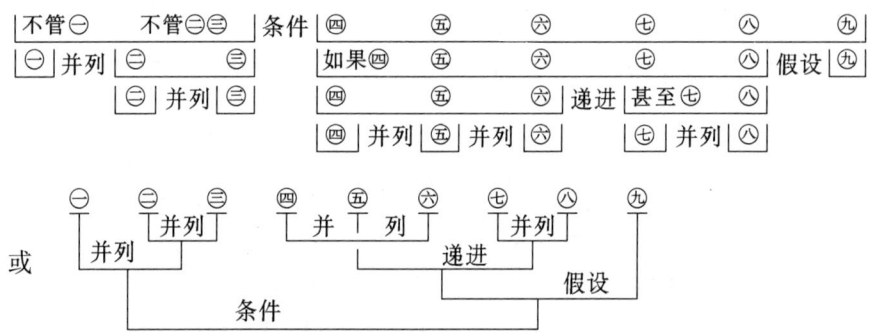

分析多重复句的步骤总结如下：

(1) 总观全句,确定分句界限和数目,在每个分句开头标明数码。

(2) 进行层次分析,尽量一分为二,可采用竖线标记法。先用单竖线把第一层次的分句隔开,根据关联词语,判定分句间的关系,并在单竖线上方写明前后分句间的关系,然后用双竖线把第二层次的分句隔开,并且写明关系。逐层分析到单个分句为止。

为了看清层次关系,可以化繁为简,看准复句中的主干成分,根据关联词语把长复句简化为"因为这么样,所以那么样""不但这么样,而且那么样""如果怎么样,就会怎么样",等等,找出第一层,再逐层分析。复句中,如果有几个不同的关联词语,就要注意每个关联词语的管辖范围。

下面再举一例：

⑤ ㈠我赞美白杨树，｜ ㈡就因为它不但象征了北方的农民，‖ ㈢尤其象征了今天我们民族解放斗争中所不可缺少的质朴，坚强，以及力求上进的精神。

首先总观全句,确定全句由三个分句组成,用数码㈠㈡㈢标在每个分句开头;然后找出关联词语,"因为"表因果,其中"因为"管两个分句,属于第一层;"不但""尤其"表递进,是配套的关联词语,属于第二个层次的;接着凭关联词语确认分句之间的关系,分句㈠表示结果,分句㈡和㈢表示原因,在㈠与㈡㈢之间切开,画一单竖线表示第一层次,并在上方写上"因果"来表明关系;再把表"因"的分句组一分为二,在其间画双竖线表示第二层次,根据关联词语在双竖线的上方写"递进",表示第二层的关系。

用图解法表示如下:

复句分析举例

四、复句的紧缩现象

复句经过紧缩处理就成为紧缩句。紧是紧凑,指语气上紧,隔开分句的语音停顿没有了;缩是缩减,指结构上有些词语被压缩掉了。**它是分句间没有语音停顿的特殊复句**,又叫"紧缩复句"。

有些简短的一重复句可以压缩成紧缩句。例如:

① 只要天一亮,就出去锻炼。(一重复句)

⇒② 天一亮就出去锻炼。(紧缩句)

紧缩句与单句中的连谓句十分相像,但并不相同,主要区别在于结构上有无关联词语和意义上有无所谓的假设、条件等关系。例如:

③ 他一坐下来就看书。(紧缩句—有关联词"一……就",有顺承或条件关系)

④ 他坐下来看书。(连谓句—无关联词语,有顺承关系)

紧缩句精练明快,常在口语中运用。紧缩句可以成对使用或单用一个关联词语来表示分句间的关系,也可以没有关联词语。关联词语大都是起关联作用的副词,具体见下表(见表4-11):

表 4-11 关联词语示例表

	举例	关系	关联词语
成对的关联词语	不问不开口	假设	不……不
	非去不可	条件	非……不
	不看也会	假设	不……也
	再说也没有用	假设	再……也
	一学就会	顺承或条件	一……就
单个关联词语	做了一个再做一个	顺承	再
	无私才能无畏	条件	才
	在哪儿你都要好好工作	条件	都
	说了又说	并列	又
	想笑又不敢笑	转折	
	说了又怎么样	假设	
	看看就长见识	条件	就
	你请我就来	假设或条件	
	有手你就要工作	条件或因果	
	想想也有几分高兴	顺承	也
	不睡觉也要做完作业	假设	
	想起他也会感动	假设或条件	
	条件不好也干出了成绩	转折	
	他因为下雨不能来	因果	因为
没有关联词语	人勤地不懒	假设	
	争气不争财	转折	
	面善心不善	转折	
	雨过天晴	顺承	

紧缩句一般只表示一重复句的关系,但也有表示多重复句关系的,如"地肥水美五谷香","你爱信不信"(你爱信,你就信;你爱不信,你就不信)。"你爱 V 不 V"这类紧缩形式往往带有随对方的便、与己无关的意思,有时含有不满情绪。

同一般复句一样,紧缩句的主语可以相同(如例③),也可以不同(如例②);可以承前省(如例③)或蒙后省(有手你就要工作);可以全省(不看也会)或全不省(人勤地不懒)。

紧缩句可以独立成句(如例③),也可充当复句的一个分句。例如:

⑤ ㈠虽然我一见便知道是闰土,㈡但又不是我记忆上的闰土了。

☆ 五、复句语病的检查和修改

(一) 分句间缺乏密切联系

① 中国人民是勤劳的,中国人民决心发展同世界各国人民之间的友谊。

两个分句间意义互不相干,"勤劳"和"发展友谊"是没有关系的。

② 月亮的光辉穿过云雾,广场像用银子铺成的。

两个分句意义缺乏联系,中间缺乏过渡,应改为"月亮穿过云雾,把透明的光辉洒在广场上,广场像用银子铺成的"。

③ 月光像银纱似的罩着校园,夜风微微吹来,树枝摇曳着,伴着月光,发出沙沙的响声。

第三分句"树枝摇曳着"与第五分句"发出沙沙的响声"联系紧密,第四分句"伴着月光"与前后分句既缺乏联系,又缺乏照应,应删。

④ 大家如果不认真学好语文,就不会有较高的思想水平。

该例分句间意义不合逻辑,推理不正确,"认真学习语文"和"有较高的思想水平"没有必然的逻辑联系。如果把后一分句改为"就不会有较高的认知能力",与前一分句就有联系了。

(二) 分句间次序混乱

分句间的意义关系,主要是通过语序来体现的。语序错了,分句间的关系就表达不清,以致影响句子的合理性。例如:

① 我们应当贯彻党的教育方针,深刻理解党的教育方针。

② 近两年来,他的科研成果的水平又有新的提高,其中有两项不但达到了国际先进水平,而且也填补了国内这方面的空白。

例①是并列关系,但两个分句的次序应当颠倒一下。从逻辑上说,应该"理解"在前,"贯彻"在后。例②后边两个分句之间的递进关系弄颠倒了,应该把次序调整一下,使意思由轻而重,即改为"不但填补了国内这方面的空白,而且达到了国际先进水平"。

(三) 分句间层次不清

层次不清虽和分句间的次序排列不当有关,但主要是思路不清、考虑不周造成的。例如:

① 课程内容设置偏重商业动画,轻视艺术动画,商业动画比例很大,艺术动画比例很小。

*② 我虽然下决心要好好学习,可成绩老是上不去,老师也经常个别辅导。

例①的一、三分句因果关系显著,二、四分句因果关系显著,它们应放在同一个层次上,不应当放在上下位不同的层次上。全句应调整为"课程内容设置偏重商业动画,所占比例很大;轻视艺术动画,所占比例很小"。例②的一分句和三分句显然是先组成一个层次,再跟第二分句组合。应改为"我虽然下决心要好好学习,老师也经常个别辅导,可成绩老是上不去"。

(四) 关联词语的错误

关联词语是复句中分句关系的语法标志。一个复句用不用关联词语,是单用还是成对地配合使用,用在什么位置上,都有一定的规则。下面谈几种运用关联词语方面常见的错误。

1. 关联词语搭配不当

成对合用的关联词语,不能随意拆换,否则就会使关联词语搭配不当,影响意思的准确表达。例如:

*① 因为作者没有很好地掌握主题,单凭主观想象,加入了许多不必要的情节和人物,反而大大地削弱了作品的思想性和艺术性。

*② 几天来,云南艺术家们在北京参观、访问、演出,无论走到哪里,哪里就响起热烈的掌声。

例①"因为"表示原因,"反而"表示递进,两者不能搭配。原句是因果关系的复句,应把"反而"改成"所以"。例②"无论"后面常用"也、都、总、还"来呼应,而不能同"就"搭配;可删去"无论",把复句改为顺承关系。

2. 缺少必要的关联词语

根据表达的内容本来应该用关联词语的,可是没有用,或者该成对使用的,却只用了一个,这就叫缺少必要的关联词语。由于缺少了必要的关联词语,分句之间的关系就不清楚,意思也不明确。例如:

*③ 如果能掌握各种类型的调查报告的特点,有助于在调查研究过程中抓住中心、突出重点。

*④ 新加坡的竹节虫,不仅体色几乎和竹子一样,体形在安静时完全像一根树枝。

例③是假设复句,缺少与"如果"相呼应的关联词语,应在"有助于"前加上"那么将"。例④是递进关系的复句,后一分句缺少同"不仅"相照应的关联词语"而且",因而表达得不明确,应补上。

3. 错用关联词语

错用关联词语,是指根据句子的意思,本来该用关联词语甲,却用了关联词语乙,造成了关联词语与所要表达的意思不一致。例如:

*⑤ 尽管你的帮助多么微薄，但在他的心上，却像千斤重的砝码。

*⑥ 不管那里自然条件极端恶劣，垦荒队员还是在那里开垦出万亩良田。

例⑤、例⑥中的"尽管"和"不管"用乱了。"尽管"与"虽然"相当，表示转折关系，它后边跟的词语不能有选择性，和它相应的是指示代词"那么、这么"等。"不管"与"无论"相同，表示条件关系，它后边跟的词语往往有选择性，或是列举可供选择的几项，或是包含疑问代词"谁、怎样"等。据此，例⑤有两种改法：一是把"多么"改为"这么"；二是把"尽管"改为"不管"。例⑥可以把"不管"改为"尽管"，或把"极端"改为"怎样"。

4. 滥用关联词语

不必用而用，就是滥用。滥用关联词语，会使句子显得啰嗦生硬，甚至不能准确表达语意。例如：

*⑦ 他性格孤僻，不爱说话，所以学习上死记硬背，成绩不好。

例⑦分句之间没有因果关系，在第三分句前用上"所以"就变成了因果复句，这是不确切的，应该去掉"所以"。

5. 关联词语位置不对

关联词语在复句中有个位置问题。前后分句的主语相同时，前一分句的关联词语在主语后；前后分句主语不同时，前一分句的关联词语一般在主语前。至于后一分句，不论分句的主语是否相同，一般关联词语都在主语前；关联词语如果是副词，则在主语后。下面例句的关联词语位置摆得不对：

*⑧ 有些炎症，西药中药都能治。不但中药能与一般抗生素媲美，而且副作用小，成本也较低。

*⑨ 农民一方面向化肥厂提出合理的要求和建议，另一方面化肥厂积极改进技术，提高质量，保证化肥的供应。

例⑧的"不但"应在本句主语"中药"后。例⑨"一方面"应放在主语"农民"前。

思考和练习八

一、下列各句哪是单句？哪是一重复句？哪是多重复句？哪是紧缩句？为什么？请指出复句内分句间的关系，并分析其中的多重复句。

① 外面太阳很好，也没有风。

② 作者在这篇小说里，主要写一个农民。

③ 只要你能工作，就应当工作。

④ 只有这样，我们才能完成任务。

⑤ 无论谁，都不能不学习。

⑥ 你跑得再快也追不上他。

⑦ 为了祖国的繁荣昌盛，我们要努力工作。

⑧ 那边,你瞧,绿油油的一大片,都是新法栽种的好庄稼。

⑨ 每个人都把准备好的锄头扛在肩膀上,爬上山去。

⑩ 分析能力强,是这位青年同志的优点。

⑪ 只有在特殊情况下,才可以改变咱们的计划。

⑫ 鲁迅是中国文化革命的主将,他不但是伟大的文学家,而且是伟大的思想家和伟大的革命家。

⑬ 他还启示人们,不应该迷信书本上的道理,而应该重视客观事实,重视实验和实践;要有勇气怀疑并且敢于批评不符合实际却历来被认为神圣不可侵犯的权威学说。

二、指出下列复句的意义类型。

① 老哥哥为人非常和善,孩子们都喜欢他。

② 天气暖和起来了,蜘蛛又出来在檐前做网。

③ 两亿人可以同时通过一条线路打电话而互不干扰,听得清清楚楚。

④ 首先,激光是一种颜色最单纯的光,而我们平常看见的光,是各种颜色的光混合起来的。

⑤ 行李太多,每个人都要拿一些。

⑥ 他劳动惯了,离开土地就不舒服。

⑦ 我们不怕死,因为我们有牺牲精神。

⑧ 那边山路上走来了两位老表,一人提着一只竹筒。

三、分析下列多重复句。

① 他虽然没有很用力,可是因为铁烧得过了火,火星溅得特别多。

② 谁要是工作起来马马虎虎的,不管他说得多么动听,人们也不会信任他。

③ 没有知识,工人就无法做好工作;有了知识,工人才能更好地完成任务。

④ 困难是欺软怕硬,你的思想是硬的,它就变成豆腐,你要软,它就硬。

⑤ 地方那么大,事情那么多,我知道的真太少了,虽然我生在那里,一直到27岁才离开。

⑥ 我不能说我不珍重这些荣誉,并且我承认它很有价值,不过我从来不曾为追求这些荣誉而工作。

⑦ 尽管古代的一些作家,并不完全是唯物主义者,但是他们既然是现实主义者,他们思想中就不能不具有唯物主义的成分,因而他们能够从艺术描写中反映出一定的客观真理。

⑧ 我们所以要隆重纪念阿尔伯特·爱因斯坦,不仅是因为他一生的科学贡献对现代科学的发展有着深远的影响,而且还因为他勇于探索、勇于创新、为真理和社会而献身的精神是值得我们学习的,是鼓舞我们为加速实现四个现代化而奋斗的力量。

⑨ 唱歌的时候,一队有一个指挥,指挥多半是多才多艺的,既能使自己的队伍唱得整齐有力,唱得精彩,又有办法激励别的队伍唱了再唱,唱得尽兴。

⑩ 我讨厌定时约会,到得早,显得太急切;到迟了,人家说你摆架子;准时到,又似乎太拘谨,索性不去,他们就说你没礼貌。

四、按照复句的十个大类,每类各造一个复句。

五、改正下列病句,并说明理由。

① 革新技术以后,不但加快了生产速度,提高了产品的质量。

② 我虽然下决心要学好数学,成绩总是提高不了,老师也经常给我个别辅导。

③ 这部作品虽然写的是农民,却也深刻地表现了广大农民的愿望。

④ 如果我们前一时期已经克服了学习上的一些困难,那么今后的困难也同样能克服。

⑤ 在攀登科学高峰的道路上,他完成了一个一个的任务,克服了一个又一个的困难。

⑥ 如果分析什么文章,只有掌握了这种方法,才能迎刃而解。

⑦ 为了抢救国家财产和人民的生命,哪怕刀山火海,我们就要上。

⑧ 不管天气如此变化多端,天池仍是一片沉静,渺渺湖水,清澈如镜。

六、下列四组复句的后一分句,有的能加"但"或"却",有的不能加。能加的请加上,并说明意思的变化;不能加上的请说明原因。

①a. 他这个人既聪明,又能干。

 b. 他这个人既聪明,又黑心眼。

②a. 他一方面说你聪明能干,另一方面又说你心眼好。

 b. 他一方面说你聪明能干,另一方面又说你蛇蝎心肠。

③a. 无论你说了他什么坏话,他都尊重你。

 b. 无论你说了他什么坏话,他都记在心里。

④a. 如果说你是个聪明人,那么他也是个聪明人。

 b. 如果说你是个聪明人,那么他就是个笨蛋。

七、找一篇短文,对其中的复句进行归类,指出归类中遇到的问题,并说明解决的方法。

☆ 第九节 句 群

[**目的要求**]了解句群与复句的异同,分清句与句之间的意义关系,掌握句群分析方法,提高辨析句群正误的能力。

一、句群概说

(一) 什么是句群①

句群也叫句组,它由几个前后连贯、共同表示一个中心意思的句子组成。例如:

① 历史是过去的事实。但我更认为历史是过去与现在的无终止的

---

① 句群是不是语法单位,语法学界有不同看法。多数人认为从语素到句子是语法单位,但掌握句群知识对理解语言、运用语言有帮助,对学习复句和连词的用法也有帮助,所以本教材把它作为自学内容编入语法一章中。

对话。

②谁是我们最可爱的人呢？我们的部队，我们的战士，我感到他们是最可爱的人。

③人们常说："东虹轰隆西虹雨。"意思是说，虹在东方，就有雷无雨；虹在西方，将会有大雨。

（二）句群与复句

句群和复句有根本区别。首先是构成单位不同：句群的构成单位是句子，复句的构成单位是分句。其次，关联词语的使用情况略有不同：在复句中经常成对运用的关联词语，在句群中大都不能成对运用，如"又……又""也……也""尚且……何况""不是……就是""与其……不如""宁可……也不""之所以……是因为""既然……那么""即使……也""只有……才""无论……都"等。只有表选择的"或者……或者""还是……还是"、表并列的"一方面……一方面……"、表连贯的"首先……其次……"等可以在句群中成对使用。此外，句群的句际关系类型和复句的意义关系类型绝大多数相同。不同之处是：复句没有解说句群中的问答式；句群没有选择复句中限选关系（二者选一："不是……就是……"）和决选关系（已定选择："与其……不如……""宁可……也不……"等）。因此，句群和复句有些是不能互相变换的。例如，本节开头例②是问答句式，不能变换成复句。前面第八节"联合复句"中的例㉓至㉗等，如果不去掉其中的关联词语，就都不能变换成句群，这是因为句群不可能运用其中的成对的关联词语。

句群和复句的联系主要表现在两者的关系类型基本上相同。在一定语境中，有些句群可以变换成复句，有些复句可以变换成句群。例如本节开头例①，在不强调"历史是过去的事实"的重要性和独立性的时候，后面隔离性停顿（句号）可以改用句内连续性停顿（逗号），这样句群就变成复句了。反过来，一个复句，特别是复杂的多重复句，也是可以变换成句群的。不过，变与不变、采用句群形式还是采用复句形式，都要根据语境和表达的需要来定。

（三）句群和段落

这里的段落指的是自然段。一个自然段如果是由一个句子构成的，则段落中没有句群；如果是由几个甚至几十个句子组成的，则可能分析为一个或几个句群，或分析为句群和句群之外的句子。

句群和段落是两个不同的概念。其区别主要有两点：（1）句群是语言运用单位，属语言学范畴；划分的依据主要是语意上的向心性、逻辑上的条理性和相应的关联词语。自然段是文章结构单位，属文章学范畴；它的划分要受到多种因素的制约，如文章的内容、风格、体裁、流派、作者的个性、习惯等。二者相比，自然段具有更大的任意性。（2）划分的目的不同。划分句群主要是为了研究句群里句子的组合、聚合规律及其语用价值;划分自然段主要是为了使文章眉目清楚、结构显豁。

二、句群的意义类型

句群根据句际关系划分,可以分成并列、顺承、解说、选择、递进、条件、假设、因果、目的、转折等类。上面十类关系与复句的十类关系大致相同。下面介绍句群的类型。

(一) 并列句群

常用的关联词语有"也、同时、又"等。并列句群可分为平列和对举两小类。例如:

① 华环由小变大,天气将趋向晴好。华环由大变小,天气可能转为阴雨。(平列)

② 五香瓜子,要吗?盐炒葵花子,要吗?油炸花生米,要吗?(平列)

③ 不要变成事实的保管人。要洞悉事实发生的奥秘。(对举)

(二) 顺承句群

常用的关联词语有"于是、然后、后来"等,有时也用相关的词语进行关联。例如:

① 叶芳压不住火气,突然用拳头发疯似的打着刘思佳的肩膀头。然后,又把脸趴在他的肩上,哭了起来。

② 听说在很远很远的地方有一座云梯山。山上住着个种树的老爹,白发白眉白胡子。他的胡子很长,从下巴一直拖到地上。

(三) 解说句群

可分为总分式、注解式、特解式、例解式、问答式等。例如:

① 珠宝项链分为长短两种。一种是紧贴脖颈的短项链,另一种是垂挂式的长项链。(总分式)

② 电流和抵抗成反比例嘛。就是说,抵抗越大,电流越小;抵抗越小,电流越大。(注解式)

③ 他把我那件破得可怜的衬衫洗干净了,并且缝好了。这件衬衫是我第一次受审时的牺牲品。(特解式)

④ 还有,以为诗人或文学家高于一切人,他的工作比一切工作都高贵,也是不正确的观念。举例说,从前海涅以为诗人最高贵,而上帝最公平,诗人在死后,便到上帝那里去,围着上帝坐着,上帝请他吃糖果。(例解式)

⑤ 我们这么大一个国家,怎么才能团结起来、组织起来呢?一靠理想,二靠纪律。(问答式)

（四）选择句群

常用的关联词语有"或者、还是"等。例如：

① 我又模糊地睡去了吗？或者我在嘻嘻地笑你的愚蠢吗？或者我在怜悯你的困苦吗？

② 还是历来惯了，不以为非呢？还是丧了良心，明知故犯呢？

（五）递进句群

常用的关联词语有"而且、并且、甚至、甚而至于、何况、况且"等。例如：

① 有人说幸福是抽象的，那是因为他没有得到真正的幸福。而且，他所谓的幸福是对个人而言的。

② 仿佛从这一天起，未庄的女人们忽然都怕了羞，伊们一见阿Q走来，便个个躲进门里去。甚而至于将近五十岁的邹七嫂，也跟着别人乱钻，而且将十一岁的女儿都叫进去了。

③ 便是七斤嫂，那时不也说，没有辫子倒也没有什么丑么？况且衙门里的大老爷也还没有告示。

（六）条件句群

这种类型比较少见。例如：

你爱喝的咖啡多得很！我还有一瓶哩！只要你能喝。

（七）假设句群

常用的关联词语有"那么、那"等，前面的句子一般是问句。例如：

① 那个问题你不能解决吗？那么，你就调查那个问题的现状和它的历史吧！

② 倘使后来对此用了"侵略"一词呢？那就会变成"干了坏事，不尊重他们"了。

（八）因果句群

常用的关联词语有"所以、因此"等。例如：

① 湿沙层的水分足够供应固定沙丘的植物的需要。所以在流动沙丘上植林种草，是可以成活的。

② 作品的句子有长有短，短句子可以一口气读完，而长句子有时候则需要分成几段来读。因此，停顿是有声语言表情达意必不可少的手段。

前果后因的句群常在后面句子中用"因为"。例如：

③ 有许多人，"下车伊始"，就哇喇哇喇地发议论，提意见，这也批评，那也指责，其实这种人十个有十个要失败。因为这种议论或批评，没有经过周密调查，不过是无知妄说。

（九）目的句群

常用的关联词语有"为的是、省得"等。例如：

① 我勤奋学习,刻苦锻炼。为的是夺回那失去了的宝贵时间。

② 你来了好!省得我去找你。

(十)转折句群

常用的关联词语有"但是(但)、可是、然而、不过"等。例如:

① 他有点傻气,有点呆气,姜亚芳就说他是书呆子。可是,这个书呆子会念诗,而且念得那么好!

② 焦大的骂,并非要打倒贾府,倒是要贾府好,不过说主奴如此,贾府就要弄不下去了。然而,得到的报酬是马粪。

三、多重句群

根据结构层次的多少,句群可以分成一重句群和多重句群两类。只有一个层次的句群叫一重句群或简单句群;具有两个或两个以上层次的句群叫多重句群,又叫复杂句群。例如:

① ㊀母亲站起来去找她两个女儿。｜并列 ㊁我也端详了一下那个人。‖解说 ㊂他又老又脏,满脸皱纹,眼光始终不离开他手里干的活儿。

② ㊀在煤业联合公司大厦的总入口处,军队的夜间活动继续着。‖解说 ㊁卡车和摩托车不断开来。‖‖并列 ㊂官兵们不断进进出出,步枪和马刺锵锵作响。‖递进 ㊃还听到外国人的刺耳的谈话声。｜转折 ㊄但是煤业公司的窗上都遮着黑纸。

多重句群的图解法和多重复句相似,可以类推。

四、句群语病的检查和修改

句群在运用中的错误是各种各样的,常见的有以下几种。

(一)前后脱节

句群里的几个句子在意思上缺乏必然的联系,有的句子脱离中心意思。例如:

*㊀我们每一个人都应该去植树,不能去毁树。㊁植树和毁树是一对矛盾。㊂要做到这一点是很不容易的。㊃现在社会上还有毁树的现象。

㊀句是句群的语意中心,㊁㊃句是围绕这个中心说的,㊂句跟前后句脱节,应删去。

(二)语序不当

客观现实之间的联系有一定次序,句群里先说什么后说什么也不是任意的。

例如：

　　＊㈠人们一般把火山分为活火山、死火山和休眠火山三类。㈡在人类历史以前爆发过，迄今为止没有再爆发的火山叫死火山；在人类历史中爆发过，以后长期处于平静，但仍可能爆发的火山叫休眠火山；经常的或周期性喷火的火山叫活火山。

这个句群包含两句。前一句是总说，提到三种火山；后一句有三个分句，分说三种火山，但没有按总说中的"活火山、死火山、休眠火山"的次序说，显得条理不清、连贯性差。

（三）前后矛盾

前后句群的意思不一致，甚至相反。例如：

　　＊㈠在一次战斗中，连长腰部负了重伤，因流血过多昏过去了。㈡战士们送他回后方，他用坚定的口气说："不要管我，追击敌人要紧！"

连长既然"昏过去了"，就不能说出神志清醒的话。如果说"不要管我，追击敌人要紧！"是连长清醒之后说的，那也应该交代清楚。

（四）答非所问

这种错误出现在自问自答或甲问乙答的解说句群中。例如：

　　＊㈠"志"是怎么得来的呢？㈡是天生的吗？㈢不。㈣古人云："世上无难事，只怕有心人。"㈤"有心人"即教导人们要有恒心，要善于做长期艰巨的工作。㈥古时李时珍花了一生的精力，攀山涉水，走遍天涯海角，才写出一部伟大的科学著作——《本草纲目》。

本例共六句。问的是"'志'是怎么得来的"，后三句并未对此作正面回答，转而大谈要做"有心人"。答非所问，语意不连贯。

（五）重复多余

句群有的句子与中心思想无关，或前后意义重复。例如：

　　＊㈠昨天晚上我们全家去山东剧院看电影。㈡六点半出发。㈢去早了也没有意思。㈣剧院门前人山人海。㈤我们在大门口检票后就进场了。㈥没有票的不能入场。

例中㈢㈥两句是废话，应删去。

（六）点断失误

句群中的标点不当，造成前后联系不紧密。例如：

　　＊㈠车胎爆破对骑车人来说是麻烦的。㈡因为他不能再骑在车子上了。㈢必须把它推到自行车修车处去修补一番。

例中㈡㈢句联系紧密，宜改第二句的句号为逗号。

（七）句群误为复句

本该是句群，结果却因某种原因被降格为复句。例如：

＊东风送暖,大地回春,我来到总机厂实习,工人师傅的干劲和热情都深深地教育了我。

这是两句话的句群,第二个逗号应当改为句号。

思考和练习九

一、简要说明句群与复句、段落的区别。

二、从某篇文章中选一个自然段,划分句群,并分析各句群内部的结构层次和句际关系。

三、举例说明哪些复句不能直接变换成句群、哪些句群不能直接变换成复句。

四、分析下列句群的句际关系类型。

① 松树的生命力可谓强矣! 松树要求于人的可谓少矣!

② 在这些时候,我可以附和着笑,掌柜是决不责备的。而且掌柜见了孔乙己也每每这样问他,引人发笑。

③ "满招损,谦受益",这句格言流传到今天至少有两千多年了。这是普遍真理,任何地区、时代都适用的真理,但是,可惜得很,并不是所有的人都能从这句话受到教益。

④ 大豆属于豆科植物,包括我们常见的黄豆、青豆、黑豆、褐豆等。大豆的茎有直立的,也有半蔓生或蔓生的,茎上、叶上和豆荚上都有茸毛。花有白色的,也有紫色的。种子圆形或椭圆形,有黄、青、黑、褐等不同颜色。

⑤ 忽然间,一个最聪明的双喜大悟似的提议了,他说:"大船?八叔的航船不是回来了么?"十几个别的少年也大悟,立刻撺掇起来,说可以坐了这航船和我一同去。我高兴了。然而外祖母又怕都是孩子们,不可靠;母亲又说是若叫大人一同去,他们白天全有工作,要他熬夜,是不合情理的。

⑥ 现代自然科学,不是单单研究一个个事物,而是研究事物、现象的变化发展过程,研究事物相互之间的关系。这就使自然科学发展成为严密的综合起来的体系。

⑦ 无论准确也好,鲜明、生动也好,就语言方面讲,字眼总要用得恰如其分。这样,表现的概念才会准确,也才能使人感到鲜明。

⑧ 譬如吧,我们之中的一个穷青年,因为祖上的阴功(姑且让我们这样说说吧),得了一所大宅子,且不问他是骗来的,抢来的或是合法继承的,或是做了女婿换来的。那么,怎么办呢? 我想,首先是不管三七二十一,"拿来!"

五、改正下列句群的错误,并说明理由。

① 在海外,我是个穷孩子,当时不必说读书,就连日常生活都不能维持。我爸为了一家人的生活,替资本家做苦工给折磨死了。爸死以后,我就没有书读了。

② 她已经完成了硕士论文的撰写。导师劝她留校执教。她的论文答辩已经通过。她不肯,一心要去较艰苦的新疆工作。

③ "工作忙,没有时间学习",这是一部分同志摆出的一对矛盾。雷锋同志是怎样处理学习和业务这对矛盾的呢? 他说:"我们在学习问题上,也要提倡'钉子'精神,善于挤和善于钻。"

④ 今年暑假是我在校期间的最后一个假期。在放假前夕,我正在考虑如何度过这最后一个假期时,我收到了我在南京的老同学小李的来信,邀请我在假期内到南京玩,因

此我高兴地接受了邀请,决定到南京去度过这最后一个假期。

⑤ 经 1976—1984 年临床使用,该药对阻止细胞癌变有效。因此维尔康饮料具有清凉解渴、健胃强身、提高视力和强身的功能。

⑥ 朋友,你有小四轮拖拉机吗?它一定是你的心爱之物。

⑦ 逐步缩小脑力劳动和体力劳动的差别,是我们长远的方针。而且我们决不能用限制知识分子继续提高科学文化水平的方法,来缩小这种差别。

⑧ 光学而不"习",所学的知识是不牢靠的。有人不理解"习"的重要,学了很多,甚至什么东西都学,却不肯付出经常温习的时间,结果是随学随忘,收不到成效。要使这些知识成为自己的东西,就必须"习",经常反复地温习。任何新的知识,取得的途径只有一条,那便是学。但是学了,懂得了,并不等于掌握了这些知识。

☆ 第十节 标 点 符 号

[目的要求]要扭转标点符号无关大体的思想,充分认识标点符号的作用和价值。逐个掌握标点符号的用法,正确理解标点符号用法的规范性和灵活性,写文章时做到标点正确。

一、标点符号的作用和种类

标点符号是辅助文字记录语言的符号,用来表示语句的停顿、语气或标示词语的性质。标点符号和文字是构成现代书面语言的两大组成部分。但有些人对此缺乏足够的认识,认为标点符号是可有可无、可彼可此的。其实,标点符号和文字一样有表达作用,有的还具有文字所不及的表达效果。

下面三个意思不同的句子用词都相同,排列顺序也一样。如果不用标点,句子结构上和意思上的不同就要加些文字才能清楚地表示出来。

① 爸爸、妈妈和哥哥上班去了。

② 爸爸,妈妈和哥哥上班去了。("爸爸"是称呼语)

③ 爸爸:妈妈和哥哥上班去了。("爸爸"是说话人)

标点符号分为点号和标号两类。

点号主要表示语句的各种停顿。句末点号兼表语气,也有区分句类的作用。例如:

④ 黄山的风景美不美?(疑问语气、疑问句)

⑤ 黄山的风景很美。(陈述语气、陈述句)

⑥ 黄山的风景多美啊!(感叹语气、感叹句)

标号有标明词语或句子的性质的作用。例如"鲁迅的《故乡》",不同于"鲁迅的故乡",也不同于《鲁迅的故乡》。有的标号兼表停顿,如破折号、省略号和间隔号。

常用的标点符号有17种①,列表如下(见表4-12、表4-13):

表4-12　7种点号的名称、形状和停顿的等级

句末点号	一级停顿	句号(。)问号(?)叹号(!)	
句内点号	二级停顿	分号(;)	冒号(:)
	三级停顿	逗号(,)	
	四级停顿	顿号(、)	

表4-13　10种标号的名称及其形状、位置表

名称	引号		括号	破折号	省略号	着重号	连接号	间隔号	书名号	专名号	分隔号
形状	"	"	( )	——	……	.	—或~	·	《 》	___	/
位置	居左上角	居右上角	居中占两格	居中占两格	居字下	居中占一格	居中标字间		居字下	标字间

二、标点符号的用法

(一) 句号

主要表示陈述句末尾的停顿和舒缓的语气。例如:

① 春天的百花送来了浓香。

② 必须进一步营造尊重知识、尊重人才的社会环境,继续改善知识分子的工作和生活条件,努力做到人尽其才、才尽其用。

语气舒缓的祈使句末尾也用句号。例如:

③ 请您再说一遍。

由于不了解什么是句子和句号用法,该用句号而不用,或者不该用而用了,都会使句子结构层次不清、表述不明。例如:

*④ 只有把那种坏的、不好的偏向去掉,正风才能建立起来。才能造成又有集中又有民主,又有纪律又有自由,又有统一意志,又有个人心情舒畅、生动活泼那样一种政治局面。

*⑤ 监察工作的意义当然不在于仅仅将权力的拥有者限制住。更重要的应该是努力创造一种使权力与金钱无法进行交易的社会机制。

例④是一个条件关系复句,例⑤是一个递进关系复句。前后分句意思紧密相连,中间不能用句号隔开,应把中间的句号改为逗号。

---

① 17种标点符号中只有句号(。)和顿号(、)是我国传统的句读(dòu)符号。句号的另一形式是实心小圆点,是20世纪初从欧洲传来的,在我国,只在外文和科技文献中使用。

（二）问号

表示疑问句末尾的停顿和疑问语气。例如：

① 什么？鲁大海？他！我的儿子？

反问句虽然不要求对方回答，但用的是疑问句形式，也要用问号。例如：

② 无数革命先烈为了人民的利益牺牲了他们的生命，使我们每个活着的人想起他们就心里难过，难道我们还有什么个人利益不能牺牲，还有什么错误不能抛弃吗？

选择问句中间的停顿一般用逗号，句末用问号。例如：

③ 通宝，你是卖茧子呢，还是自家做丝？

有时为了强调选择的内容，可以分几项说，每项后面也可以用问号。例如：

④ 是站在他们前面领导他们呢？还是站他们后头指手画脚地批评他们呢？还是站在他们对面反对他们呢？

用"好不好、行不行"等肯定否定并列形式的提问格式表示的较委婉的祈使语气，也可用问号。例如：

⑤ 你听听群众的意见，好不好？

下面句子虽然有疑问代词或疑问格式，但是整个句子没有疑问语气，不能用问号。例如：

*⑥ 鲁迅先生为什么写《自嘲》这首诗？是值得谈一谈的问题。

*⑦ 能否更上一层楼？主要是看我们努力的程度怎么样？

*⑧ 他完全知道这件事应该不应该谈？

（三）叹号

主要表示感叹句末尾的停顿和强烈的语气。语气强烈的反问句、祈使句，末尾也要用叹号。例如：

① 这是多么平静的一片原野！（感叹句）

② 世界上哪有不包含矛盾的事物！（反问句）

③ 起立！（祈使句）

主语、状语等成分倒置的感叹句，以及称呼语在感叹句句末，要用叹号，并且必须放在句末。例如：

④ 多美啊，黄山的风景！（主谓倒装）

⑤ 歌唱吧，为迎接这辉煌的胜利！（状中倒装）

⑥ 再见，妈妈！

有人喜欢在句末连着用两三个叹号（！！！），这是超常用法，不能算错，但也不提倡多用，因为表达强烈的感情主要应该依靠句子里的词语。

（四）冒号

表示提示性话语后或总括语前的停顿。

（1）用在书信、发言稿的开头的称呼语后面,表示提起下文,例如"某某先生""同志们";也用在"某某说"后面,提示下面是某某的话;用在"例如"后面,表示引起下文。

（2）用在总提语之后,让读者注意下文将要分项来说。例如：

① 词语不规范,大约有三方面的原因：第一,古语的原因；第二,方言的原因；第三,外语的原因。

（3）用在总括语之前以总结上文。例如：

② 行动,要靠思想来指导；思想,要靠行动来证明：思想和行动是紧密相连的。

（4）用在"说、是、证明、例如、如下"等动词之后,表示提起下文。例如：

③ 在螳螂世界里,有一种奇特的现象是："结婚"就意味着雄螳螂走向自己的坟墓。

（5）用在需要解释说明的词语或分句之后。例如：

④ 三七：中药名,即田七。

⑤ 原来鲁镇是僻静地方,还有些古风：不上一更,大家便都关门睡觉。

⑥ 主办单位：市文化局。时间：8月15日—20日。地点：市体育馆。

作者和书名（或篇名）之间有人用冒号隔开,例如"鲁迅：《一件小事》",也有不用的,如"巴金《家》",可视具体情况而定。

从上述例句中可以看出：冒号表示的停顿不固定,用在动语和宾语之间接近逗号,如例③；用在分句之间与分号相似,如例⑤；用在总提语之后和总括语之前与句号相当,如例①和例②。

使用冒号要注意两点：第一,没有比较大的停顿不要用冒号。第二,冒号一般管到句终。下面句子中的冒号用错了：

*⑦ 周工程师召集各车间的主任开会,讨论：如何完成本月生产任务的问题。

*⑧ 当学术委员会宣布：张一同志获得博士学位时,大厅里响起了热烈的掌声。

*⑨ 参加国庆献礼的优秀影片：《风暴》《青春之歌》《林则徐》等,也将在各大城市放映。

以上三例的冒号所在之处都没有较大的停顿,应将冒号去掉。

（五）分号

用于多重复句中起分组作用,即起分清层次的作用。主要表示并列关系的分句之间的停顿。例如：

① 语言文字的学习,就理解方面说,是得到一种知识；就运用方面说,是养成一种习惯。

② 启明星把黑暗送走,却从不与朝霞争辉;红梅花把寒冬送去,却从不与百花争春。

要注意的是,非并列关系(如转折、因果、条件等)的多重复句的分句之间的停顿处,凡是用逗号而不能分清层次、用句号而容易把前后关系割断的,都要用分号表示,即在多重复句第一层的前后两部分之间要用分号来分清层次。例如:

③ 我国年满18周岁的公民,不分民族、种族、性别、职业、家庭出身、宗教信仰、教育程度、财产状况,都有选举权和被选举权;但是依照法律被剥夺政治权利的人除外。(转折关系)

单句中分行列举的各项之间的停顿要用分号。例如:

④ 我国的行政区域可分为:

(一) 省、自治区、直辖市;

(二) 省、自治区分为自治州、县、自治县、市;

(三) 县、自治县分为乡、民族乡、镇。

下面是该用分号而不用或不该用而用的例子:

⑤ 他到处收集有关资料,对收集到的资料进行认真的分析;不拘泥于前人的说法,终于有了新的发现。

例⑤不应把分句分为两组,分号应改为逗号。

(六) 逗号

表示句子内部的一般性停顿。

(1) 用在复句内的分句之间。例如:

① 阅读使人充实,会谈使人敏捷,写作和笔记使人精确。

(2) 用在两个句法成分之间。例如:

② 一位到广州旅游的美籍华人,被广州交通运输职工医院的青年外科医生治好了多年的疾患。(主谓之间,主语较长)

③ 梦,就是理想。(强调主语)

④ 应当清醒地看到,当前在各个方面我们都还存在不少需要花很大力气才能解决的问题。(动宾之间,宾语较长)

⑤ 我的日本朋友告诉我,樱花一共有300多种,最多的是山樱、吉野樱和八重樱。(双宾语之间,远宾语是复句形式)

⑥ 在使用汉字的非汉语国家中,汉字实际上发挥了一种超语言的作用。(句首状语之后)

⑦ 出来吧,你们!(倒装的主语谓语之间)

⑧ 房后河边上有许多好看的石子儿,红的,黄的,粉的。(倒装的定语和中心语之间)

⑨ 许多外国朋友来到桂林游览,从伦敦,从纽约,从巴黎,从世界各地。

(倒装的状语之前)

（3）用在独立语的前面或后面,或前后都用。例如：

⑩ 这个孩子的嘴多巧,你听。

⑪ 对于我来说,生命的意义在于设身处地替人着想,忧他人之忧,乐他人之乐。

⑫ 在列宁诞生后的第二年,即1871年,出现了英勇的巴黎公社起义。

（4）用在较长的并列短语之间。例如：

⑬ 科技的发展,经济的振兴,乃至整个社会的进步,都取决于劳动者素质的提高,大量合格人才的培养。

句中可以用逗号表示停顿的地方虽然多,但也不是任何句中的停顿都可以用逗号。下列句中的逗号用得不妥当：

*⑭ 团长把桌上的蜡烛,移到正注视着军用地图的师长面前去。

*⑮ 这些谬论都已经被我国各项建设事业的胜利,驳斥得体无完肤。

*⑯ 我们必须鼓励,青年工人利用一切现有的条件提高自己的技术水平。

例⑭⑮用介词"把""被"组成介词短语作状语,这里状语和中心语联系紧密,一般不用逗号点断。例⑯中的动词"鼓励"与兼语"青年工人"之间并无停顿,也就不应该用逗号点断。

（七）顿号

表示语句内部较短的并列词语之间的停顿。例如：

① 必须抓紧粮食、棉花、油料,化肥、煤炭的生产。

并列词语之间有的用顿号,有的用逗号,这主要是为了在不同类的事物之间起分组作用。

顿号还经常用在汉字次序语之后。如"一、…… 二、……""甲、……乙、……";用阿拉伯数字作次序语时应用下脚点,如"1.……2.……",不能用顿号。次序语用了括号,就不用顿号,那种"（1）、……（2）、……"中的顿号用法是不对的。

并非所有的并列词语之间都需要用顿号。如"省市领导""城乡交流""中小学"这几个例子中没有停顿,就不该用顿号;在可停顿可不停顿的地方,也以不用为宜。

用了连词"和"的地方,就不能再在"和"的前面用顿号了。例如：

*② 孩子们给在地里劳动的父母送开水、红薯、和煎饼。

概数中间不能用顿号,如"七、八个人""三、四十个梨子"是错误的。

（八）引号

表示文中直接引语或特别指出的词语。例如：

① 张老教导他的学生说:"一定要采取实事求是的态度,'知之为知之,不知为不知',不要强不知以为知。"

② 罗曼·罗兰这样说过:"要散布阳光到别人心里,先得自己有阳光。"

对话的内容也属引语,但记者采访、剧本中对话分行分段书写时,说话人与所说的话之间用了冒号或空一格就不必再用引号。例如:

③ 记者:您想在您身后留下什么样的名誉?

朱德:一个合格的老兵足矣。

④ 周朴园 你是新来的下人?

鲁侍萍 不是的,我找我的女儿来的。

引语分为直接引语和间接引语两种。直接引语对所引用的原话不能作任何改动,如例①②;间接引语即所谓"转述",可以在文字上有所变动,就不用引号。引用成语、谚语等,用不用引号都可以,以不用为常。

重要的或有特定含义的词语,也可以用引号。这种用法充分体现出引号的修辞作用。例如:

⑤ 1919 年的五四运动,第一次以彻底的不妥协的精神,亮出了"科学"和"民主"的旗帜。

⑥ 这样的"聪明人"还是少一点好。

引号一般用双引号。双引号引文之内的引文,用单引号,如例①;倘单引号之内又有引文,那又要再用双引号。直行文稿即文句竖排时用竖引号,它的前引号是「或『,后引号是」或』。

如果引文连着好几段,每一段开头应该用一个前引号,只有最后一段的末尾才用一个后引号。

关于引文末尾的点号放在引号内还是放在引号外的问题,先看例子:

⑦ 恩格斯说:"运动本身就是矛盾。"

⑧ 古人对于写文章有个基本要求,叫作"有物有序"。

引文的句子是完整照录人家的话,引文末尾的点号应放在引号之内,如例①和例⑦。如果引文是作为引用者文句的一部分,这时点号应放在引号之外,如例⑧。

(九) 括号

表示文中注释性的话。例如:

① 这里选的一段是写杨志替北京大名府(现在河北省大名县东)留守梁世杰(蔡京的女婿)押送生辰纲往东京,在途中被晁盖、吴用等夺取的经过。

② 他又要所有的草灰(我们这里煮饭是烧稻草的,那灰,可以做沙地的肥料),待我们起程的时候,他用船来载去。

只注释句中一部分词语的叫句内括号,如例①和例②。注释全句的叫句外括号。句内注释紧挨着被注释的词语,它的末尾不用句末点号;句外注释则放在句子之后,句外括号内如有句末点号则须保留。下例用了句外括号:

③ 全国各民族大团结万岁!(长时间的鼓掌)

④ 所谓夏灵胥即是夏完淳了。(《完淳全集》注引作夏灵首,恐误。)

无论是句内括号还是句外括号,括号内的文字不是正文,只是对正文的注释,一般不念出来。

括号还用在次序语的外面,如(一)(二)(三)、(甲)(乙)(丙)。这时括号和顿号的作用相同,后头不能再用顿号。

除了主要形式圆括号"( )"之外,其他形式还有方括号"[ ]"、六角括号"〔 〕"和方头括号"【 】"等。同一形式的括号避免套用,如(( ));必须套用括号时,宜采用不同的括号形式配合使用。

(十) 破折号

表示文中解释说明的语句。例如:

① 我国的四大名著——《水浒传》《三国演义》《西游记》《红楼梦》对世界文学史作出了巨大贡献。

② 像梦一样,我踏上了前往联邦德国的旅途,到了海涅故乡——莱茵河畔的杜塞尔多夫。

例①②的破折号相当于括号。但与括号不同的是,破折号后头的词语是要连着正文念的。

破折号还表示语意的转换、跃进,或语音的中断、延长。例如:

③ 我看你的性情好像没有大变——鲁贵像是个很不老实的人。(表语意转换)

④ "团结——批评——团结",是解决人民内部矛盾的正确方针。(表语意跃进)

⑤ 鲁大海:……你叫警察杀了矿上许多工人,你还——(表语音的中断)

⑥ "嘟——"火车进了站。(表声音的延长)

事项列举分承,各项之前也用破折号。例如:

⑦ 根据研究的对象的不同,环境物理学分为以下五个分支科学:

——环境声学;

——环境光学;

——环境热学;

——环境电磁学;

——环境空气动力学。

文章的副标题之前可用破折号,起注释作用。例如:

⑧ 光辉的知识分子形象
——谌容和她的《人到中年》

如果解释说明的话插在句子中间,就可以在前面和后面各用一个破折号,这叫双用。双用时,破折号的作用相当于括号,但在朗读时破折号内的内容要读出来,因为它是正文的一部分。例如:

⑨ 灯光,不管是哪个人家的灯光,都可以给行人——甚至像我这样的一个异乡人——指路。

⑩ 细细的秋雨——大约是今年的最后一场了吧——在窗外静静地飘洒着。

(十一) 省略号

表示文中省略了的话。例如:

① 鲁迅说:"但在社会里,仓颉也不止一个,有的在刀柄上刻一点图,有的在门户上画一些画,心心相印,口口相传,文字就多起来……"

② 过年的时候,我们各地的花样一向可多啦:贴春联、挂年画、舞狮子、玩龙灯、跑旱船、放花炮……人人穿上整洁的衣服,头面一新。(表未尽列举)

③ 孔乙己低声说道,"跌断,跌,跌……"他的眼色,很像恳求掌柜,不要再提。(表示省掉重复的话)

省略号还表示沉默、语言中断、断断续续、欲言又止等。例如:

④ 何为:不行!梅伯母的身体已经经不起路上的颠簸了!
欧阳平:……(表迟疑和尚未说出的话)

⑤ 穿长袍的问:"这一位是……"
"我的兄弟。"戴礼帽的回答。(表中断)

⑥ 他颤动着嘴唇低低地说:"你……怎么……又来了?……不要……为我……耽误工作!"(表断断续续)

破折号和省略号都可表示语言中断,区别是:破折号表示语言戛然而止,省略号则表示余言未尽。

省略号的前面可用句号、问号和感叹号,表示上文是个完整的句子。省略号后面一般不用任何点号,因为连文字都省了,点号自然也可以不要。

文中用了"等、等等",如果又用省略号就是重复,因为文中的"等、等等"本身表示省略。

省略号不能滥用。应该让读者知道的,不能省略;不必让读者知道的,不说就行了,不必用省略号。

省略号一共六个小圆点。有时省略的是一整段或几段文字,就用十二个小圆点表示,但要单独成行且不顶格。

（十二）着重号

表示要求读者特别注意的字、词、短语、句子。例如：

① 我夏秋两季看守庄稼。

② 这个定律是两千多年以前希腊学者阿基米德发现的，所以叫作阿基米德定律。

（十三）连接号

用来把密切相关的名词连接起来，表示时间、地点、数目等的起止，人或事物的某种联系。连接号的形式为"—"，占一个字符的位置①。例如：

① 孙中山（1866—1925），名文，字德明，号逸仙。（表示时间的起止。1866 年生，1925 年逝世。）

② "北京—广州"特别快车就要开车了。（表示地点的起止。从北京到广州。）

③ 第四届中日围棋擂台赛（聂卫平—羽根泰正）。（表示比赛双方。）

几个相关的项目表示递进式发展，中间用连接号。例如：

④ 必须巩固和发展已经初步形成的"经济特区—沿海开放城市—沿海经济开发区—内地"这样一个逐步推进的开放格局。

（十四）间隔号

表示间隔或分界。用在月份和日期、音译的名和姓、书名和篇名、词牌（曲牌）和词题等的中间。例如：

① 刘和珍在"三·一八"惨案中被杀害，时年 22 岁。

② 查尔斯·狄更斯（1812—1870），英国著名小说家。

③ 《鸿门宴》节选自《史记·项羽本纪》。

④ 《沁园春·雪》写于 1936 年 2 月。

（十五）书名号

表示书籍、篇章、报刊、剧作、歌曲、栏目、电影、电视剧等名称。例如：

《鲁迅全集》（书名）

《故乡》（篇名）

《矛盾论》（文章名）

《文学评论》（刊物名）

《茶馆》（剧作名）

《东方红》（歌曲名）

《今日说法》（栏目名）

---

① 连接号还有另外两种形式，即短横线"-"和浪纹线"~"（占一个字符的位置）。浪纹线也可以用于词典中代替例词例句中与被解释的字词相同的字词。

《英雄儿女》(电影名)

《红楼梦》(电视剧名)

《论〈李有才板话〉》(文章名)

书名内还有书名时,外用双书名号,内用单书名号,如上面最后一个例子。书名号以前曾用波浪线或双引号表示(如林海雪原和"青春之歌"),现在只在古籍或某些文史著作里用波浪线。广播、电视、报刊、网络的栏目名,应加书名号。

(十六) 专名号

表示人、地、山、河、国、机关团体等的专有名称,标在字的下边,一般只用在古籍或某些文史著作里面。为了和专名号配合,这类著作里的书名号可以用波浪线。例如:

① 司马相如者,汉蜀郡成都人也,字长卿。

② 屈原放逐,乃赋离骚;左丘失明,厥有国语。

(十七) 分隔号

分隔诗歌接排时的诗行或标示诗文中的音节节拍。例如:

① 千山鸟飞绝/万径人踪灭/孤舟蓑笠翁/独钓寒江雪

② 我邀/明月/共/千杯,天上/水中/同/一醉

分隔号还可分隔供选择或可转换的两项,表示"或";分隔组成一对的两项,表示"和";分隔层级或类别。① 例如:

① 动词短语中除了作为主体成分的述语动词之外,还包括述语动词所带的宾语和/或补语。

② 羽毛球女双决赛中国组合杜婧/于洋两局完胜韩国名将李孝贞/李敬元。

③ 我国的行政区划分为:省(直辖市、自治区)/省辖市(地级市)/县(县级市、区、自治州)/乡(镇)/村(居委会)。

三、标点符号用法的灵活性

每个标点都有一定的使用范围,即有规范性;但是也有变通用法,即有灵活性。标点的使用同语句的结构和意思有密切的关系。标点是有限的,而语句是千变万化的,因而有的标点不止有一种用法。语句中有的地方可以用这一种标点,也可以改用那一种标点。标点的用法有主要的,有次要的。

如演讲稿开头的称呼语后可用冒号,也可用叹号。这些都只能把句意和标点的主要用法结合起来考虑。

顿号、逗号都可用来表示句中并列词语之间的停顿,作者往往根据他所认为

---

① 下面三例均引自《标点符号用法》(GBT 15834—2011)。

的停顿的长短去选用。例如：

①从这一边看那一边,岸滩,房屋,林木,全都清清楚楚,没有太湖那种开阔浩渺的感觉。

②小坪下面有几块菜地,豆角蔓、苦瓜藤和紫苏叶子都非常茂密。

以上两句中的并列词语,其中一用逗号,一用顿号。

点号所表示的停顿有长有短,句末点号的停顿比句内点号长。在句内点号里,分号停顿比逗号长,顿号停顿最短。

一个句子内部用上了不同级的句内点号,就可以清楚地显示出层次来。倘其中某个句内点号有了改变,那么其他句内点号也往往跟着发生相应变化,即递升或递降。这一方面最能体现标点符号用法的灵活性。例如：

③老张的屋里,书籍、衣服、杯盘碗碟都放得井井有条。

④侵略者的谎言,骗不了人;他们的武力,吓不倒人。

例③"书籍""衣服"和"杯盘碗碟"三者是并列的,倘在"杯盘碗碟"之间用上顿号,那么原来的顿号都要改用高一级的逗号。例④两分句内部的逗号去掉,那么分号就可以改用低一级的逗号。这就是点号递升递降的问题。

句内点号表示句内停顿,但不是凡有停顿都必须用点号。

四、标点符号的位置

点号占一个空格的位置,居一个空格的左下方,而且不出现在一行的开头。

标号中的引号、括号、书名号的前半个不能放在一行的末尾,后半个不能放在下一行的开头。省略号和破折号各占两个字的位置,不应分作两截而分放在上行的末尾和下行的开头。

直行书写,点号都放在文字底下空格的右上角。着重号放在文字的右边,书名号放在文字的上下。书名号如改用竖浪线,就放在文字的左边。专名号也放在文字的左边。引号改用﹁、﹂,括号改用︵　︶,破折号改用竖线,省略号改为直行。

上面只讲了国家标准《标点符号用法》中的17种常用标点符号,还有一些标号,例如："×"叫隐讳号;"□"叫虚缺号;"＊"叫注释号(本书将它用在例句前表示病句);"▭"叫示亡号,加在姓名四周;"'"叫省年号,如"'06"="2006年",用了省年号,后面不应出现"年""年度"字样。因这些标号用法简单,这里就不多讲了。

> 思考和练习十

一、简述句末点号同语气的关系。

二、解释下列各段文字中每个标点符号的使用理由。

① 她一手提着竹篮,内中一个破碗,空的;一手拄着一支比她更长的竹竿,下端开了裂:她分明已经纯乎是一个乞丐了。

② 我们的孩子不会了解19世纪俄罗斯小说家契诃夫的沉痛的话:"我小时候就没有童年。"

③ 这是老先生最得意的作品,是老先生十多年的汗水——不,是他毕生的心血!

④ 屈原、司马迁、李白、杜甫等光辉的名字,像一颗颗美丽的宝石,嵌在中华民族的史册上。

⑤《母与子》的作者——法国著名作家罗曼·罗兰。

三、举例说明点号用法的灵活性。

四、举例说明括号与点号连用时的用法。

五、标点下列几段文字。

① 当年 焦裕禄同志调到兰考后 经过调查研究 找张副书记交换意见 他问改变兰考面貌的关键在哪儿 张说 在于人的思想的改变 对 焦裕禄说 但是应该在思想的前面加两个字 领导 关键在于县委领导核心的思想转变 没有抗灾的干部就没有抗灾的群众 在这里 焦裕禄仅用了短短几句话 就把如此重大而复杂的问题说得一清二楚 内涵深刻 这才是简洁朴素的语言

② 1859年达尔文出版了物种起源一书他以极其丰富的事实无可辩驳的证据指出现在的生物界不是上帝或神创造的而是由共同的最原始的祖先经过极其漫长的时间发展进化来的各种生物之间不是彼此孤立的而是有着或远或近的亲缘关系

③ 他赞成我也赞成你怎么样

④ 男人没有了女人就慌了

六、改正下列句中使用不当的标点符号,并加以说明。

① "行喽,"小陈停了一会说:"叫我干什么我就干什么。"

② 师范院校的学生都必须学习《教育学》、《心理学》等公共必修课。

③ 他家里的人说:"自己家里的炉子用多少煤,你从来不管,对火车烧煤却这样认真"。他说:"国家的事要一丝不苟"。

④ 贵报《中外名人故事》专栏内刊登的"刻苦学习的华罗庚"一文,我们都很喜欢读。

⑤ 我回到家乡一看。嗬!一幢幢美丽的瓦房;一片片葱翠的农田;一条条笔直的渠道;真是翻天覆地的变化。

⑥ 国家体育总局领导希望全体运动员"赛出水平、赛出风格,为国争光"。

⑦ 什么地方什么条件下可以种植什么样的药材?老农了如指掌。

⑧ 一个时期,诗人对于季节:春夏秋冬的自然描写特别多。

本章小测验

第五章 修　辞

第一节　修辞概说

[目的要求]掌握修辞的含义、修辞与语境的关系,领会修辞与语音、词汇、语法以及语用的联系和区别,明确学习修辞的用处。

一、什么是修辞

"修辞"有三种含义:一是指客观存在的修辞现象,如"修辞属于言语现象";二是指修辞知识或修辞学,即研究修辞规律的科学,如"要学点修辞""语法和修辞是两门科学";三是指依据题旨情境运用特定方法、技巧和规律,以提升语言表达效果的活动,如"要变不善修辞为长于修辞"。

通常情况下,人们总是把修辞理解为对语言的修饰或调整,即对语言进行综合的艺术加工。在内容和语境确定的情况下,修辞总是着力探讨下列三个问题,即选用什么样的语言材料、采取什么样的修辞方式、追求什么样的表达效果。要体现这三者之间的有机联系,就不能不考虑所调动的语言因素对所采用的修辞方式是不是恰切,能不能产生鲜明、生动的修辞效果。

人们用语言交流思想、传达信息,不仅要表达得准确无误、清楚明白,还应该力求生动形象、妥帖鲜明、连贯得体、新颖独特,尽可能给人以深刻的印象和动人的美感。鉴于运用语言的方法、技巧和规律与积极调整语言的行为两者是"你中有我、我中有你"的统一关系,所以修辞是在适应表达内容和语言环境的前提下积极调动语言因素,为获取最理想的表达效果而对语言所进行的艺术加工。

同一思想内容可以选用不同的语言形式表达,而这些不同的语言形式在不同的语境中又各有自己的表现特点和表达效果。孙犁在《荷花淀》开头有一段关于白洋淀的苇地和苇席的描写,很能说明不同的语言形式的修辞效果:

要问白洋淀有多少苇地,不知道,每年出多少苇子,也不知道。只晓得,每年芦花飘飞苇叶黄的时候,全淀的芦苇收割,垛起垛来,在白洋淀周围的广场上,就成了一条苇子的长城。女人们,在场里院里编着席。编成了多少席?六月里,淀水涨满,有无数的船只,运输银白雪亮的席子出口,不久,各地的城市村庄,就全有了花纹又密、又精致的席子用了。大家争着买:"好席子,白洋淀席!"

这段文字写得朴素自然、清新别致,给人的感受很深。如果作者不用提问的方法去引人注意,不用比喻、夸张等方法描绘苇地的大、苇子的多和苇席的好,而是平板单调地用抽象的数字说明苇地的面积、苇子的产量和苇席的质量,肯定不会有这样令人难忘的效果。

讲修辞离不开语言材料、表达方式和表达效果,学修辞也必须以既定的内容和语境为依托,从语言材料入手,看其采取的修辞方式是否恰当,看其产生的表达效果是否理想。特定的内容和语境决定了最佳表达形式只有一种,表达者必须通过有效的修辞活动,寻求到这唯一的语言形式,才能产生所追求的最佳表达效果。修辞最佳效果的产生,得力于对语言近义形式的严格选择和在比较中所做出的精心调整。

二、修辞与语音、词汇、语法的关系

修辞是从表达方式、表达效果的角度去研究语音、词汇、语法的运用的。修辞同语音、词汇、语法之间既不是并列关系,也不是从属关系,它们各是语言学科的一个分支。由于修辞立足于语言运用,它同语音、词汇和语法理所当然地存在着复杂而又密切的关系。

(一)修辞同语音的关系

语音是语言的物质外壳。修辞研究运用语言因素、语言规律来提高表达效果,自然要注重研究谐音、叠音、拟声、双声、叠韵、平仄、押韵、字调、语调、重音、轻声、停顿、音节、节奏和儿化韵等语音现象。研究这些语音现象在特定思想内容和语境中表现出来的感情色彩、心理状态、音律美感和民族风格。不少修辞方式是利用语音条件来体现修辞效果的,如双关、对偶、拈连、摹声、谐音、借代等。

语音在突出语义和增强音律美方面为修辞提供了充足的条件,丰富了修辞方式的内容;修辞则通过积极调动语音因素扩大了语音的表达功用。语音修辞是修辞研究的一个重要方面。

(二)修辞同词汇的关系

词汇研究的是词义、词的构成、词汇的形成发展及其规范化等内容;修辞则是从筛选、锤炼的角度去研究词语运用的。这就势必要从声音、意义、色彩、用法等方面对词语加以调遣、安排,也必然要用到各种各样的词汇要素,如同义词、反义词、多义词、同音词、外来词、古语词、行业语以及熟语等。

词汇为词语的筛选锤炼、形成具体的修辞方式提供必要条件,几乎所有修辞方式都同词汇有关,如语义双关、反语、仿词、婉曲、对偶、对比、借代、夸张、顶真、回环、拈连、反复、比喻等。词语修辞是修辞体系中的一个组成部分。修辞使词汇在语言运用中发挥了更为重要而广泛的作用。

（三）修辞同语法的关系

修辞同语法的关系更为密切。讲究修辞要以合乎语法为基础。语言表达只有合乎语法，才有调整加工的可能。话语和文章的意蕴、气势、力量、情采等方面的效果往往要靠句式的选用和调整，要靠句群的有效组织来体现，如讲求句的长短、句的整散、句的分合、句的繁简、句的常式与变式等。修辞上的一些妙语佳辞有时会特意使用不合语法的句子，目的是利用超常表现手法来精心营造独特的效果。

语法和修辞虽然都离不开句子和句群，但修辞主要是从同义（近义）形式选择的角度研究句子和句群的表达效果的。句子有各种类型，选用什么样的类型，是由不同的表达需要和修辞效果决定的。

语法为修辞现象、修辞规律提供了表现形式。没有句子，也就没有体现修辞效果的语言形式。比如，语法中如果没有形态各异的并列格式，也就没有修辞的对偶、对比、错综、排比、顶真、回环等修辞方式。语法为修辞活动提供了物质基础。而句子形式和内容的丰富多彩，也充分说明修辞具有扩大语法效能的功用。

总之，修辞与语音、词汇、语法既有区别又有联系：对修辞来说，语言三要素是修辞的物质载体，也是修辞效果得以实现的基本手段；就语言三要素来说，修辞是对它们的综合运用和艺术加工，极大地增强了它们的表现力。

修辞同语音、词汇、语法的相关性可列示如下（见图5-1）：

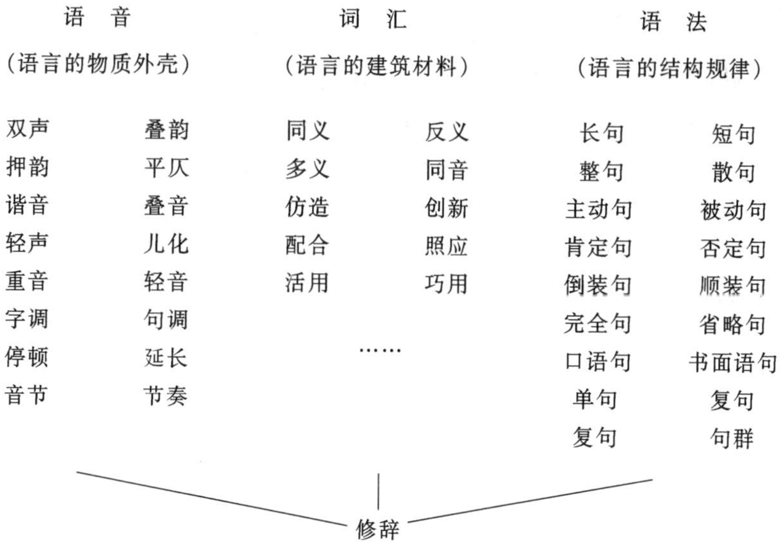

语　音		词　汇		语　法	
（语言的物质外壳）		（语言的建筑材料）		（语言的结构规律）	
双声	叠韵	同义	反义	长句	短句
押韵	平仄	多义	同音	整句	散句
谐音	叠音	仿造	创新	主动句	被动句
轻声	儿化	配合	照应	肯定句	否定句
重音	轻音	活用	巧用	倒装句	顺装句
字调	句调			完全句	省略句
停顿	延长	……		口语句	书面语句
音节	节奏			单句	复句
				复句	句群

↓
修辞

图5-1　修辞与语音、词汇、语法相关性示意图

三、修辞与语境的关系

同一思想内容可以有多种多样的表达方式,可以选用不同的词语或句子来表达,采用哪种方式、哪类语句最好,特定的语言环境往往是重要的制约因素。表达效果的好坏,不完全在于语句本身。语料的选择、表达方式的确定无不受制于语境。语境既是进行言语活动的场所,也是检验修辞效果的依据。

语境一般分为语言语境和情景语境两种。情景语境跟修辞的关系更为密切,它包括语言运用中对话语有影响的情景、情况和关系等。

构成情景语境的因素有两方面:一是主观语境因素,包括交际双方的身份、职业、修养、处境、心情等自身因素,它直接制约着个人的语言特色和语言风格;二是客观语境因素,包括在语言运用过程中的时间、地点、场合、话题、情景等因素。主、客观因素都直接对言语活动产生制约,从而形成修辞上的语境意义。

修辞上的语境意义复杂丰富:或增添新意,或一语双关,或别有情趣,或弦外有音。任何诗文都可照字面直接解释,然而其潜藏在字里行间的象征意义、情感意义乃至风格意义,只能靠"此情此境"获得。例如:

① 在我的后园,可以看见墙外有两株树,一株是枣树,还有一株也是枣树。(鲁迅《秋夜》)

② 进入天山,戈壁滩上的炎暑就远远被撇在后边,迎面送来雪山寒气,立刻使你感到像秋天似的凉爽。(碧野《天山景物记》)

例①用了不到30个字描写了作者住所客观景物的无变化,反复手法中透露出作者当时彷徨、苦闷的心情。例②作者对酷暑炎热感到烦躁不快,所以写成"撇在后边",而迎面的雪山寒气凉快沁人,使人别有感受,所以又写"送来雪山寒气"。这一"撇"一"送"紧扣语境,鲜明地展现了作者心境、情绪的变化。又如:

③ 强烈的好奇心驱使我把凡与钱先生有关的文章、书籍都找来阅读,越来越发现钱先生的魅力和伟大,自己的学习、生活似乎也"一切向钱看"了。渐渐地,我便萌发了写《钱锺书传》的念头。(孔庆茂《钱锺书传》)

"一切向钱看"是特定语境的双关妙用,它一方面表现了作者对钱锺书先生的品格、学识的由衷敬佩和研究钱学的殚精竭虑,另一方面也借这个现成的带有流俗味的语句谐音推陈出新地表现出不俗的意味。这说明语境离不开特定语句的支撑,特定的语句又要适应语境的需要。

在更多的情况下,语境的作用显示在上下文方面。例如:

④ 丁二爷吃完了饭,回到自己屋中和小鸟们闲谈。花和尚、插翅虎、豹子头……他就着每个小鸟的特色起了鲜明的名字。他自居及时雨宋江,小屋里时常开着英雄会。(老舍《离婚》)

文中用了拟人、比喻等修辞方法,文字生动活泼,也很有情趣。文中的丁二爷是个"白吃饭"的人,而他的那些小鸟不是秃尾巴的、烂眼边的,就是项上缺羽毛的或破翅膀的,无一不各具特色。就是它们,常同无所作为的丁二爷"闲谈",又开着什么"英雄会"。显而易见,作者通过语境取得了幽默、滑稽、别有情趣的效果。

老舍在《话剧的语言》一文中曾明确指出,作家选用语言时应特别注意"如此人物,如此情节,如此地点,如此时机,应该说什么,应该怎么说"①。这里点明了语境是修辞活动赖以进行的一种重要因素。语言随语境而变异、创新,表达方式也随语境而定,从而不难看出语境的功用:一是制约言语活动的内容;二是规定言语的表达方式。所以修辞要"随情应境,随机措施"(陈望道语)。

说写者与听读者都要通过联想建立起话语与语境的紧密联系,消除话语与语境的矛盾,以获得话语与语境的和谐相称。

四、修辞学与语用学

从符号学的角度看,语言学分为语形学、语义学、语用学。语形学(即句法学)研究符号与符号之间的关系,语义学研究符号与现实之间的关系,语用学研究符号与使用者之间的关系。

语用学已经形成了语用原则(如合作原则和礼貌原则)、言语行为理论、信息结构等方面的理论。它跟主要研究词语的锤炼、句式的选择和修辞格的运用的传统修辞学不同。可以说,语用学是从人类交际的宏观角度出发,研究遵循哪些大的原则方可以使语言的使用达到更好的效果;而修辞学则多从语言表达的微观角度出发,讨论采取哪些具体的手段方可以使语言更加完美、更加有说服力等。

语用学与修辞学尽管都研究语言的运用,但是两者是有区别的:第一,研究目的不同。语用学注重解释性,目的在于分析语言运用的原则,建立意义解释理论,寻找语言运用的规律;修辞学注重规范性、变异性和实用性,注重研究修辞手段与技巧。第二,研究方法不同。语用学注重理论解释和推理分析;修辞学注重运用归纳的方法,如修辞格的确立、语言变异的表现方式等。第三,研究内容不同。语用学以言语行为、会话结构、预设、含义、指示语、信息结构等为具体研究内容;修辞学以词语、句子、辞格、语体风格等为具体的研究内容。第四,研究的要求不同。语用学重在研究话语交际的"编码—输出—传递—接收—解码"全过程;修辞学是语用学里面的一个分支学科,更加注重编码和传输的效果。

---

① 克莹、李颖编:《老舍的话剧艺术》,文化艺术出版社1982年版,第218页。

五、修辞学与逻辑学

修辞学是研究提高语言表达效果诸种规律的科学。逻辑学则是一门关于思维形式及其规律的科学,研究概念、判断和推理及其相互联系的规律、规则以帮助我们正确地思维和认识客观真理。① 从说话写文章的内容上考察思维符合不符合逻辑规则及规律,也就是反映、认识客观现实的方法正确不正确,这是逻辑的事情。修辞学和逻辑学是有密切联系的,两者都必须研究语言。一般来说,修辞要建立在符合逻辑规则和规律的基础之上,如果连逻辑都不讲,说话和写文章连逻辑事理都不符合,那么想要表达得好也是不可能的。陈望道提出的"消极修辞"的四项标准中,其中的"意义明确""伦次通顺""安排稳密"三项都是与逻辑密切相关的。可见,讲修辞不可能脱离逻辑,研究修辞学不能不讲逻辑学。但是修辞和逻辑毕竟不同,修辞学和逻辑学研究的目标任务也完全不同,逻辑是要人们用语言表达概念,判断推理必须符合客观现实,反映认识客观现实的方法应该正确。修辞是为了提高语言表达效果,有时却要违背客观现实,即违背逻辑事理。从逻辑的角度看,既然违背了,就是"不通"之辞,可是在实际生活中,这种"不通"之辞却有意想不到的好效果,显得"无理而妙",如我们大家熟悉的"白发三千丈,缘愁似个长",是明显违背逻辑事理的"无理之辞",但是自古及今,从来没有人批评李白"文理不通",反而为他这"无理之辞"而感动,为李白充满想象力的才思而叹服。

六、修辞的作用和学习修辞的目的

修辞在信息时代的作用格外突出,主要有两点:(1)有助于提高说话、写作能力和阅读欣赏水平;(2)有助于提高语言修养和语言美的水平,更准确流畅地传递个人和社会信息。

修辞的特殊作用决定了学习修辞的根本目的。

首先,学习修辞可以帮助我们提高语言表达效果,更好地完成言语交际任务。古人说:"言之无文,行而不远。"(《左传·襄公二十五年》)其中的"文"就是文采、文饰,也就是语言的艺术性。好的内容,如果没有优美的形式来表达,就不容易流传开来。学习修辞,熟悉并善于运用各种修辞手法,能够增强语言的表现力、感染力和说服力,有效地提高表达效果,圆满地完成交流思想的任务。

其次,学习修辞还可以帮助我们正确地理解各种言语作品,提高阅读欣赏水平。

学习修辞并不是咬文嚼字、单纯追求华丽的辞藻。修辞虽然研究的是语言

---

① 郭芸、姚望舒主编:《逻辑学简明教程》(第2版),苏州大学出版社2021年版,第1页。

的表达形式,但是语言的表达形式是为思想内容服务的。修辞就是要实现语言形式和思想内容的完美统一。因此,它同片面地讲究形式美、单纯地追求华丽辞藻的错误做法是根本不同的。修辞是讲求表达效果的,修辞行为贯穿言语交际的全过程,写文章需要,说话也需要。

> 思考和练习一
>
> 一、有人说:"修辞就是咬文嚼字,就是雕琢词句、卖弄文字技巧。"这种说法对不对?为什么?
> 二、修辞同语言三要素有什么关系?明确它们的关系对学习和研究修辞有什么好处?
> 三、结合实例,谈谈修辞同语境的关系。

第二节 词语的锤炼

[目的要求]掌握从意义(内容)和声音(形式)两方面锤炼词语的四种方法,并以此提高巧用词语的能力。

词语的锤炼,古人叫作"炼字"。锤炼的目的,在于寻求恰当的词语,使语句的表达更加完美,即不仅要求词语用得准确,还要求词语用得鲜活。现代汉语词汇十分丰富,为词语的锤炼奠定了坚实的物质基础。

词语锤炼需要富于创新精神。所谓"创新",并不是要求我们一味追求那些新鲜华丽的辞藻,而是要精心挑选、着力组合,下功夫追求词语的艺术化。许多看来异常平淡的词语,只要调遣得当,就能淡中出美、平中见奇,显示出表达的魅力和活力。要经常从生活的无穷源泉中汲取营养,不断丰富和提高使用词语的技巧,否则就只能重复或简单地套用现成的语言,使作品寡淡无味,也就很难出新出彩。

锤炼词语必须要锤炼思想内容。任何内容都要通过一定的形式来表现。因此,锤炼词语一般需从内容(意义)和形式(声音)两方面着手,二者紧密联系,相辅相成。语句只有表意贴切、声音和谐,才能更好地表达深刻的含义、表现高远的意境,才能收到比较完美的表达效果。

一、意义的锤炼

意义是词语的内容、词语的灵魂,锤炼意义是选好词语的核心问题。不从意义入手选用、锤炼词语,就达不到用词的准确、鲜明和生动,也就不可能产生表达上的精当贴切、简洁明晰、幽默风趣和含蓄深厚等效果。意义的锤炼一般要做到以下几方面。

（一）要力求提高观察、认识事物的能力

以健康的思想感情为立脚点和出发点，从更高的视角把握处理事物间的关系，对客观事物进行细致深刻的观察，然后选择恰到好处的、特别具有表现力的词语，这是炼词的关键之点。

例如，我国一位领导人在回答《华盛顿邮报》总编采访时的讲话很能说明问题：

① 13亿是一个很大的数字。如果你用乘法来算，一个很小的问题，乘以13亿，就会变成一个大问题。如果你用除法的话，一个很大的总量，除以13亿，都会变成一个小的数目。这是许多外国人不容易理解的。

在这里，"13亿"和问题大小的辩证关系，讲得十分透彻。讲话人用平实浅显的词语说明了一个大道理。显然，只有对中国国情有细致深刻的观察和理解，才能发现其中最有特征的要素，选择最妥帖的词语，并给以恰如其分的表现。

再如，鲁迅在《孔乙己》中对主人公买酒付钱时的情景作了这样的描写：

② 他不回答，对柜里说："温两碗酒，要一碟茴香豆。"便排出九文大钱。

句中的"排"字，用得精彩。透过"排"这一动作，可以唤起读者的如下联想：一是九文大钱来之不易；二是大钱少；三是用斯文郑重的付钱方法暗示出孔乙己的拘谨迂腐与善良朴实。本来付铜钱是可以用"交出""付出"这类词语的，但只有这个"排"字，才能写出孔乙己个性化的动作和不一般的神情。在同一篇作品里，还有下面的一句话：

③ 他从破衣袋里摸出四文大钱，放在我手里，见他满手是泥，原来他便用这手走来的。

一个"摸"字，表明孔乙己的穷愁潦倒，深刻地显示了他生活的变化。"摸出四文大钱"，贴切深刻地写出孔乙己的穷困和他买酒时的窘态。如果衣袋中钱多，一抓一把，何必下手去摸？即使钱少，倘若孔乙己的手很灵便，一掏就出，也就不必手插衣袋中来回摸了。可见，孔乙己此时已身废心残，极度拮据。这个"摸"字恰如其分地揭示了人物的情态，深刻地预示了孔乙己悲惨的结局。

这番词语锤炼的功夫说明了鲁迅对孔乙己这类没落知识分子观察细致、了解深刻。只有充分掌握了人物的外部特征和内心世界，作品才能有如此传神的表达。

（二）要力求准确妥帖

准确、妥帖是选用词语的基本原则，也是用词的第一要求。它不仅要求用词能毫不含糊地反映客观事物、妥帖地表达思想感情，而且还要求所用词语能切合内容、语境的需要。用词准确妥帖，就会产生一种质朴的美感和力量。优秀的作家往往会对其作品的语言一改再改，以求达到准确妥帖。例如：

① 原句：这座铜钟就在柏树底下，矗立在地上，有两人高。伸拳一敲，

嗡嗡地响,伸直臂膀一撞,纹丝儿不动。

　　改句:这座铜钟就在柏树底下,戳在地上有两人高。伸手一敲,嗡嗡地响,伸开臂膀一撞,纹丝不动。(梁斌《红旗谱》)

"矗立"意指高高直立,如"高楼矗立"。说仅两人高的钟"矗立",有失准确。改用"戳",既确切妥帖,又浅显明快。用"伸直臂膀"撞钟,有悖一般动作习惯,改"伸直"为"伸开",才能恰切地描写撞钟的动作。两处改动体现了选词的精确,显示了作者锤炼词语的功力。

　　要做到用词准确妥帖,最重要的是要弄清词语在意义上的指称范围和功能,因需而发,因情而用。例如:

　　② 　　　　　　四不像将回娘家
　　　　　　　麋鹿繁殖中心正在兴建(某报的一则新闻标题)

"四不像"学名称"麋鹿",并非人人都知道这两个词同指一物。编者让两种语体的同义词语并现于同一则标题之中,非但不感觉重复,反而使人乐于接受。这两个词上下分用,各得其所,又互相诠释,用法上恰当,理解上方便,既满足了表达需要,又照顾了语言对象的接受。

　　需要说明的是,用词准确不等于一定要字字清晰。有时在某种特定场合,故意选用模糊性词语,让对方难以做出明确判断,往往更具表现力和迷惑性。

(三)要力求配合得当、前后呼应、整体和谐

　　词语的合理配合可以显示具体词义的确定性,而词语的巧妙配合更可以收到词义明确以外的效果:或增添新意,或附加色彩,或一语双关,或弦外有音,或陡增文采。词语的配合、照应以及表达上的整体和谐,并非仅靠句子内部相关词语就能体现。因此,锤炼词语还应注意本句以外的上下文的语境因素对词语的制约情况。例如:

　　① 这套丛书寄托了我们最深沉的喜怒哀乐。三峡筑坝、恐龙出土、熊猫保护,这些消息,都让我们忍不住关切、震撼、焦急!羌族的咂酒对唱、松花江的凿冰捕鱼、兰州的羊皮渡河、成都的茶馆风情,这些人文风物,都让我们忍不住好奇、牵挂、系念。中国,是我们心底无法随意抹去的名字。

　　② 这些记述过去长征的片断故事,好比当时一根火柴、一把野菜、一条标语,虽然质量不高,味道也不强,但它却能对今天的新的长征战士们起一点御寒、充饥、添劲的作用。(王愿坚《前辈和后辈之间》)

例①中相关的词语既各得其所又相互照应,用词自然、恰当。例②中的"御寒"与"一根火柴"前后照应,"充饥"与"一把野菜"前后照应,"添劲"同"一条标语"上下相承,它们配合自然,呼应紧密,形成表达上的整体和谐。这两例只是句子内部词语的配合与呼应。有时词语的配合与呼应并不这么简单明了。例如:

　　③ 他们又故意的高声嚷道,"你一定又偷了人家的东西了!"孔乙己睁

大眼睛说,"你怎么这样凭空污人清白……""什么清白?我前天亲眼见你偷了何家的书,吊着打。"孔乙己便涨红了脸,额上的青筋条条绽出,争辩道,"窃书不能算偷……窃书!……读书人的事,能算偷么?"

听人家背地里谈论,孔乙己原来也读过书,但终于没有进学,又不会营生;于是愈过愈穷,弄到将要讨饭了。幸而写得一笔好字,便替人家钞钞书,换一碗饭吃。可惜他又有一样坏脾气,便是好喝懒做。坐不到几天,便连人和书籍纸张笔砚,一齐失踪。如是几次,叫他钞书的人也没有了。孔乙己没有法,便免不了偶然做些偷窃的事。(鲁迅《孔乙己》)

例③中的"偷"(口语词)、"窃"(文言词)、"偷窃"(书面语词)是一组语体色彩不同的同义词。小店里人们用"偷"取笑孔乙己,孔乙己则用"窃"辩解遮掩,故意做字面文章,似乎"窃"与"偷"不同。选用"窃"字,一方面是为了描绘孔乙己不得已而辩解的窘态,另一方面也同他开口闭口"之乎者也"的性格特征相吻合,有力地表现出这个没落的封建知识分子的迂腐和可悲。文章下一段特意把"偷"和"窃"连缀起来用,既符合故事叙述人店小二略通文墨的身份,也对孔乙己的辩解起了点破的作用。联系两段上下文看,三个同义词不仅用得各得其所、各有深意,而且紧密配合照应,给揭示人物性格特征和展现作品的寓意方面增添了深厚的内容。

(四)要力求色彩鲜明

词语色彩是否分明直接关系用词是否确切、表达是否鲜明有力。词语的色彩表现在许多方面,主要有感情色彩、语体色彩和形象色彩三种。

1. 词语的感情色彩要鲜明

词语的感情色彩是指词语反映客观事物时,表现出来的不同态度与感情。不同的感情色彩或通过词义的褒贬体现出来,或借助词语的配合体现出来,或靠语境、修辞手法体现出来。具体情况是:

(1)有的词语本身带有鲜明的感情色彩。例如:

　　文痞　人渣　花架子　泼冷水　文山会海　说三道四(贬义)
　　文豪　精英　挑大梁　半边天　出类拔萃　奋发有为(褒义)

(2)有些褒义词或贬义词在具体语境中,可以变褒为贬或化贬为褒,改变感情色彩。例如"学究"一词,在现代汉语里是贬义词,但在其他词语的配合下也可以变贬为褒。试比较:

　　① 也有时我们夫妇联成一帮,说女儿是学究,是笨蛋,是傻瓜。(杨绛《我们仨》)

　　② 散文写得太迂、太学究,看着就累。(孙建清《拒读十种散文》)

　　③ 中国要作家,要"文豪",但也要真正的学究。(鲁迅《准风月谈·我们怎样教育儿童的?》)

例①的"学究"是贬义色彩。例②的"学究"与"太迂"并用,更加明示其贬义色彩。例③的"学究"借"真正"的修饰,再加上同"作家""文豪"配合,色彩转贬为褒。这里的"学究"分明指的是有科学严谨的治学态度的学者了。

(3) 有些词选用它们的引申义或比喻义可以使感情色彩更加鲜明。例如:

④ 有许多的东西,只要我们对它们陷入盲目性,缺乏自觉性,就可能成为我们的包袱,成为我们的负担。(毛泽东《学习与时局》)

"包袱"就本义说属中性词,这里选用了它的比喻义,从而赋予其鲜明的贬义色彩。

2. 词语的语体色彩要鲜明

文章有不同的语体风格。恰当地选用词语是形成语体风格色彩的重要因素。词语的语体色彩差别可以从通常用语和专门用语的角度观察,也可从口头词语和书面词语的角度观察。词语有的可通用于几种语体,有的则只适用于某种特定语体。在通常情况下,具有某种语体色彩的词语只有运用到同一语体中,才能取得表达风格上的和谐一致。如汉语中有关"死亡"的词语有很多,但各有使用语域。"作古"用于文言,"老了"用于口语;"牺牲"含褒义,"毙命"含贬义;"遇难"表示庄重、严肃;"仙逝"具有宗教色彩。再如,文艺语体中的戏剧语言,作者不仅要根据生活构思情节,而且也要在生活中提炼对白。这种对白必须是"话到人到",必须简洁明快、通俗易懂,有鲜明的生活气息与时代色彩。作家曹禺剧本中的人物对白很注重大众化、口语化。这可以从他对人物对白用词的精心修改之处看出来。例如:

⑤ 原句

鲁贵 你看你,告诉你真话,叫你聪明点,你反而生气了。咳,你呀!

(《雷雨》1939 年版第 57 页)

改句

鲁贵 你看你,告诉你真话,叫你聪明一点,你倒生气了!咳,你呀!

(《曹禺选集》1961 年版第 16 页)

将书面语"反而"改成口语词"倒",不仅对白通俗、浅显、顺畅了,也更符合说话人的身份、教养和经历。

3. 词语的形象色彩要鲜明

作诗行文有时讲求着色,即为了修辞的需要着意突出颜色效应。颜色可以给人最直接的刺激、最敏感的美,也就容易产生最富有感情的暗示、最有光彩的想象、最强烈深沉的情调。文字的着色像颜料的色彩一样,会给人以丰富的联想和感受。例如,"李白桃红杨柳绿,豆青麦碧菜花黄。""白酒红人面,黄金黑人心。"这两例可谓五彩缤纷,充分显示了色彩词的魅力。再如:

⑥ 一夜山雨,把小小的彝家村寨洗得清爽爽的。山,一片绿;芭蕉林,

一片绿——就连那林荫里的一座座新瓦屋,也都映得绿茵茵的。

太阳出山了。小溪边的那座竹楼,窗子打开了。绿茵茵的窗口,闪出一点红,火苗似的。噢,是个小女孩,红领巾在晨风里,微微地飘。(韩少华《金沙的歌》)

上例中,绿色的景和红色的物交相辉映,构成了一幅清新优美的图画,把读者引入了诗一般的境界里。

二、声音的锤炼

传情达意要借助完美的语言形式,声情并茂离不开语音的配合。袁枚说得好:"其言动心,其色夺目,其味适口,其音悦耳,便是佳诗。"(《随园诗话补遗》)词语的声音配合得好,念起来顺口,听起来悦耳,记起来容易。优美的语言韵律更能给人以美感。词语的声音美体现在音节整齐匀称、声调平仄相间、韵脚和谐自然以及叠音词语与双声叠韵词语的恰当运用等方面。

(一)注意音节整齐匀称

古人写诗作文,喜欢用偶句,讲究对称句法;现在写作固然不必刻意追求工整藻饰和严格骈俪,但还是要注意音节配合,以增强文章的节奏感和气势。例如:

① 回味,常常妙不可言。所谓"精妙处,忍不住击节叫好;伤感处,止不住泪眼婆娑;激愤处,耐不住拍案而起;谐趣处,憋不住哑然失笑",乃回味的一种境界。(赵畅《读书的回味》)

例①用四个同格式的动补短语与四字格语词接连对称使用,节奏分外鲜明。

单音节词和双音节词的同义并存现象为我们合理安排音节提供了方便条件:可以交错运用单音词和双音词,也可以让同一个词的单、双音节形式分别出现,形成音节匀称、富于旋律的排偶句子。例如:

② 生活的大浪也许把我们冲上高峰,也许把我们卷入低谷。无论在哪一个坐标点上,我们都能让自己自强不息乐观进取,高楼住得,茅屋居得;高官做得,百姓当得;寒也耐得,暑也熬得;表扬禁得,批评听得;顺境处得,逆境受得。

上例就用了不少对比、排比的句子,不仅正反对比、语势连贯,而且配合得当、音节匀称,话语自然显得铿锵有力。

当然,也不能为求匀称,任意增减音节。削足适履,会使句子变得不自然。

(二)注意声调平仄相间

在律诗里,平仄在本句中是重叠交替的,在对句中是相互对立的。这两大类声调在诗词中有规律地交替使用,会造成节奏抑扬起伏、音调悦耳动听的音乐美。

现代诗歌和散文,当然不必唯古是从,但适当注意平仄变化,充分利用汉语语音的特点,使作品获得音乐美感,还是很有必要的。

汪曾祺曾讲过,有一句老旦的唱词——"你不该在外面散淡浪荡"没法唱(安腔),因为后七字去声相连,调门一律,没有声调的平仄变化,念起来就像僧敲木鱼,根本不可能收到波澜起伏、抑扬顿挫的效果。试看下面的句子("—"代表平声,"丨"代表仄声):

① 中国有句老话:"瓜熟蒂落,水到渠成。"

② 鬼䀹眼的天空越加非常之蓝,不安了,仿佛想离去人间,避开枣树。
(鲁迅《秋夜》)

③ 这个厂生产的金葵向日、孔雀开屏、红霞万朵、草木争荣、繁花似锦等花色的花布,富有民族特色,很受欢迎。

例③中,花布的花色都用四字短语命名,作者有意识地把声调安排成"平平仄仄、仄仄平平",读起来抑扬顿挫,犹如碧波翠浪,起伏荡漾。

在结构参差的句子里,如果把相邻句子末尾音节的平仄安排好,也可以收到同样的表达效果。例如:

④ 落山的太阳真美,盛开的槐花真香。

⑤ 世间好物不坚牢,彩云易散琉璃脆。(杨绛《我们仨》)

有的文字抒情叙事有余,而声律调配不足,会在一定程度上影响了音响效果。例如:

⑥ 天,蓝蓝的;风,轻轻的;月亮,明明的;月饼,圆圆的。

句中的几个描写性谓语如能适当注意平仄,效果可能会更好。

有时为了音调和谐,还可以适当调整语序。例如:

⑦ 瑰丽端庄的中山公园,绿树成荫,花坛巧布,彩练横空,千红万紫。

"万紫千红"是习惯的说法,为了在平仄上与前面相调配,改为"千红万紫"。

协调平仄,可以适当利用句间停顿,选用四字格成语或四字语,还可借助对称的词语。

(三)力求韵脚和谐

声音美同押韵有密切关系,诗歌尤其讲究押韵。语句音节匀称整齐就有节奏感。如果再安排好韵脚,就会和谐悦耳,朗朗上口。例如:

① 有了地球,月球从未走出它的轨道;有了天空,星星总在它的怀抱闪耀;有了爱情,世界才显得如此美妙。

押韵是通过同韵相押使句子的末尾字音跌宕回环、同声相应,给人以和谐悦耳的美感。正是这个原因,有时需要改变词语结构,或者换用同义词语,以求押韵。例如:

②敬爱的周总理,您为祖国山河添光辉,您为中华儿女振声威,您不朽的业绩永世长存,您光辉的名字青史永垂。(纪录片《敬爱的周恩来总理永垂不朽》解说词)

例②"永垂青史"是成语的原有格式,为了韵脚的统一、和谐,改为"青史永垂"。

③书中夹红叶,红叶颜色好。请君隔年看,真红不枯槁。(陈毅《题西山红叶》)

例③"枯槁"与"枯萎""枯干"同义,为求押韵,选用了"枯槁"。

(四)讲求叠音自然

叠音,古时叫作"重言"或"复字"。恰当地运用叠音词语,可以突出词语的意义,加强对事物的形象描绘,增加音乐美感。袁鹰在《井冈翠竹》的开头写道:

①井冈山五百里林海里,最使人难忘的是毛竹。从远处看,郁郁苍苍,重重叠叠,望不到头。到近处看,有的修直挺拔,好似当年山头的岗哨;有的密密麻麻,好似埋伏在深坳里的奇兵;有的看来出世还不久,却也亭亭玉立,别有一番神采。

这段描写反映了从远到近的观察过程。"从远处看",不能看得十分真切,就用"郁郁苍苍""重重叠叠"这两个叠音词,把井冈山林木繁茂、满眼翠绿、生机勃勃的一派大好风光展现在读者面前,让读者的脑海里映现出一个"林海"的形象。"到近处看",看得很清楚了,又用叠音词"密密麻麻""亭亭"来具体描绘毛竹的各种形态。整段文字节奏感强,声音优美,也流露出一种亲切自豪的感情,很能准确地反映客观事物的实际情况。又如:

②这歌声,越过巍巍山岳,渡过滔滔江河,跨过莽莽原野,飞过重重海洋,传遍天涯海角,回荡太空,响透云霄。(《最响亮的歌声是〈东方红〉》)

"山岳""黄河""原野""海洋"一经叠音词的修饰,也就有力地突出了它们的壮伟气势,凸显了"这歌声"的深广影响。这种表达给人以字音协调、节奏鲜明、形式匀称的美感。

由于叠音词具有特殊的音响效果,现代作品尤其是诗歌里时常大量地加以运用。例如:

③漳河水,
　九十九道湾,
　层层树,
　重重山,
　层层绿树重重雾,
　重重高山云断路。(阮章竞《漳河水》)

在这里,作者用叠音词把漳河一带的诱人景物描摹出来,别有情致。

（五）讲求双声叠韵配合

汉语里独有的双声词、叠韵词，具有特殊表达作用。恰当运用双声叠韵词语，可以形成一种回环的美。这种修辞效果，主要靠两者相连相对、彼此应和，尤其是靠对仗显示出来：或双声对双声，或叠韵对叠韵，或双声对叠韵。例如：

① 田园寥落干戈后，

　　骨肉流离道路中。（双声对双声）（白居易《望月有感》）

② 梦里依稀慈母泪，

　　城头变幻大王旗。（叠韵对叠韵）（鲁迅《无题》）

③ 公路崎岖开古道，

　　林园宛转创新陂。（双声对叠韵）（朱德《和董必武同志〈初游庐山〉》）

在上下联对仗中，短声和长韵互相配合，再加上平仄相谐、声音回环荡漾，极易产生悦耳的美感。例如：

④ 泉泉泉，珍珠灿烂个个圆，

　　圆圆圆，晶莹芬芳老龙涎，

　　涎涎涎，澄澈蜿蜒流万年。

例④是双声词和叠韵词组成的顶真句，属双声叠韵连用形式，短声长韵紧相接连，彼此应和，尤有铿锵宛转的音律美。

声音的锤炼，还要讲求摹声真切，讲求谐音自然巧妙，讲求读音朗朗上口。总而言之，语言音律美的取得有赖于语音因素的综合运用。

思考和练习二

一、词语锤炼应该从哪些方面入手？为什么？

二、下面这些句子在声音配合上各有什么特色？

① 您的光辉将永远照耀着雄伟的天安门广场，照耀着我们伟大祖国的河山，照耀着五洲四海，照耀着我们的万里征途。

② 他坚强不屈地斗争，铮铮铁骨，凛凛情操，真正表现了松树的风格。

③ 人民中国，屹立亚东。光芒万道，辐射寰空。艰难缔造庆成功，五星红旗遍地红。生者众，物产丰，工农长做主人翁。

三、比较下面各组的句子在表达上有什么不同。

A ｛ ① 山愈聚愈多，渐渐暮霭低垂了，渐渐进入黄昏了，红绿灯渐次闪光，而苍翠的山峦模糊为一片灰色。
② 山愈聚愈多，暮霭低垂了，进入黄昏了，红绿灯闪着光，而苍翠的山峦模糊为一片灰色。

B ｛ ① 那时候，天气还很冷，潍河里还在流着冰水，平原上整天价在刮着老黄风。
② 那时候，天气还很冷，潍河里还在流着冰水，平原上整天价在刮着扬天揭地的老黄风。

第二节　词语的锤炼

四、从词语锤炼的角度谈谈下面这两段文字中相关词语的修辞效果。

① 金刚山的美景,被朝鲜人民引为自豪。

她位于朝鲜中部东海岸太白山脉的北部地区,绚丽多姿,四季有不同的雅名。春天万紫千红,叫金刚山;夏天飞泉腾空,浓荫蔽日,又名蓬莱山;秋天漫山红叶,层林尽染,外号枫岳山;冬天白雪皑皑,银装素裹,人称皆骨山。

② 这里的水,多、清、静、柔。在园里信步,但见这里一泓深潭,那里一条小渠。桥下有河,亭中有井,路边有溪。石间细流脉脉,如线如缕;林中碧波闪闪,如锦如缎。这些水都来自难老泉。泉上有亭,亭上挂着清代著名学者傅山写的"难老"两个字。这么多的水长流不息,日日夜夜发出叮叮咚咚的响声。

第三节 句式的选择

[目的要求]了解长句和短句、整句和散句、主动句和被动句、肯定句和否定句、口语句式和书面语句式的特点和表达作用,并根据思想内容、言语环境和语体的要求,学会选用这些句式。

说话、写文章时,要有"一样话,百样说"的意识,要讲求句子的变换方法,要训练选择、运用不同句式的能力。修辞学所谓的句式是个弹性较大的概念,不仅包括语法里讲过的句式,还包括其他一些类型,如长句与短句、整句与散句、口语句与书面语句等。从修辞的角度说,表示相同或相近的意义而在风格色彩、修辞功能、表达效果方面存在细微差别的一些句式,可以称作同义句式。句式的选择,在较多的情况下就是同义句式的选择。一般来说,同义句式掌握得越多,炼句的余地也就越大。善于选择调整句式,可以有效地增添文采,增强语言的表现力,收到理想的修辞效果。

选择句式主要依据以下三条原则:(1) 根据表达的目的和表达的内容;(2) 根据句式的修辞功能;(3) 根据语境,主要是上下文语境。

汉语的句子有多种类型。这里主要是从修辞角度讨论同义句式的选择并比较它们的表达效果。

一、长句和短句

长句是指词语数量多、结构复杂、形体较长的句子。公文事务语体、科技语体、政论语体一般多用长句。例如:

① 本办法所称中国名牌产品是指实物质量达到国际同类产品的先进水平、在国内同类产品中处于领先地位、市场占有率和知名度居行业前列、用户满意程度高、具有较强市场竞争力的产品。(《中国名牌产品管理办法》)

②哥白尼推翻了亚里士多德以来从未动摇过的地球是宇宙中心、日月星辰都绕地球转动的学说,从而在实质上粉碎了上帝创造人类、又为人类创作万物的那种荒谬的宇宙观。(竺可桢《哥白尼》)

长句具有较强的书面语色彩,其修辞功能是丰满细腻、严肃庄重。

短句是指词语数量少、结构简单、形体较短的句子。日常会话语体、文艺语体一般多用短句。例如:

③甲:"大娘,出门儿了!哈……买佛龛啦?"这不是好话吗?

乙:是啊。

甲:老太太不愿意听了!

乙:怎么?(侯宝林《买佛龛》)

④月亮地下,你听,啦啦的响了,猹在咬瓜了。你便捏了胡叉,轻轻地走去……走到了,看见猹了,你便刺。这畜生很伶俐,倒向你奔来,反从胯下窜了。他的皮毛是油一般的滑……(鲁迅《故乡》)

短句的修辞功能是简洁明快、干脆有力、活泼自然,因而具有较强的口语色彩。

长句的结构形式一般包括四种情况:一是修饰语较多,二是联合成分较多,三是某一成分结构复杂,四是结构层次较多。短句的表现形式与长句则刚好相反。试比较:

⑤他是(一个)(身体健康、学习刻苦、工作积极并且立志为祖国强盛奋斗终生)的(三好)学生。(长单句)

⑥他是个三好学生。他身体健康,学习刻苦,工作积极,立志为祖国强盛奋斗终生。(两个短句)

例⑤句子之所以长,是由于修饰语较多,"学生"前有一个定语是联合短语,内中联合成分较多,分析起来自然层次不少。例⑥是由一个单句和一个复句组成的句群。单句内的定语少而短,复句内四个分句都很简短,没有定语和联合成分。例⑥也可以逗号代替第一个句号,变成前后有解说关系的复句,共有五个分句,每个分句都是短句(含省略主语的分句)。

短句各成分简单而且关系明显,有语病也容易发觉和改正;长句往往有一连串复杂的成分或由多层关系交织在一起,稍不留意,就会出现顾此失彼、搭配不当或多余、残缺的现象。这里举一个长句(病句)改短的例子:

⑦原句:那几年,文艺园地里‖呈现出一派万紫千红的景象,各种题材的作品‖不断涌现,‖有描写工业改革的《乔厂长上任记》,农民生活的《创业史》,部队生活的《青春》,学校生活的《班主任》,儿童剧《报童之歌》,纪录片《新的长征》,革命历史剧《万水千山》《八一风暴》,等等。

改句:那几年,文艺园地里‖呈现出一派万紫千红的景象,各种题材的作品‖不断涌现,‖有描写工业改革的《乔厂长上任记》,‖有描写农民生活的《创业史》，‖有描写部队生活的《青春》，‖有描写学校生活的《班主任》；此外，‖还有儿童剧《报童之歌》，纪录片《新的长征》，革命历史剧《万水千山》《八一风景》，等等。

原句是由三个分句构成的复句，第三分句"有"字后头是一个长宾语。这是一个有病语的长句。长宾语里面有一个联合短语，前面四项说的是"各种题材的作品"，后面四项却变成从体裁方面说下去，在逻辑上犯了分类标准不一致的错误。所以，在"儿童剧"前面必须加上"此外，还有"四个字，把前四项和后四项分开。后四项仍是"有"字的长宾语，前三项每项补上"有描写"，就成了四个短分句，前后共有七个分句，即全句由六个短分句和一个长分句构成。附带指出，柳青的《创业史》也不是在"那几年"创作的，叙述不合事实。

有时从内容和语境看不宜使用长句，却采用了长句，这就需要把它化为若干短句。长句化短的办法很多，下面只讲两种常见的。

（1）把长句的附加成分抽出来，变为复句里的分句，或者单独成句（可以是单句，也可以是复句）。例如：

⑧ 本着可开可不开的会议不开，可缓开的会议缓开，必须开的会议作好准备，缩短会议时间，能下去开的会议就下去开的精神，第一季度就减少了四次全县性的会议，需要召开的会议也缩短了召开时间。

在这个复句的第一分句里，由于中心语"精神"带了一个由四个主谓短语构成的联合短语充当的长定语，使介词"本着"同"精神"相距太远，从而使整个复句显得冗长，叫人难以卒读。全句改为：

可开可不开的会议不开，可缓开的会议缓开，必须开的会议作好准备，缩短会议时间，能下去开的会议就下去开。本着这一精神，第一季度就减少了四次全县性的会议，需要召开的会议也缩短了召开时间。

（2）把复杂的联合短语拆开，重复跟联合短语直接相配的成分，形成排比并列句式。例如：

⑨ 这出戏一开始就给观众展现了草原上欣欣向荣的大好风光和牧民群众为开辟草原牧场，架设桥梁而战斗的动人场面。

这个长单句要改短，可以拆开联合短语，将"和"改为"，"并补上"展现了"，使之成为包含两个并列分句的复句。"牧场"后的逗号宜改用顿号。

长句、短句各有修辞功能。一般说，应因需而用，该长则长，该短则短。不过，在不妨碍内容表达的情况下，还是提倡多使用短句。

二、整句和散句

整句是指由长度和结构相近的若干句子组成的言语单位，也叫均衡句；散句是指由长短不齐、结构相异的若干句子组成的言语单位,也叫错综句。

整句和散句在修辞功能上存在明显的区别。整句结构统一,形体对称,声音和谐,语气畅达,具有整齐美的特点,能够给人留下鲜明、深刻的印象。这种句式在唱词、诗歌等韵文中使用很频繁,在其他文体中也经常出现,主要用在意欲突出强调的地方。例如:

① 谁家办喜事,他登门祝贺。谁家遭不幸,他安慰周济。谁家屋漏,逢到雨季他必去检查。谁家有病人,他都去探视。(高桦《挂甲屯的爱和恨》)

② 层层的叶子中间,零星地点缀着些白花,有袅娜地开着的,有羞涩地打着朵儿的;正如一粒粒的明珠,又如碧天里的星星,又如刚出浴的美人。(朱自清《荷塘月色》)

例①是四个复句构成的句群排比。作者用这样整齐的句式,热情赞颂了彭德怀同志热爱人民、关心群众生活的深厚感情。例②的各分句内部辞格相同、结构相近、形象生动、色彩鲜明、语音柔和,不仅描绘了美好的自然风物,更传递出作者闲适陶醉的心境。

散句长短交错,结构多样。它既无须追求形式的整齐划一,也无须讲究语义的平行对称,舒卷自如,无拘无束,不仅可以避免单调、刻板的流弊,而且往往能够给人以自然灵动、富有生气之感。例如:

③ 在一个炎热的夏天中午,地头树荫下坐着一群歇晌的人,忽然从大路上老远走过来一个人,大伙挺纳闷:是谁哩,顶着这么毒的日头赶路?(柯岩《追赶太阳的人》)

例③中的句式长长短短,参差不齐,主谓句与非主谓句交错使用,陈述句与疑问句变换出现,形式多变,语气跌宕,既活泼又自然,充满生活气息。

整句和散句各有所长,但二者又各有所短。金兆梓认为:"偶句之妙在凝重,奇句之长在流利。然叠用偶句,其失也单调而板滞;叠用奇句,其失也流传而无骨"(《实用国文修辞学》)。所以,不管何处使用整句、何处使用散句,都得依据题旨和语境而定。就整篇作品来说,句子使用应当尽可能贯彻整散结合的原则。宋人吕祖谦曾经指出:"文字一篇之中,须有数行齐整处,须有数行不齐整处。"(《古文关键·看古文要法》)整散结合可以避免偏执一隅,同时可以在变化中使得整句和散句的作用得到更为充分的彰显。试看以下例子:

④ 大自然里有许多奇妙的声音,会引起不同人们听觉的兴趣。如水手喜欢听涛声,猎人喜欢听兽鸣,牧童喜欢听黄雀的歌唱,庄稼人喜欢听田禾的拔节声;至于从宋玉作《风赋》、欧阳修作《秋声赋》以来,喜欢听风雨虫鸣的人就更多了。苏东坡作亭闻雨,欣然赋《喜雨亭记》;清朝的福格一辈子喜欢听雨声,最后将他的一本笔记文学索性题名为《听雨丛谈》。最莫名其

第三节 句式的选择

妙地恐怕要数三国时"建安七子"之一的王粲,一生爱听驴叫。甚至在他死后,为了安慰他的亡魂,曹丕竟领了一伙文士,在他的墓地大学了一阵驴叫,实在是有点滑天下之大稽。(毛锜《听雪记》)

这段文字,舒徐与紧凑交替,参差与整齐相映,曲折生姿,错综成意,让人觉得美不胜收。

平时说话或写作,大多使用散句,这样语言显得自然而活泼。如果有意识地夹入一点整句,不仅可以产生音调铿锵、节奏鲜明的韵味,同时还可以产生有放有收、活而不乱的效果。而在整句使用过多的场合,适当地引用一点散句,则又可以避免呆板僵化,使话语或文章波澜起伏、富于变化。

三、主动句和被动句

主语是施事的句子叫主动句,主语是受事的句子叫被动句。从语用上看,主动句和被动句存在两点主要区别:其一,在主动句中,施事为陈述对象,通常反映已知信息;在被动句中,受事为陈述对象,通常与已知信息相联系。其二,主动句中的"把"字句,具有较为明显的处置意味;被动句中的"被"字句,则往往带有较强的被处置意味。因此,主动句和被动句的使用不是任意的,而是有条件的,尤其是"被"字句,受到更多制约,使用上尤须谨慎。不过,以下场合通常采用"被"字句:

(1) 以受事为陈述对象,且施事无须说出,或不愿说出,或无从说出,通常采用"被"字句。例如:

① 过了阴历八月十五日,正是收秋时候,县农会主席老杨同志,被分配到第六区来检查督促秋收工作。(赵树理《老杨同志》)

② 忽而一个红衫的小丑被绑在台柱子上,给一个花白胡子的用马鞭打起来了,大家才又振作精神的笑着看。(鲁迅《社戏》)

例①以"老杨"为陈述对象,且施事无须交代。例②以"小丑"为陈述对象,作者当时因走神没有看到谁是施事,无从给予说明。

(2) 需要让前后句主语保持一致,且后续句主语由受事充当。在这种情况下,通常让后续句以"被"字句形式出现。例如:

③ 小飞家原来也住在橙子家住的大院子里,1967年被强迫搬迁到现在的房子里。(吴强《灵魂的搏斗》)

④ 那瀑布从上面冲下,仿佛已被扯成大小的几缕,不复是一幅整齐而平滑的布。(朱自清《温州的踪迹·绿》)

例③前后两个分句都以"小飞家"作主语;在后面分句中,承前省略的"小飞家"是以受事身份出现,为了保持视角的一致性,只能采取"被"字句的形式。例④是个包含三个分句的复句,都是以"瀑布"为主语;该主语在第一个分句中以施事身份出现,在第二分句中以受事身份出现,在第三分句中既非施事又非受事。为了保持叙述起点的统一性,第二个分句选择了"被"字句。又如:

⑤ 一直走到紧跟前,罗盛教才看清是一位朝鲜老大娘,手里提着一盏灯。她全身都被雨水淋透了。她的嘴抿成一条线,一绺白发紧贴在额角上,雨水顺着白发流下来,她一手提着灯,一手指着自己的脚边。

"她全身都被雨水淋透了"与"雨水淋透了她全身",意思没有多大变化,并不至于造成理解上的困难,但因前后各句都是讲"她"的,所以选用了被动句式,仍以"她"作为陈述对象,使前后各句紧密相连,把重点放到描写朝鲜老大娘的外貌和动作上面,这样能够收到话题集中、意义突出和语气连贯的效果。

四、肯定句和否定句

对主语所指的人或事物做出肯定判断的句子叫肯定句,对主语所指的人或事物做出否定判断的句子叫否定句。同一意思可以用肯定句表示,也可以用否定句表示,但两者语意的轻重、强弱有别。如"今天天气好。"和"今天天气不坏。"两句的基本意思相同,可是肯定的说法语意强些,否定的说法语意弱些。"人怎能不读书?"和"人总是要读书的!",前句因有反问语气而语意比后句强些。否定句有单重否定句和双重否定句。单重否定句只有一次否定。例如:

① 这时,在我周围,已不是一个严寒的冰雪之夜,眼前忽然看见千百万盏灯火的海洋。(曹禺《我们的春天》)

② 这三千里江山已不再是孤零零的半岛,而是保卫人类和平的前哨。(杨朔《三千里江山》)

单重否定句比起肯定句来,显然语意要轻些、弱些;如果它同肯定句并用,就能用否定来衬托肯定,那么肯定的意思就会表现得十分鲜明,如例②。

双重否定句最常见的是前后连用两次否定,可以用两个否定词,也可以用一个否定词再加上否定意义的动词或反问语气。双重否定表示的是肯定的意思,它比一般的肯定句语气更强,更加坚定有力。试比较:

③ 古往今来,每一场真正的革命,都是大大推动社会生产力发展的。

④ 古往今来,没有一场真正的革命,不是大大推动社会生产力发展的。

例③是肯定句,表示一般的肯定语气。例④是双重否定句,用"没有……不是"表示十分肯定的意思。再如:

⑤ 你不能不让人乐于为你而生,勇于为你而死,为了你而奋发前进!(魏巍《战士和祖国》)

这句话如果改成"你会让人乐于为你而生,勇于为你而死……",语气就会减弱。

有的双重否定句表示委婉的语气,常用"不是不""不是没有"等。例如:

⑥ 孩子的脾气你又不是不知道。

五、常序句和变序句

按照常规顺序组成的句子叫常序句，颠倒了常规顺序的句子，叫变序句。所谓"常规顺序"主要是指："主谓结构"中主语在前，谓语在后；"动宾结构"中动语在前、宾语在后；"偏正结构"中定语或状语在前，中心语在后；"中外结构"中中心语在前，补语在后；"偏正复句"中偏句在前，正句在后。

同样的意思可以用常序句表达，也可用变序句表达，但修辞作用和效果是不一样的。

主谓倒装句主要目的是为了突出和强调谓语，这样的句子比较具有号召力和鼓舞力。例如：

① 起来，饥寒交迫的奴隶；起来，全世界受苦的人。(《国际歌》)
② 起来，不愿做奴隶的人们！(《中华人民共和国国歌》)

状中倒装，往往是为了强调状语。例如：

③ 如果我能够，我要写下我的悔恨和悲哀，为子君，为自己。(鲁迅《伤逝》)

定中倒装，是为了强调定语。例如：

④ 春天像小姑娘，花枝招展的。
⑤ 她一手提着竹篮，内有一个破碗，空的。

复句的正句和偏句倒装，主要是为了强调偏句。例如：

⑥ 正义是杀不完的，因为真理永远存在。
⑦ 他的性格，在我的眼里和心里是伟大的，虽然他的姓名，并不为许多人所知道。

六、口语句式和书面语句式

从修辞的角度看，句式内部还存在口语句式、书面语句式和通用句式的区别。口语句式指一般只在口语语体中出现的句式，书面语句式指一般只在书面语体中出现的句式，通用句式指经常在口语语体和书面语体中出现的句式。口语句式随着语言的产生而产生，属于基础性句式。书面语句式在有了文字以后才出现，属于派生句式。由于适用场合以及运用条件有了变化，它与口语句式在功能和形式上有了距离。通用句式是口语句式与书面语句式相互影响的结果，是二者相互渗透后孕生的中和物。通用句式使用较为自由，区别性特征不甚明显。

口语句式和书面语句式的区别主要表现在以下几个方面。

（1）口语句式结构比较简单、松散，多用短句；书面语句式结构比较复杂、严谨，多用长句。例如：

①看管房子的是位六十多岁的老人,叫邹文楷,身材矮小,模样儿寻常。(杨朔《海罗杉》)

②把刚下网的新鲜蟹放锅里一蒸,清汤白脑儿,紫盖红螯,剁下姜,浇上醋,谓之姜汁蟹,实在是一盘下酒的佳肴。(王润滋《卖蟹》)

③不管任何政治力量、任何个人如何设想、愿意或不愿意、自觉或不自觉,中国必须实现中华民族的伟大复兴。

例①②是口语句式,例③是书面语句式。例①选用松散的句式,一方面可以避免长定语,另一方面使邹文楷的形象更加突出,给人较深的印象。这个句子如果写成"看管房子的是身材矮小,模样儿寻常,六十多岁的老人邹文楷",就变成有书面意味的长句了。例②句式松散,从几个方面描写蒸螃蟹的情形。例③使用了较复杂的并列成分,结构整齐匀称,表达严密。

(2)口语句式要求简练,关联词语用得少甚至可不用;书面语句式因为要求严密的逻辑性,关联词语用得较多。例如:

④六月二十九,逢集,蟹子上市早,下市快,日头冒红的时候,就不见货了。(王润滋《卖蟹》)

⑤南坡庄上穷人多,(所以)地里的南瓜豆荚常常有人偷,(因此)雇着看庄稼的也不抵事,各人的东西还得各人操心。(赵树理《田寡妇看瓜》)

⑥在研究矛盾特殊性的问题中,如果不研究过程中主要的矛盾和非主要的矛盾以及矛盾之主要的方面和非主要的方面这两种情形,也就是说不研究这两种矛盾情况的差别性,那就将陷入抽象的研究,不能具体地懂得矛盾的情况,因而也就不能找出解决矛盾的正确的方法。(毛泽东《矛盾论》)

例④是口语说法,干脆不用关联词语,成分也多有省略。例⑤也是口语说法,括号里的连词,原作是没有的。虽然可以用上关联词语,但作者没用,并不会造成误解。例⑥为书面语说法,句中加着重号的关联词语如果省略不用,意思就变得和原来不一样,有的虽然大意不变,但那种强调的语气就没有了。

有些口语句式和书面语句式选用的关联词语也不同。例如:

⑦我说:"实在可惜。要是长城也懂人事,每块砖,每粒沙土,都能告诉我们一段惊心动魄的故事。"(杨朔《秋风萧瑟》)

口语句式选用"要是",书面语句式多用"倘若、假使、假若"等。

(3)书面语比较讲究语言规范,非常注意句子的加工。例如:

⑧深学政治理论知识,精学本职业务知识,勤学修身养性知识,博学其他一切有用知识。

例⑧中就是语言比较规范的书面语。

此外,口语句式和书面语句式在所运用的词语方面,也具有明显的风格色彩上的区别:口语句式大都由通俗的口语词组成,书面语句式大都由文雅的书面语词组成。

总体来说,口语句式的修辞作用主要是简洁、活泼、自然;书面语句式的修辞作用主要是严谨、周密、文雅。

以上仅谈了几种不同句式的调整选择问题。另外,句式也存在语气调整和选择的问题。例如:

⑨ 这件事情十分清楚。

⑩ 这件事情难道还不十分清楚吗?

例⑨是陈述句,语气平和、舒缓。例⑩是反问句,语气强烈、有力。

思考和练习三

一、句式选择的总的原则是什么?
二、从茅盾的《白杨礼赞》中选出适当的例子,谈谈句式选择的作用。
三、从句式选择的角度看,下列句子是哪种类型?它们有什么修辞效果?

① 那种假统一论,不合理的统一论,形式主义的统一论,乃是亡国的统一论,乃是丧尽天良的统一论。

② 抑不住的颂歌啊,尽情地唱吧! 止不住的喜泪呀,甜甜地流吧! 金子般的光辉题词啊,把各族人民团结的金桥飞架!

③ 他身材高大,面貌敦厚,眉目间透出股英武的俊气。

④ 真的、善的、美的东西总是在同假的、恶的、丑的东西相比较而存在,相斗争而发展的。

四、现代汉语的句式多种多样,除了讲到的六组,还有哪些? 举例说明它们的特点。
五、分析下面各组的原句和改句,说明它们属于哪种句式变换,再指出改句的修辞效果。

A. 原句:苏轼有"罗浮山下四时春,卢橘杨梅次第新。日啖荔枝三百颗,不辞长作岭南人"一诗,久为人所传诵。

改句:苏轼有名诗云:"罗浮山下四时春,卢橘杨梅次第新。日啖荔枝三百颗,不辞长作岭南人。"久为人所传诵。

B. 原句:他告诉将军:因为天气太热,要多喝开水,等会来了咸菜要猛吃。告诉他:下班时候要把鞋里的砂土倒干净,要不走到家就会打泡的! 还告诉他:睡觉前要用热水烫烫手脚。

改句:他告诉将军:因为天热要多喝开水,等会儿来了咸菜要猛吃;下班时候要把鞋里的沙土倒干净,要不到家会打泡的;睡觉前要用热水烫烫手脚。

第四节 辞格(一)

[目的要求]掌握比喻、比拟、借代、拈连和夸张辞格的定义、特点、分类和表达作用,明确运用这些辞格时要注意的问题,特别要分清比喻和比拟、借喻和借代的异同。

辞格也称"修辞格""修辞方式"和"修辞格式",是为提高语言表达效果而

形成的各种修饰、加工语言的特定格式。辞格是人们在长期运用语言的过程中产生和发展起来的,是人类修辞智慧的结晶。辞格多种多样,各有其特点和表达效果。不同的标准有不同的分法,从大类到小类,有同有异。陈望道先生的《修辞学发凡》将辞格分为 4 类 38 格。张弓的《汉语修辞学》将辞格分为 3 类 24 格。唐松波和黄建霖主编的《汉语修辞格大辞典》,共收录辞格 4 类 156 格(其中正式辞格 117 个,待定辞格 39 个)。根据辞格的本质特征和语用功能,这里选出常用辞格 20 个,分别加以讲析。

一、比喻

比喻就是打比方,是用本质不同又有相似点的甲事物来描绘乙事物或用甲道理说明乙道理的辞格,也叫"譬喻"。比喻里被比方的事物叫"本体",用来打比方的事物叫"喻体",联系二者的词语叫"喻词"。本体和喻体必须是性质不同的两种事物,利用它们之间某些相似点来打比方,就构成了比喻。比喻的作用有三:一是使深奥的道理浅显化;二是使抽象的事物形象化;三是使概括的东西具体化。

（一）比喻的基本类型

根据比喻的构成要素(本体、喻体、喻词)的不同,比喻可分为明喻、暗喻、借喻三大类。

1. 明喻

明喻的构成方式是本体、喻体都出现,常用"像、如、似、仿佛、犹如、有如、一般、似的"等喻词。例如:

① 一张张活泼的儿童的笑脸,像春天里娇艳的鲜花在开放。(陈国凯《代价》)

② 她们跳起舞来,简直像一阵风一样。(秦牧《中国的吉卜赛》)

喻词"一样、似的、一般、般"等有时单独放在喻体后面,有时与前面的"像、如"等组合成"像……似的""如……一般"等格式。

2. 暗喻

暗喻又叫"隐喻",本体和喻体也都出现,常用"是、变成、成为、等于"等喻词。例如:

③ 何等动人的一页又一页的篇章! 这些是人类思维的花朵。(徐迟《哥德巴赫猜想》)

④ 理性的东西所以靠得住,正是由于它来源于感性,否则理性的东西就成了无源之水,无本之木,而只是主观自生的靠不住的东西了。(毛泽东《实践论》)

暗喻虽然不用"像、如"一类的喻词,实际上比起明喻来,本体和喻体的关系更为紧密。这种比喻直接指出本体就是(或成为)喻体,二者的相似点得到了更多的强调。

3. 借喻

借喻不出现本体,或不在本句出现,而是借用喻体直接代替本体。例如:

⑤ 鲁迅在一篇文章里,主张打落水狗。他说,如果不打落水狗,它一旦跳起来,就要咬你,最低限度也要溅你一身的污泥。

⑥ 我们应当禁绝一切空话。但是主要的和首先的任务,是把那些又长又臭的懒婆娘的裹脚,赶快扔到垃圾桶里去。(毛泽东《反对党八股》)

例⑤用喻体"落水狗"来比喻挨了打的敌人,例⑥用喻体"又长又臭的懒婆娘的裹脚"来比喻长而空的文章。这种比喻以喻体代替本体,有突出本体的某种特性的作用。

上述三种比喻各有特点,下面列表(见表5-1)加以比较:

表5-1 三种比喻特点列示图

类型	形式	成分		
		本体(甲)	喻词	喻体(乙)
明喻	甲像乙	出现	像、好像、似、好比、犹如、有如、如、仿佛、像……一样(一般、似的)	出现
暗喻	甲是乙	出现	是、变为、变成、成为、等于	出现
借喻	乙代甲	不出现	(无)	出现

(二)比喻的灵活用法

比喻有各种灵活用法。根据喻词的变化,常用的大致可分为三类。

1. 没有喻词的比喻

为了适应某种话语的结构,虽然本体、喻体都出现,却可以不用喻词。例如:

① 泉边的花呀,
  有了春天才开放。
  咱们贫苦牧民哪,
  有了共产党才得解放。(蒙古族民歌)

② 让我们对土地倾注更强烈的感情吧!因为大地母亲的镣铐解除了,现在就看我们怎样为我们的大地母亲好好工作了。(秦牧《土地》)

例①没有出现喻词,而把喻体和本体排列成结构相似、互相映衬的平行句式。诗歌中常用这种比喻形式起兴。例②本体喻体直接构成同位短语"大地母亲"。有时,也可用破折号放在本体和喻体之间构成同位短语,如"我的朋友——书籍"。另外,还可以由本体喻体直接构成偏正短语,如"思想感情的潮水"。上述这类形式有人称为暗喻变式。

2. 程度不等的比喻(强喻)

本体和喻体有共同的特征,为了突出本体的这一特征,特别强调喻体的程度不如或超过本体。例如:

③ 汗珠亮晶晶,
洒遍十三陵;
一粒汗珠一颗星,
星星不如汗珠明。

④ 白玉兰花略微有点残,娇黄的迎春却正当时,那一片春色啊,比起滇池的水来不知还要深多少倍。(杨朔《茶花赋》)

这种比喻中常用"不如""不及""比……还……"等作喻词,往往借突出喻体的特性来使本体得到更有力的强调。

3. 否定方式的比喻(反喻)

这种比喻的本体事物不具有喻体事物某方面的特性。它是以反托正、相反相成。通过联想,从被否定的喻体事物的反面去体会本体事物的特征。喻词常用"不是"或"不像"。例如:

⑤ 生活可不像你做衣服,做一件不合适,扔掉再重做。

这种比喻强调本体和喻体的相异之处,前提是本体和喻体有某种相似之处,这是否定式比喻构成的基础。

有时,反喻和正喻联合运用,可形成鲜明的对比作用。例如:

⑥ 困难不是铁,不是钢,
困难是弹簧。
你强它就弱,
你弱它就强。

(三) 运用比喻要注意的问题

(1) 喻体要通俗易懂。比喻是用喻体说明本体的,如果喻体不是读者常见或熟知的,就达不到比喻的目的。例如:

*① 群众是汪洋大海,个人只不过是其中的一滴水,不,简直就是一滴水中的一个原子。

用"大海"和"一滴水"来比喻群众和个人的关系已很好,再用"原子"来比,反而让人难以捉摸。

(2) 比喻要贴切。使用者必须对喻体和本体的共同点作认真的提取。如果信手拈来、喻而不当,就会不伦不类。钱锺书在《围城》里描写苏小姐脸红的比喻就很贴切:

② 苏小姐双颊涂的淡胭脂下面忽然晕出红来,像纸上沁的油渍,顷刻布到满脸,腴映得迷人。

这个比喻不是比一个固定的事物,是在比一个变化着的事物,所以比喻本身也要求是变化的。苏小姐的脸红,从部分的红扩展到满脸都红,所以也要找一个变化着的喻体。这里用"像纸上沁的油渍,顷刻布到满脸"作比,就很贴切,具有创造性。

(3) 比喻要注意思想感情。选用什么事物打比方往往表现出作者的思想感情。例如:

③ 另外的一个匪徒,趁着这个机会,侥幸地脱了身,顺着高粱地,像兔子似的向陈家庄奔去。(峻青《黎明的河边》)

用"兔子"比喻"匪徒",具体形象地描绘了匪徒逃跑的狼狈相。

(4) 要注意区分比喻和非比喻。比如,比喻和类比形式上相同,而实质上是不同的。例如:

④ 叶子出水很高,像亭亭的舞女的裙。(朱自清《荷塘月色》)

⑤ 眼睛也像他父亲一样,周围都肿得通红,这我知道,在海边种地的人,终日吹着海风,大抵是这样的。(鲁迅《故乡》)

例④是明喻。拿荷叶和舞女的裙相比,两者是本质不同的两类事物,只有修长、艳丽相似。例⑤是类比。拿闰土的红肿的眼睛和他父亲的眼睛相比,两者是同类的事物。

(5) 运用比喻不一定拘泥于三种基本类型,多留心比喻的灵活多样用法,也是必要的。

二、比拟

根据想象把物当作人写或把人当作物写,或把甲物当作乙物来写,这种辞格叫比拟。被比拟的事物称为"本体",用来比拟的事物称为"拟体"。

比拟是物的人化或人的物化或把甲物拟作乙物,具有思想的跳跃性,能使读者展开想象的翅膀,捕捉意境,体味深意。正确地运用比拟,可以使读者不仅对所表达的事物产生鲜明的印象,而且可以感受到作者对该事物的强烈的感情,从而引起共鸣。用比拟表现喜爱的事物,可以把它写得栩栩如生,使人备感亲切;用比拟表现憎恨的事物,可以把它写得丑态毕露,给人以强烈的厌恶感。

(一) 比拟的基本类型

比拟可分为拟人和拟物两大类。

1. 拟人

把物当作人来写,赋予物以人的言行或思想感情。例如:

① 海睡熟了。大小的岛拥抱着,偎依着,也静静地恍惚入了梦乡。星星在头上眨着慵懒的眼睑,也像要睡了。(鲁彦《听潮》)

② 让高山低头,叫河水让路。

例①把"海""岛""星星"人格化,使它们具有人的思想感情、动作情态,借以表现大海由动到静的过程。例②的"高山"也会"低头","河水"也会"让路"。这两个例子都是拟人写法,借物抒情。

抽象概念也可以拟人化。例如:

③ 真理总是悄悄地走进勇敢者的心间,向他昭示智慧的魔力。

例③的"真理"是抽象概念,赋予它以人的动作后,生动活泼,形象鲜明。

2. 拟物

把人当作物来写,也就是使人具有物的情态或动作,或把甲物当作乙物写。

把人当物写。例如:

④ 那肥大的荷叶下面,有一个人的脸,下半截身子长在水里。那不是水生吗?(孙犁《荷花淀》)

⑤ 我到了自家的房外,我的母亲早已迎着出来了,接着便飞出了八岁的侄儿宏儿。(鲁迅《故乡》)

例④作者把人当作植物来写,使人的下半截身子"长在水里",跟荷梗一样,给人以壮美的形象。例⑤中的"飞"是某些动物所具有的能力,人是不会飞的,作者把宏儿当作会"飞"的鸟来描写,极言其心情急切和动作轻快。

把甲物拟作乙物的。例如:

⑥ 沙漠竟已狂虐到了这样地步,它正在无情地吞噬着一座孤立的大山!(玛拉沁夫《沙漠,我将不再赞美你》)

⑦ 时雨点红桃千树,

　　春风吹绿柳万枝。

例⑥中的"沙漠"当作生物来描写,所以能"狂虐"并"吞噬"大山。例⑦中把"时雨"这种自然景物当作染色的颜料,因此可以"点红"桃树,形象具体感人。

(二)运用比拟要注意的问题

(1)运用比拟必须是自己真实感情的流露,而感情又必须符合所描写的环境、气氛。只有对所描写的客观事物具有真情实感,才能收到良好的效果。比如《朝阳沟》里,写银环上山时是"野花迎面对我笑",下山时却是"野花对我显愁容"。同是"野花",有时对银环发"笑",有时对银环"显愁容",这是由人物的心情不同、思想感情不同所造成的。

(2)用来比拟的人和物在性格、形态、动作等方面应该具有相似或相近之点,这样才能把物写得像真正的人一般,或把人写得像真正的物一样,或把甲物写得像乙物一样。比如,在科学小品、儿童故事中常有"土壤妈妈是宽厚仁慈的""时间伯伯是矫健敏捷的""病菌小魔王是阴险恶毒的"一类写法,它们虽然都是"物",但用拟人手法去写,就都变成有声有色、活灵活现的"人",而且性格是那样鲜明、形象是那样生动!

比拟跟比喻有某些相似点,都是两事物相比,使语言表述形象化。不同点是:比喻重点在"喻",即以乙事物"喻"甲事物,甲乙两事物一主一从;比拟的重点在"拟",即将甲事物"当作"乙事物来写,甲乙两事物彼此交融,浑然一体;比喻的结构是"本体+喻体+相似点",比拟的结构是"本体+拟体的形象特征"。

三、借代

不直说某人或某事物的名称,借与它密切相关的名称去代替,这种辞格叫借代,也叫"换名"。被代替的事物称为"本体",用来代替的事物叫"借体"。

借代重在事物的相关性,也就是利用客观事物之间的种种关系巧妙地形成一种语言上的艺术换名。这样的换名可以引人联想,使表达收到形象突出、特点鲜明、具体生动的效果。

(一) 借代的基本类型

借代的方式主要有以下几类:

1. 特征、标志代本体

用借体(人或物)的特征、标志去代替本体事物的名称。例如:

① 你们这一车西瓜,也不必过秤,一百张"大团结",我们包圆儿了。(刘绍棠《紫禾妞子》)

② 他端坐在主宾席上,左边是米业巨贾李老板,右边是商界巨头马会长。在这群光头、毡帽、长衫、马褂中间,他有种鹤立鸡群的气度。(石楠《画魂——张玉良传》)

例①用"大团结"代替10元一张的人民币,因为第三套10元面额的人民币上印有表示我国各族人民大团结的图案。例②用"光头、毡帽、长衫、马褂"这些特征和标志来代替那些商界头面人物。

2. 专名代泛称

用具有典型性的人或事物的专用名称充当借体来代替本体事物的名称。例如:

③ 中国人民中间,实在有成千成万的"诸葛亮",每个乡村、每个市镇,都有那里的"诸葛亮"。

④ 在向科学现代化进军的过程中,我们多么需要奔腾驰骋的"千里马",多么需要无产阶级的"伯乐"啊!

例③中的"诸葛亮"是用来代替"有智慧的人"。"成千成万的'诸葛亮'"代替广大的有智慧、有伟大创造力的人。例④中的"千里马"用来代替人才,"伯乐"用来代替不拘一格选拔人才、知人善任的领导者。

3. 具体代抽象

用具体事物代替概括抽象的事物。例如:

⑤ 搞好菜园子,丰富菜篮子。

⑥ 马之悦鬼着哪,连替中农说几句公道话都是前怕狼后怕虎的,唯恐丢了乌纱帽。(浩然《艳阳天》)

例⑤用"菜园子"代替"蔬菜",用"菜篮子"代替"副食品"。例⑥以"乌纱帽"代替"官职"。这些都是把抽象的概念具体化、形象化了。

4. 部分代整体

用事物的具有代表性的一部分代替本体事物。例如:

⑦ 江山如此多娇,

引无数英雄竞折腰。(毛泽东《沁园春·雪》)

⑧ 我还向他们一再言明,有人敢拿百姓一针一线的,只杀勿赦。(姚雪垠《李自成》第二卷)

例⑦以"江山"代替"国家"。例⑧以"一针一线"代替"财产"。

5. 结果代原因

用某事情所产生的结果代替本体事物。例如:

⑨ 孔乙己一到店,所有喝酒的人便都看着他笑。有的叫道,"孔乙己,你脸上又添上新伤疤了!"(鲁迅《孔乙己》)

⑩ 林先生早已汗透棉袍。虽然累得那么着,林先生心里却很愉快。(茅盾《林家铺子》)

例⑨的"添上新伤疤"是被打的结果。例⑩的"汗透棉袍"是劳累的结果。

借代的方式还很多,诸如以作者代作品,以牌号、数字、动作代本体等。

(二) 运用借代要注意的问题

(1) 借体与本体的关系密切。在上下文里,作者应有所交代,使读者看到借体时,能明白本体是什么。

(2) 无论运用哪一种借代,抓准借体与本体间的密切联系,十分必要。借体一定要能代表本体,其作用才会明显突出,如用"帆"代"船"等。

(3) 借体在语境中常带有褒贬色彩。如用"诸葛亮""伯乐"等作借体,常常指代正面人物,带有歌颂、赞扬、钦佩、喜爱的感情色彩,是褒义的;而以"光头""一撮毛"等作借体往往指代反面人物,带有讽刺、谴责、蔑视、厌恶等感情色彩,是贬义的。

借代与借喻有相近的地方,都是用一事物代另一事物,但它们的性质完全不同:借喻是喻中有代,借代是代而不喻;借喻侧重"相似性",借代侧重"相关性";借喻往往可以改为明喻或暗喻,借代则不能;借喻的本体与喻体是本质不同的事物,人们要根据它们之间的相似点,通过联想把它们联系起来;借代的本体与代体之间具有实实在在的关系,而且这种关系还比较密切。

四、拈连

利用上下文的联系,把用于甲事物的词语巧妙地用于乙事物,这种辞格叫拈连,又叫"顺拈"。甲事物一般都是具体的,多数在前;乙事物一般都是抽象的,多数在后。这种辞格在一定的语言环境中可以使语言生动别致,也有含蓄、风趣、简练的修辞效果。

(一) 拈连的基本类型

拈连可分为全式拈连和略式拈连两大类。

1. 全式拈连

甲乙两事物都出现,拈连词语不可少。它像链条一样,使前后拈连在一起。例如:

① 好哇,大风,你就使劲地刮吧。你现在刮得越大,秋后的雨水就越充足。刮吧,使劲地刮吧,刮来个丰收的好年景,刮来个富强的好日子。(峻青《秋色赋》)

② 铁窗和镣铐,坚壁和重门,
　　锁得住自由的身,
　　锁不住革命的精神!
　　……

　　黄饭和臭菜,蚊蝇和虱蚤,
　　瘦得了我们的肉,
　　瘦不了我们的骨。(杨沫《青春之歌》)

例①中的"刮",是用于"大风"的,这里顺势"拈"来"连"在"丰收的好年景"和"富强的好日子"上,使不搭配的动宾结构,巧妙自然地拈连起来,生动别致地表现了美好的愿望。例②把适用于"身"的"锁"巧妙地用到"精神"上,把适用于"肉"的"瘦"巧妙地用到"骨"上,突出强调了革命战士的高尚情操和宁死不屈的大无畏精神。

2. 略式拈连

甲事物省略,或甲事物中的拈连词语省略,乙事物必须出现。只要借助上下文,省略的内容还是清楚的。例如:

③ 咚—咚—咚咚咚。声音单调吗?一点也不觉得。因为每一声咚咚都敲出对旧事物的诅咒,敲出对新生的人民共和国美好的祝愿。(萧乾《鼓声》)

④ 我只是伫立凝望,觉得这一条紫藤萝瀑布不只在我眼前,也在我心上缓缓流过。(宗璞《紫藤萝瀑布》)

例③省略了甲事物"敲出咚咚声"。例④省掉了甲事物中的拈连词语"流过"。

按照拈连的两个词语间的语法关系,拈连也可分成主谓拈连和动宾拈连两类,后一类较常用。

(二)运用拈连要注意的问题

(1)拈连要贴切自然。不能单纯注意字面上的联系,重点应从内容方面考虑,才能"拈"得自然,"连"得贴切。例如:

①夜里天冷北风急,
　班长下岗月儿西;
　手拿针线灯下坐,
　为我熬夜缝军衣;
　线儿缝在军衣上,
　情意缝在我心里。

把缝军衣的"缝"巧妙地拈连于下句,组成"情意缝在我心里",深刻表现了战士们互相帮助的革命情谊。

(2)拈连要注意甲乙两事物在语义上必须有内在联系。甲事物是乙事物的根据或条件,乙事物只有联系甲事物才能得到确切深刻的理解。例如:

②你默默地吐着丝,吐着温暖,吐着爱。在用生命织出的丝绸上,人们认识了你的价值。(马继红《蚕》)

上例将"吐丝"的"吐"字拈连下来,和"温暖""爱"临时组成动宾关系,揭示了蚕吐丝对人类的贡献。

五、夸张

故意言过其实,对客观的人、事物作扩大或缩小或超前的描述,这种辞格叫**夸张**。它对事物的某方面的特征加以合情合理的渲染,使人感到虽不真实,却胜似真实。

(一)夸张的基本类型

夸张可分为扩大、缩小、超前三类。

1. 扩大夸张

故意把一般事物往大(多、快、高、长、强……)处说。例如:

①泰山小呵天山低,
　顶天立地的向秀丽!(贺敬之《向秀丽》)

②隔壁千家醉,
　开坛十里香。

例①是描写向秀丽这个典型人物的高大形象的,意在突显她的形象"顶天立地"、高大无比。例②是一副酒家对联。上联的"隔壁"意指隔壁邻家的酒,它能使"千家"的人醉倒,极言酒味浓重;下联的"开坛"能使"十里"的人闻到香气,极言酒气香醇。

2. 缩小夸张

故意把一般事物往小(少、慢、矮、短、弱……)处说。例如:

③ 红军不怕远征难,

万水千山只等闲。

五岭逶迤腾细浪,

乌蒙磅礴走泥丸。(毛泽东《七律·长征》)

④ 可是当兵一当三四年,打仗总打了百十回吧,身上一根汗毛也没碰断。(刘白羽《无敌三勇士》)

例③把五岭山脉看作"细浪",把乌蒙山脉视为"泥丸",极言其小以显红军形象的高大。例④的"一根汗毛也没碰断"是极力强调身经百战而没受一点损伤,真可谓无敌勇士。

3. 超前夸张

在两件事之中,故意把后出现的事说成先出现的,或同时出现的。例如:

⑤ 农民们都说:看见这样鲜绿的苗,就嗅出白馒头的香味儿来了。

⑥ 阿Q在这刹那,便知道大约要打了,赶紧抽紧筋骨,耸了肩膀等候着,果然,拍的一声,似乎确凿打在自己头上了。(鲁迅《阿Q正传》)

例⑤"看见这样鲜绿的苗",就嗅出"香味",这是故意把后出现的事说成先出现的事。例⑥"拍的一声"跟"打在自己的头上"本来是同时出现的,这里是先闻其声,更加逼真地描写阿Q的紧张心情。

(二)运用夸张要注意的问题

(1) 运用夸张要以客观实际为基础,否则不能给人以真实感。鲁迅先生说:"漫画虽然有夸张,却还是要诚实。'燕山雪花大如席',是夸张,但燕山究竟有雪花,就含着一点诚实在里面,使我们立刻知道燕山原来有这么冷,如果说'广州雪花大如席',那可就变成笑话了。"

(2) 运用夸张要明确、显豁,不能又像夸张、又像事实。说"祖国大地换新颜,一天等于二十年",这是明显的夸张;但如果说"劳动三十天,胜过六十天",这就很难说是夸张还是事实了。

(3) 夸张的表现往往借助于比喻、比拟等辞格,运用时要注意表意上的一致性,防止互相抵触。例如:

举着红灯的游行队伍河一样流到街上。

天空的月亮失去了光辉,星星也都躲藏。(何其芳《我们最伟大的节日》)

诗中的"游行队伍河一样流到街上"既是比喻又是夸张,融合得非常自然。"星星也都躲藏"则通过比拟描绘和渲染了人民群众欢乐的情绪和气氛。

思考和练习四

一、分析下列各句中的比喻,指出各是哪种类型,说明它们的修辞效果。
① 人需要真理,就像庄稼需要阳光和雨露才能生长、开花、结果一样。
② 波浪"哗哗啦啦"有节奏地拍打着船舷,溅起千百朵璀璨的水花,恰似撒下一把晶莹的珍珠。
③ 生命如果是树,那么,理想是根,勤奋是叶,毅力是干,成功是果。
④ 树影再长也离不开树根,
 雁飞再远也忘不了故乡,
 人走天边也怀念祖国。
⑤ 再往下走几十级,瀑布就在我们上头,要抬头看了。这时候看见一幅奇景,好像天蒙蒙亮的辰光正在下急雨,千万枝银箭直射而下,天边还留着几点残星。

二、形式上带有"像、好像、同、如同"一类词的,有的是明喻,有的不是,根据是什么?举例说明。

三、就下面两句进行比较,说明比喻和比拟的区别在哪里。
① 满天的阳光下,一川的翡翠雕刻似的大瓜,一个个大如斗。
② 沙家店一战,把敌人打得晕头转向,一败涂地,再也不敢恋战,只有夹着尾巴冒死南逃了。

四、试就比拟的运用分析一下毛泽东的《卜算子·咏梅》的修辞效果。
五、借代也就是"换名"。为什么要"换名"?换名的方式主要有哪些?
六、举例说明拈连和比拟的区别。
七、夸张常常借助哪些辞格来加强表达效果?举例说明。
八、运用比喻、比拟、夸张辞格,以"人与自然"为题写一篇300~400字的短文。

第五节 辞格(二)

[**目的要求**]掌握双关、仿词、反语和婉曲等辞格的定义、特点、分类和表达作用,明确运用这些辞格时要注意的问题。

一、双关

在一定的语言环境中,利用语音或语义条件,有意使语句同时关顾表面和内里两种意思,言在此而意在彼,这种辞格叫双关。

恰当地运用双关手法,一方面可使语言幽默,饶有风趣;另一方面也能适应某种特殊语境的需要,使语言表达含蓄曲折、生动活泼,从而增强文章的表现力。

(一)双关的基本类型
就构成的条件看,双关可分为谐音双关和语义双关两大类。

1. 谐音双关

利用音同或音近的条件使词语或句子语义双关。例如：

① 姓陶不见桃结果，
　姓李不见李花开，
　姓罗不听锣鼓响，
　蠢材也敢对歌来。(《刘三姐》)

② 洋贵妃醉酒(《工人日报》摄影标题)

例①就"陶、李、罗"三姓与"桃、李、锣"三物同音相谐，巧妙地就姓联物，指物借意，鲜明地表现了刘三姐聪明机智、善于对歌的才能。例②"洋贵妃醉酒"是指美国夏威夷大学演出团用英语表演京剧《杨贵妃醉酒》，"洋"与"杨"谐音双关。

有些歇后语就是借同音或近音双关手法构成的。例如：

　山顶滚石头——石打石(实打实)。
　拉着胡子上船——牵须过渡(谦虚过度)。
　癞蛤蟆跳井——扑通(不懂)。
　猪八戒的脊梁——悟(无)能之背(辈)。

2. 语义双关

利用词语或句子的多义性在特定语境中构成语义双关。比起谐音双关来，语义双关更为常用。例如：

③ 新事业从头做起，
　旧现象一手推平。(理发店春联)

④ 嘿嘿，秘书长，你高兴得太早了吧，你看，我这儿还埋伏着一个车哪！
将！秘书长！从全局来看，你输了，你完了，你交枪吧！(京剧《八一风暴》)

例③是新中国成立后，有家理发店写的春联。"从头做起"和"一手推平"，语义双关。讲的是理发，实际是寄托着人民群众除旧布新的愿望，歌颂新中国，欢庆新社会。例④是剧中打入敌军的中共地下工作者张敏跟敌秘书长下棋时的一段双关语。表面上说的是下棋的事，实际上是暗指敌我双方军事斗争的形势，含蓄曲折，意味深长。

另外，用一句话关涉两个对象，即平常所说的"指桑骂槐"，也属语义双关。例如：

⑤ 秀才：莫逞能，
　　三百条狗四下分，
　　一少三多要单数，
　　看你怎样分得清。

　三姐：九十九条打猎去，
　　九十九条看羊来，

　　　　　九十九条守门口,
　　　　还剩三条狗奴才。(《刘三姐》)

例⑤中的"还剩三条狗奴才",同时关顾三条狗和给地主老财当帮凶的三个秀才。

(二)运用双关要注意的问题

(1)谐音双关和语义双关都是一语关顾表里两层含义,其中蕴含的不直接说出来的含义是表意所在,既要含而不露,又要使人体会得到其含义;如果造成误会或歧义,那就有失自然巧妙了。

(2)要注意双关内容的思想性,不要单纯追求风趣和含蓄。用双关构成歇后语时,尤应注意思想积极、健康。

语义双关和借喻不同:① 借喻是以喻体代本体,说的是喻体事物,要表达的是本体事物,是比喻与被比喻的关系,目的在于使抽象深奥的事物表达得具体、生动、简洁;② 语义双关表达的是两种意思,借一个词语或句子的意义关顾两个事物,表里意思不一,目的在于收到含蓄委婉、幽默风趣的效果。

二、仿拟

仿拟是通过仿照原有的词句篇构拟新的词句篇,使原有的词句篇与仿拟的词句篇相互映照、相映成趣的修辞手段。这种辞格给人以巧妙、机智和有趣的感觉,能产生强烈的讽刺性和幽默感。

(一)仿拟的基本类型

1. 仿词

仿词就是更换现成词语中的某个语素,临时仿造出一个新词。例如:

　　① 铡掉了一个陈世美,但他才发现这上海滩上竟还有许多"李世美""张世美""王世美"。

　　② 有些天天喊大众化的人,连三句老百姓的话都讲不来,可见他就没有下过决心跟老百姓学,其实他的意思仍是小众化。

由"陈世美"仿造出"李世美""张世美""王世美";由"大众化"仿造出"小众化"。

2. 仿句

仿句就是按照已有的句子仿造出一个新的句子。例如:

　　③ 风萧萧兮股市寒,钞票一去不复还!

这是仿照"风萧萧兮易水寒,壮士一去兮不复还!"而作,揭示了现代社会中某些股民因炒股而损失很多金钱,在幽默的调侃中凸显了这些人的辛酸痛苦。

3. 仿篇

仿篇就是对篇章或段落的仿拟,主要借助模拟经典段落或流行文体而进行

创作。例如:

④ 满纸废号码,一把辛酸泪。都云彩民痴,谁解其中味?

这是仿拟《红楼梦》词句"满纸荒唐言,一把辛酸泪。都云作者痴,谁解其中味?"而作,用于表达经常购头彩票而未中奖的彩民的无奈心态。

(二) 运用仿拟要注意的问题

(1) 运用仿拟时,要注意既然是仿,换用的部分就不宜过多,结构格式也应该与被仿者保持一致。

(2) 仿拟时,如果现成的词、句、篇不出现时,仿拟的词、句、篇应加上。

三、反语

故意使用与本来意思相反的词语或句子来表达本意,这种辞格叫反语,也叫"倒反"或"反话"。

反语的特点是:词语表里不一,但并不影响正面理解,在表达中真正起作用的是词语的反义。

(一) 反语的基本类型

反语可分为以正当反和以反当正两类。

1. 以正当反

用正面的语句去表达反面的意思。例如:

① 有几个"慈祥"的老板到菜场去收集一些莴苣菜的叶瓣,用盐卤渍一浸,这就是她们难得的"佳肴"。(夏衍《包身工》)

② "哈哈哈哈"一阵大笑,打断了沈百万的话。老宫用他那洪亮的声音,讽刺地说:"谢谢你,我的好心的沈老太爷。我们很知你的恩,很感你的德。而且对你的这份'恩德',我们是定要报的,你放心就是了。"(峻青《海啸》)

例①中的"慈祥""佳肴"是反义词语;"慈祥"实则是"凶恶","佳肴"其实是"猪食"。例②中老宫说的每句话都是反语,十分有力地揭露并讽刺了沈百万假扮好人的丑恶嘴脸。

2. 以反当正

用反面的语句去表达正面的意思。例如:

③ 几个女人有点失望,也有些伤心,各人在心里骂着自己的狠心贼。(孙犁《荷花淀》)

例③中的"狠心贼",并没有什么恶意,相反更能表现出几个女人对自己丈夫深沉的爱。

反语多用在揭露、批判、讽刺等方面,使文章富有战斗性;反语也用在风趣、幽默、诙谐等方面,使语言多有变化。在一定的语言环境中,反语比正面论述更为有力。

（二）运用反语要注意的问题

（1）反语有对待敌人的，有对待同盟者的，也有对待自己人的，要区别对待，防止滥用。例如：

① 党八股也就是一种洋八股。……我们为什么又叫它做党八股呢？这是因为它除了洋气之外，还有一点土气。也算一个创作吧！谁说我们的人一点创作也没有呢？这就是一个！（毛泽东《反对党八股》）

这里的"创作"虽然是反语相讥，但目的是提醒大家自觉地改变坏文风，用意是善良的。而上文（一）中的例②中的反语则是对待敌人的。

（2）运用反语应该力求鲜明，切忌含混。前面已经说明了正面的意思，再接着用反语，或者先反说后正说，这样就可以加强讽刺的力量，也可以使意思更为显豁。例如：

② 国民党当局对作家格外"优待"，几乎每个作家都有个特务"保护"着。一来二去，作家就被"护送"到监狱或集中营去"享受"毒刑与杀戮。（老舍《十年百花荣》）

四、婉曲

有意不直接说明某事物，而是借用一些与某事物相应的同义语句婉转曲折地表达出来，这种辞格叫婉曲，也叫"婉转"。

婉曲的特点是："意在言外，使人思而得之。"（司马光《温公续诗话》）婉曲可使读者在品味中体察所表达的本意，使认识深化、感受强烈。婉曲有时平和动听，使人乐于接受；有时曲折婉转，容易感染对方。

（一）婉曲的基本类型

婉曲可分为婉言和曲语两类。

1. 婉言

不直接说出本意，故意换一种含蓄的说法。例如：

① 周大勇说："反正我们人少，坐无形，走无踪，要打就打，要走就走，利索得很。可是老虎也说得对：'不能蛮干，蛮干，我们的鼻子和眼睛就要调换位置。'"（杜鹏程《保卫延安》）

② "你的个人问题怎么处理呀？"

"个人问题"是个"代名词"，那意思谁都知道，大姐提起这事，我脸热得发烫……（刘富道《眼镜》）

例①不直说"蛮干"就会有伤亡，而说成"鼻子和眼睛就要调换位置"。例②用"个人问题"代替婚姻恋爱问题，含蓄得体，有分寸，具有鲜明的时代特色。

2. 曲语

不直接说出本意，而是通过描述与本意相关的事物来烘托本意，也称为讳饰。例如：

③ 我们不怕死，我们有牺牲的精神！我们随时像李先生一样，前脚跨出大门，后脚就不准备再跨进大门！（闻一多《最后一次讲演》）

④ 好一个娇女！走在公路上，小伙子看呆了，听不见背后汽车叫；走在街面上，两旁买卖都停掉；坐在戏院里，观众不往台上瞧……（高晓声《水东流》）

例③加着重号的词语是描述闻一多不怕死的斗争决心。例④加着重号的词语是间接曲折地描述了"娇女"的美丽动人。

（二）运用婉曲要注意的问题

（1）婉曲话语，妙在含蓄委婉、意在言外。孙犁在《荷花淀》有一段描写四个青年妇女想去看新参军的丈夫的婉曲对话：

① 女人们到底有些藕断丝连。过了两天，四个青年妇女聚在水生家里来，大家商量：

"听说他们还在这里没走。我不拖尾巴，可是忘下了一件衣裳。"

"我有句要紧的话，得和他说说。"

水生的女人说："听他说，鬼子要在同口安据点……"

"哪里就碰得那么巧？我们快去快回来。"

"我本来不想去，可是俺婆婆非叫我去看看他——有什么看头啊！"

于是这几个女人偷偷坐在一只小船上，划到对面马庄去了。（孙犁《荷花淀》）

妇女们都不好意思直说自己要去看看新参军的丈夫，而用一些委婉的托词表达出来。

（2）婉曲的真正含义一定要让人悟得出、理解得了，最终要露出"庐山真面目"，不能使人误解或产生歧义。例如：

② 他走着，走着，路灯一盏一盏的亮了。他走着，走着，路灯又一盏一盏的灭了。（茹志鹃《丢了舵的小船》）

例中加点的词语是曲语，意思是说"走到天黑，又走到天亮"。在上下文语境中，这个含义是清楚的。

婉曲可以借用比喻的方法来表现。例如：

③ 聂耳以23岁的青春年华，过早地写下他生命的休止符。（何为《他的进军号》）

思考和练习五

一、双关的修辞作用是什么？从你读过的诗文里选出两个运用双关的例子，分析一下它们的修辞效果。

二、运用反语应力求明显,切忌含混,怎样才能做到这一点?试结合实例加以说明。

三、举例说明婉曲和反语、双关的区别。

四、下面的诗文都用了什么辞格?

① 朱毛会师在井冈,

红军力量坚又强。

不费红军三分力,

打败江西两只羊。(《红军歌谣》)

② 希望大家积极支持文字改革工作,促进这一工作而不要"促退"这一工作。(周恩来《当前文字改革的任务》)

③ 中国军人屠戮妇婴的伟绩,八国联军惩创学生的武功,不幸全被这几缕血痕抹杀了。(鲁迅《记念刘和珍君》)

④ 要不是咱们今天搞到这口袋小米,你们的行军锅就要挂起来当锣敲哩。(杜鹏程《保卫延安》)

⑤ 我妈呀,心里总想着别人,就是不想自己,老是说:咱是人民代表,只能奉献,不能索取。

⑥ 他勇敢地承认了错误——是别人的;他坦率地说出了对顶头上司的全部看法——都是优点。

第六节 辞格(三)

[**目的要求**]掌握对偶、排比、层递、顶真、回环辞格的定义、特点、分类和表达作用,明确运用这些辞格时要注意的问题,要着重分清排比和对偶、排比和层递、顶真和回环的异同。

一、对偶

结构相同或基本相同、字数相等、意义上密切相连的两个短语或句子,对称地排列,这种辞格叫对偶。

从形式上看,对偶音节整齐匀称,节律感强;从内容上看,对偶凝练集中,概括力强。它有鲜明的民族特点和特有的表现力,便于记诵,因而在抒情、叙事、议论等文章中广泛使用。

(一)对偶的基本类型

就上句和下句在意义上的联系,对偶可大致分为正对、反对、串对三类。

1. 正对

从两个角度、两个侧面说明同一事理,表示相似、相关的关系,在内容上是相互补充的,以并列关系的复句为表现形式。例如:

① 治学求深先去傲,

　　　　做人要好务存诚。
　　② 宝剑锋从磨砺出，
　　　　梅花香自苦寒来。
例①从两方面讲"去傲""存诚"对治学做人的必要性。例②从两个方面说明一个道理：理想、美好的结果是经过艰苦努力得来的。

2. 反对

　　上下联表示一般的相反关系或矛盾对立关系，借正反对照、比较以突出事物的不同本质。例如：
　　③ 斧头劈翻旧世界，
　　　　镰刀开出新乾坤。（杨益言、罗广斌《红岩》）
　　④ 理想，生活的旗帜；
　　　　实干，成功的途径。

例③是用新与旧对比的方法，概括地描绘了革命者的大任，形象具体，气壮山河。例④是从相对的两方面，说明了"理想"和"实干"的辩证关系。

3. 串对

　　上下联内容根据事物的发展过程或因果、条件、假设等方面的关联，连成复句，一顺而下，也叫"流水对"。例如：
　　⑤ 野火烧不尽，
　　　　春风吹又生。
　　⑥ 漫道古稀加十岁，
　　　　还将余勇写千篇。（王力《龙虫并雕斋诗集》）

例⑤上联表原因，下联表结果。例⑥上下联表示事物间的转折关系。

　　对偶的上句和下句，一般是两个分句，也有的是句子成分。例如：
　　⑦ 然而我的坏处，是在论时事不留面子，砭痼弊常取类型，而后者尤与时宜不合。（鲁迅《伪自由书·前记》）
　　⑧ 大历四年的冬天，寒流侵袭潭州（长沙），大雪下得家家灶冷，户户衣单。（冯至《杜甫传》）

例⑦中对偶的上句和下句以联合短语的形式充当句子的宾语。例⑧中对偶的上句和下句以主谓短语的形式作补语。

（二）运用对偶要注意的问题

　　对偶是汉语所独有的辞格，最能体现汉语的民族特点，早为广大群众所喜闻乐见。中国古代的骈体文、律诗使用对偶最多，因此对仗工整、节奏鲜明、音调铿锵、上口悦耳。其中的对偶规定很严，不仅要求字数相等、结构相同、词性一致、实虚各自相对，而且平仄也要协调，因此也叫作严对。而现代诗文使用对偶时，会为了适应内容的需要，而冲破上面的一些限制，只要字数相等、结构大致相同、声韵基本协调就可以了,因此也叫作宽对。

二、排比

把三个或三个以上的结构相同或相似、语气一致、意思密切关联的句子或句子成分排列起来,使内容和语势得以增强,这种辞格叫排比。

排比有突出表达力的功能。古人说:"文有数句用一类字,所以壮气势,广文义也。"(陈骙《文则》)说的就是排比的功用。例如:

① 生产多么需要科学!革命多么需要科学!人民多么需要科学!(秦牧《向科学技术现代化进军的战鼓》)

② 漓江的水真静啊,静得让你感觉不到它在流动;漓江的水真清啊,清得可以看见江底的沙石;漓江的水真绿啊,绿得仿佛那是一块无瑕的翡翠。(陈淼《桂林山水》)

例①是由三个感叹句构成的排比,它从不同角度强调了"科学"的重要。例②从"静、清、绿"三个方面进行排比,写出了漓江的水的特点。

(一)排比的基本类型

排比可分为句子排比和句子成分排比两类。

1. 句子排比

从句子结构上看,单句和复句(其中包括分句)都可以构成排比。例如:

① 沙漠开始出现了绿洲,不毛之地长出了庄稼,濯濯童山披上了锦裳,水库和运河像闪亮的镜子和一条条衣带一样布满山谷和原野。(秦牧《土地》)

② 处理问题必须瞻前顾后:不仅要看到眼前的,还要看到长远的;不仅要看到局部的,还要看到全局的;不仅要了解中国国情,还要了解世界局势;不仅要看到世界发展对中国的影响,还要看到中国发展对世界的影响。

例①是三个分句的排比,例②是四个分句组合(不仅……还……)的排比。

2. 句法成分排比

一般说,句子成分都可以用来排比。例如:

③ 在这里,蓝天明月,秃顶的山,单调的黄土,浅濑的水,似乎都是最恰当不过的背景,无可更换。(茅盾《风景谈》)

④ 在轻轻荡漾着的溪流的两岸,满是高过马头的野花,红、黄、蓝、白、紫,五彩缤纷,像织不完的织锦那么绵延,像天边的彩霞那么耀眼,像高空的长虹那么绚烂。(碧野《天山景物记》)

⑤ 延安的歌声,是革命的歌声,战斗的歌声,劳动的歌声,极为广泛的群众的歌声。(吴伯箫《歌声》)

⑥ 鲁迅是在文化战线上,代表全民族的大多数,向着敌人冲锋陷阵的最正确、最勇敢、最坚决、最忠实、最热忱的空前的民族英雄。(毛泽东《新民主主义论》)

⑦ 入夜,用眼望去,数十里烈焰飞腾,火龙翻滚,映得满天红,满山红,满江红。(郑直《激战无名川》)

例③是主语的排比,例④是谓语的排比,例⑤是宾语的排比,例⑥是定语的排比,例⑦是补语的排比。

(二)运用排比要注意的问题

(1)排比都是三项或更多项排列连用。排比能突出文意的重心,周密地说明复杂的事理,表达强烈奔放的感情,增强语言的气势,因此必须从内容的需要出发,不能生硬地拼凑排比的形式。

(2)排比有的是多项全举;有的是在多项之中举其要者,留有弦外之音,启发读者深思。后一种排比,句尾常用省略号。例如:

① 西去列车的这几个不能成眠的夜晚啊,我已经听了很久,看了很久,想了很久……(贺敬之《西去列车的窗口》)

(3)准确地使用提示语是提高表达效果的重要环节。例如:

② 我们搞中国特色社会主义,没有远大的理想,没有宽阔的胸怀,没有自我牺牲精神,怎么行呢?

排比与对偶是不同的:① 排比是三项或更多项的平行排列,对偶只是两项的对称并列。② 排比每项的字数可以不完全相等,对偶两项的字数必须相等。③ 排比常反复使用相同的词语,对偶力避字面的重复。

三、层递

根据事物的逻辑关系,把意义上有递升或递降的三个或三个以上的句子排列在一起,以增强表达的气势,这种辞格叫层递。 无论是递升或递降,都是层层深入的。层递借步步推进,使人们的认识层层深化,对表达的事理产生深刻的印象。

(一)层递的基本类型

层递分为递升和递降两类。

1. 递升

递升就是按照事物的发展状况排列,由小到大,由少到多,由低到高,由短到长等。例如:

① 一根火柴,它自己熄灭了,却把别人点燃起来,引起了比自己大十倍、百倍、千倍以至数万万倍的熊熊大火。

② 时间一天一天地过去,一月一月地过去,一年一年地过去,真理老人

所撒的种子,也一天一天地生长,一月一月地开花,一年一年地结果。一粒种子变成一百粒,一万粒,千万粒……(圣野《两袋种子》)

例①数量由少到多,步步递升。它通过夸张,使"一根火柴"的作用达到了顶点。例②两次用了表示时间由短到长的层递。"生长—开花—结果",反映了种子生活的规律;"一百粒—一万粒—千万粒",种子数量由少到多。两个层递深刻地揭示了"时间能变成物质财富"的道理,逻辑说明关系十分紧密。

2. 递降

递降就是按照事物的下降状况排列,由大到小、由多到少、由高到低、由长到短等。例如:

③ 他一直是魂思梦想着打飞机,眼前飞过一只雁,一只麻雀,一只蝴蝶,一只蜻蜓,他都要拿枪瞄瞄。(郑直《激战无名川》)

④ 祖国是一座花园,
　北方就是园中的蜡梅,
　小兴安岭是一朵花,
　森林就是花中的蕊。(郭小川《祝酒歌》)

例③的"雁""麻雀""蝴蝶""蜻蜓",形体由大到小,非常细致地刻画了战士想打飞机的急切心情和苦练本领的认真精神。例④的"祖国""北方""小兴安岭""森林"和"花园""蜡梅""花""蕊",交叉配合,从大到小,有条不紊,通过系列比喻描绘了祖国的秀丽可爱。

(二) 运用层递要注意的问题

层递的运用必须使事物按步步推进的逻辑关系依次排列。语言一环扣一环,内容一步紧一步;人们的认识层层深入,印象逐渐深化。

层递和排比有明显的区别:① 层递着眼于内容上的等次性(级差性),构成层递的几个语句在内容上必须是递升或递降的;排比主要着眼于内容上的平列性,构成排比的内容是一个问题的几个方面,或相关的几个问题。② 层递在结构上不强调相同或相似,往往不用相同的词语;排比在结构上必须相同或相似,往往要用相同的词语。

四、顶真

用上一句结尾的词语或句子做下一句的起头,使前后的句子头尾蝉联,上递下接,这种辞格叫顶真,也叫"联珠"。顶真是汉语传统的修辞格之一,经常出现在各种文体的文章中,有词顶真、短语顶真、句顶真等。例如:

① 严志和一见了土地,土地上的河流,河流两岸阴湿的涯田,涯田上青枝绿叶的芦苇,心上就漾着喜气。(梁斌《红旗谱》)

② 茵茵牧草绿山坡,

山坡畜群似云朵,
　　云朵游动笛声起,
　　笛声悠扬卷浪波。

　　浪波翻腾激情涌,
　　激情滚滚似江河,
　　江河流水深又长,
　　长笛伴我唱新歌。(古月《草原春早》)

　　③ 指挥员的正确的部署来源于正确的决心,正确的决心来源于正确的判断,正确的判断来源于周到的和必要的侦察,和对于各种侦察材料的联贯起来的思索。(毛泽东《中国革命战争的战略问题》)

　　④ 咱们做的事越多,老百姓就来得更多;老百姓来得越多,咱们的力量就更大;咱们的力量越大,往后的事也就更多!(欧阳山《高干大》)

例①②是词与词顶真;例③是短语与短语顶真;例④是句子与句子顶真。

顶真的修辞作用是：

(1) 议事说理准确、谨严、周密。如例③就是利用前顶后接、首尾蝉联的语句结构形式,层层推进,把正确的部署、决心、判断,周到必要的侦察,连贯的思索之间的递相依存的内在联系作了清楚的阐述。说理周密严谨,表达如行云流水,气势贯通。

(2) 抒情写意,格调清新。例②这首抒情的诗歌,借助于邻近句子的头尾蝉联,不断顶接出新的内容,环环紧扣,引人入胜,给人以形式别致、格调清新的感觉。

作为修辞方式,顶真在形式和内容两方面都给人以流畅明快的蝉联美感。

☆五、回环

把前后语句组织成穿梭一样的循环往复的形式,用以表达不同事物间的有机联系,以求得言语的趣味性,这种辞格叫回环。回环可使语句整齐匀称,能揭示事物的辩证关系,使语意精辟警策。例如：

　　① 民族文化的进步,需要文化的宽容,文化的宽容需要宽容的思想,宽容的思想能促进民族文化的发展。

　　② 群众的干劲越大,党越要关心群众生活,党越是关心群众生活,群众的干劲也会越大。

例①是短语的回环,论述了"文化的进步"和"文化的宽容"互相依存、互相促进的密切关系。例②是句子的回环,说明了党群互动的密切关系。

回环还有多项式。例如：

③ 猪多肥多,肥多粮多,粮多猪多。

回环的特点是词语"循环往复",既有密切关系,又有情趣。用回环论理,使人容易理解事物的辩证关系;用回环抒情,使人感到深情无限;用回环叙景,使人容易体会出景物间的联系。例如,李季《王贵与李香香》里有描写二人恩爱之情的回环语句,真是"情深无限"。下面加着重号的语句就是如此:

摔碎了泥人再重和,
再捏一个你来再捏一个我;
哥哥身上有妹妹,
妹妹身上有哥哥。

顶真和回环在头尾顶接这一点上相似,但又有根本上的不同。顶真是反映事物间的顺接或联结关系的,它从一个事物到另一个事物,顺连而下,其轨迹是直线形,不是递升或递降的关系(这又与层递不同),而是"从甲到乙,从乙到丙,从丙到丁"依次相递的形式。回环是在词语相同的情况下,巧妙地变换词语顺序,利用它们不同结构关系的不同含义形成回环往复的语言形式,反映从甲事物到乙事物,又从乙事物到甲事物,其轨迹是圆周形,是"从甲到乙,从乙到甲"循环往复的形式。它反映事物之间相互依存或彼此影响的关系。

思考和练习六

一、下边两句,一个用对偶手法,一个不用。试比较二者在表达效果上的不同。
　　① 为了实现四个现代化,我们应当向科学进军,不怕征途上的千难万险。
　　② 向科学进军不畏征途坎坷,
　　　　朝四化迈步何惧道路崎岖。
二、排比的修辞效果是什么?了解排比的结构形式对写作有什么好处?
三、就下面两例谈谈排比和层递的相同点和不同点。
　　① 首都人民,全体中国人民,在自己的歌声中,表明了自己的要求,自己的愿望,自己的意志,自己的力量……
　　② 后来我才体会到,这位老教师是怎样关心青年一代,关心教育事业,关心祖国的未来。
四、就下面两例说明顶真和回环的区别。
　　① 拜师不如访友,访友不如经手。
　　② 你的就是我的,我的就是你的。
五、试给下面的出句(上联)按正对、反对、串对的要求分别填出相应的对句(下联)。
　　① 靠山吃山靠水吃水
　　② 乐观者从灾难中看到希望
　　③ 江山添秀色
六、下面的句子都用了什么辞格?
　　① 时代变了,延安的歌就增加了新的曲调,换上了新的内容,歌唱革命,歌唱抗战,

歌唱生产。

② 村子靠着山,山脚下有个大龙潭,龙潭的水流到村前成了小溪,溪水碧清碧清的。

③ 走生路,生而出新;走险路,险而出奇;走难路,难而不俗。

④ 我的许多作品,尤其是剧本,差不多都得到周总理的亲切关怀。他在日理万机之中挤时间读剧本,看演出,提意见,使我深受感动和激励。

七、自拟文题,在对偶、层递、回环、排比、双关、拈连、仿词、反语等辞格中,至少选用四种来写一篇300至400字的短文。

第七节　辞格（四）

[**目的要求**]学习对比、映衬、反复、设问和反问辞格的定义、特点、分类和表达作用,明确运用这些辞格时要注意的问题,要分清对比和对偶、对比和映衬、反复和重复、反复和排比、设疑和反问的异同。

一、对比

把两种不同事物或者同一事物相反或相对的两个方面放在一起相互比较,以突出事物之间的差异的形象化修辞手段,这种辞格叫对比,也叫"对照"。对比可以使客观存在的对立统一关系表现得更加全面集中、更加鲜明突出。

（一）对比的基本类型

对比可以分成两体对比和一体两面对比两类。

1. 两体对比

把两种根本对立的事物放在一起进行对照,使好的显得更好、坏的显得更坏、大的显得更大、小的显得更小。例如:

① 有的人活着,
　他已经死了;
　有的人死了,
　他还活着。

　有的人
　骑在人民头上:"呵,我多伟大!"
　有的人
　俯下身子给人民当牛马。（臧克家《有的人》）

② 看文学大师们的创作,有时用简:惜墨如金,力求数字乃至一字传神;有时使繁:用墨如泼,汩汩滔滔,虽十、百、千字亦在所不惜。（周先慎

《简笔与繁笔》)

例①是臧克家为纪念鲁迅先生写的诗的前两节,对比鲜明,热情歌颂了"永远活在人们心里的人",严厉打击和讽刺了行尸走肉般的人。例②的"简"与"繁"形成鲜明对比。

2. 一体两面对比

把同一事物的正反两个方面放在一起来说,能把事理说得更透彻、更全面。例如:

③ 你白天是人,夜里是鬼;当面是君子,背后是小人;嘴上说得好听,心里又在捣鬼。

④ 时间是勤奋者的财富,创造者的宝库;
　　时间是懒惰者的包袱,浪费者的坟墓。

例③用同一个人的"白天""夜里""当面""背后""嘴上""心里"不同的表现,说明这个人不忠诚、不老实,阳奉阴违。例④以比喻的手法鲜明透彻地说明了时间对四种不同人的不同意义和效应。

对比的修辞作用是揭示对立意义,使事理和语言色彩更为鲜明。不同类型的对比,作用又各有特点。两体对比,揭示好同坏、善同恶、美同丑的对立,使人们在比较中得到鉴别。一体两面对比,揭示事物的对立面,反映事物内部既矛盾又统一的辩证关系,使人们全面地看问题。

(二)运用对比要注意的问题

运用对比,必须对所要表达的事物的本质矛盾有深刻的认识。对比的两种事物或同一事物的两个方面,应该确有互相对立的关系,否则是不能构成对比的。

对偶和对比不同:

① 结构上,对偶的字数、结构必须相同,而对比强调意义对立,两句的字数和结构不必相同。

② 意义上,对偶借用对称的语言形式,加强艺术感染力,而对比是为了加强语言的显明性。

二、映衬

为了突出主体事物,用正面的、类似的或相反的、相异的事物作陪衬,这种辞格叫映衬,也叫"衬托"。

(一)映衬的基本类型

映衬可分正衬和反衬两类。

1. 正衬

正衬就是利用同主体事物相类似的事物作陪衬。例如:

① 俗话说:人逢喜事精神爽。偏巧,这天又风和日暖,一路上山溪婉转,鸟语花香。莲子虽然没坐上花轿,心里依然是喜气洋洋。

② 这时候,我的脑里忽然闪出一幅神异的图画来:深蓝的天空中挂着一轮金黄的圆月,下面是海边的沙地,都种着一望无际的碧绿的西瓜,其间有一个十一二岁的少年,项带银圈,手捏一柄钢叉,向一匹猹尽力的刺去,那猹却将身一扭,反从他的胯下逃走了。(鲁迅《故乡》)

例①以景衬情,用"风和日暖""鸟语花香"等衬托莲子的喜悦的心情。例②描绘海边沙地的美丽夜景,衬托少年闰土充满活力的形象。

2. 反衬

反衬就是从反面衬托,利用同主体事物相反或相异的事物作陪衬。例如:

③ 姑娘选种麦地里,

沉甸甸麦穗打脸皮;

手理头发怨自己,

为啥长得这样低?(河南民歌《姑娘选种麦地里》)

④ 我曾亲眼看见大片大片熟透的稻子被敌人浇上汽油,烧在地里;整棵整棵苹果树挨上了炸弹,腿断腰斜,横在半山坡上。……但是就在昨天破坏的果树园里,东风一吹,满园子摆动着一片彩云似的花朵。(杨朔《春在朝鲜》)

例③用姑娘埋怨自己长得低来反衬麦子长得高,颗粒饱满,大丰收在望。例④以敌人到处烧杀轰炸,造成悲惨的情景,反衬朝鲜人民重建家园、积极建设的坚强意志。

映衬的修辞作用主要在于突出正面或反面或相异的事物的主体,表达强烈的思想感情,使文章的中心思想深化。俗话说:"红花还须绿叶扶。"有了陪衬的事物,被陪衬的事物才会显得突出,才能得到充分的说明。

(二)运用映衬要注意的问题

运用映衬要爱憎分明,要宾主有别,陪衬事物与被陪衬事物要让人一看便清楚;不要喧宾夺主,冲淡被陪衬的事物。

映衬与对比不同:映衬有主次之分,陪衬事物是说明被陪衬事物的,是用来突出被陪衬事物的;对比是表明对立事物的,两种对立的事物并无主次之分。

三、反复

为了突出某个意思、强调某种感情,特意重复某个词语或句子,这种辞格叫反复。

(一)反复的基本类型

反复可分为连续反复和间隔反复两类。

1. 连续反复

连续反复是接连重复相同的词语或句子,中间没有其他词语出现。例如:

① 盼望着,盼望着,东风来了,春天的脚步近了。(朱自清《春》)

② 周总理,我们的好总理,

你在哪里呵,你在哪里?(柯岩《周总理,你在哪里》)

例①"盼望着""盼望着"连续反复,表达了人们盼望春天早点到来的急切心情。例②中的"你在哪里呵,你在哪里?"是句子反复,表达了人民怀念周总理的深厚感情。

2. 间隔反复

间隔反复是相同词语或句子的间隔出现,即有别的词语或句子将反复的部分隔开。例如:

③ 风雪一天比一天大,人们的干劲一天比一天猛,砍下的毛竹一天比一天堆得高,为竹滑道修的架在两座高山之间的竹桥,也一天比一天往上长。(袁鹰《井冈翠竹》)

④ 雪降落下来了,像柳絮一般的雪,像芦花一般的雪,像蒲公英的带绒毛的种子在风中飞,雪降落下来了。(郭风《松坊溪的冬天——写给孩子们》)

例③中的"一天比一天"是短语的间隔反复,例④中的"雪降落下来了"是句子的间隔反复。

间隔反复不仅可以隔着句子,有时甚至可以隔着段落,或者整个诗节。

有时连续反复和间隔反复交错使用,能够较好表现感情由一般到强烈的发展变化。例如:

⑤ 沉默呵!沉默呵!不在沉默中爆发,就在沉默中灭亡。(鲁迅《记念刘和珍君》)

(二)运用反复要注意的问题

反复具有突出思想、强调感情、分清层次、加强节奏感的修辞效果。因此,它可运用于各种文体中。在说理文、记叙文中运用反复,能起到加强论点、分清条理的作用;在文艺作品特别是诗歌中运用反复,能表现强烈深挚的思想感情,起到强调主题思想、增强旋律美的作用。

间隔反复往往与排比合用。从句式看是排比,从语句看是反复,这是两种辞格的兼用现象。

反复与排比综合运用,既可使表达的意思更加突出,又能使气势更加磅礴。反复与排比的区别是:反复着眼于词语或句子字面的重复,排比着眼于结构相同或相似、意义相近、语气一致;反复的修辞作用是突出情感,排比的修辞作用是增强气势。

反复和重复不同。重复是一种语病,使人感到内容贫乏,语言累赘;反复则是一种常用的修辞手段。运用反复,是为了突出要表达的中心意思,强调感情。如果没有充实的内容、强烈的感情,而一味地采用反复的形式,就只能造成重复累赘。

四、设问

无疑而问,自问自答,以引导读者或听者注意和思考问题,这种辞格叫设问。 设问也就是明知故问。例如:

① 是谁创造了人类世界?是我们劳动群众。(《国际歌》)

② 竺可桢走北海公园,单是为了观赏景物吗?不是。他是来观察物候,作科学研究的。(白夜、柏生《卓越的科学家竺可桢》)

例①作者用设问句引起读者注意和思考,随后自己作答,使读者领会作者的正确结论。例②是为了引起人们思考,故意向读者提出问题。

根据内容的需要,设问可以采取连用的形式。例如:

③ 科学技术是第一生产力。没有科学技术的发展,能有社会的进步吗?没有社会的进步,能有人民的幸福吗?没有人民的幸福,能有国家的安宁吗?答案显然是肯定的。

④ 是我眷恋那残忍的战斗吗?

不,在战争中我每天都盼望着胜利。

是我不喜欢这和平的国土吗?

不,我喜欢,我爱,我感激。

是我讨厌这山中的景色吗?

不,初来的时候我也有很好的兴致。

只是我永远永远不能忘记,

我曾经而且今天还是一个战士。(郭小川《山中》七)

例③连用三个设问,最后引出答案从而使语言表达步步深入、发人深省。例④连续运用设问句,边问边答,逐层剖析,最后点明题旨。

设问是一种应用较广的辞格。有的文章直接用设问作标题,既能吸引读者,又能启发读者思考,使他们能更好地领会文章的中心思想;有的用在一段或一节文章的开头或结尾,能起到承上启下的过渡作用。至于在说理文章中,为了使论证深入,在关键性的内容上,设问说理,更是行之有效的办法。归结起来,设问的作用是:提醒注意,引导思考;突出某些内容,使文章起波澜、有变化。

总之,设问要用得恰到好处,要用在必要的地方和必要的时候,要有针对性和启发性。

五、反问

用疑问的形式表达确定的意思,无疑而问,明知故问,这种辞格叫反问,又叫"激问"。 反问只问不答,把要表达的确定意思包含在问句里。否定句用反问语气说出来,就表达肯定的内容;肯定句用反问语气说出来,就表达否定的内容。例如:

① 这不对吗?我不该得到点什么吗?没说不该。可我为什么活得恐慌,就像个人质?后来你明白了,你明白你错了,活着不是为了写作,而写作是为了活着。(史铁生《我与地坛》)

从上例可以看出,句子虽是反问,可意思是确定的。同平铺直叙的表达比较起来,反问这种说法语气强烈,加重了语言的力量,能激发读者的感情,给读者造成深刻的印象。

反问连用时,表达的思想内容更深厚,语气更强烈。例如:

② 在旧社会,多少从事科学文化事业的人们,向往着国家昌盛,民族复兴,科学文化繁荣。但是,在那黑暗的岁月里,哪里有科学的地位,又哪里有科学家的出路!(郭沫若《科学的春天》)

设问和反问都是无疑而问,但是有明显的区别:设问是有问有答,或自问自答,或问而让对方思考答案;反问明确地表示肯定或否定的内容,寓答于问,有问无答。设问主要是提出问题,引起注意,启发思考;反问则主要是加强语气,用确定的语气表明作者的思想。例如:

③ 朋友们,当你听到这段英雄事迹的时候,你的感想如何呢?你不觉得我们的战士是可爱的吗?你不以我们的祖国有着这样的英雄而自豪吗?(魏巍《谁是最可爱的人》)

例③是设问和反问连用。首先使用设问:感想如何?引人注意,提请思考;接着连用两个反问句暗示出答案:战士可爱,战士是英雄。文意有起有伏,语势更加强劲。

思考和练习七

一、对比与映衬有什么不同?指出下列句子里对比、映衬的表达作用。

① 我急急走前几步伏在他身上,叫着、喊着。灶膛里火光熊熊,他的身体却在我的胸前渐渐变冷了。

有的人死在战场上,有的人死在酷刑下,而我们的钱班长却死在他的岗位上——锅灶前。

② 老三界是我们长征中所走过的第一座难走的山。但是我们走过了金沙江、大渡河、雪山、草地以后,才觉得老三界的困难比起这些地方来,还是小得很。

二、就下面例句说明反复与重复的区别。

①他说的是沙漠里的胡杨树。"没有滴水它居然能活上一千年,终于枯死后又挺挺地站立一千年,倒下后不散架不朽腐又是一千年!"

②平淡的生活,平静的心情,平和的脾气,平淡的话语。

三、什么是设问?设问和一般的疑问句有什么不同?试从形式和效果上加以比较说明。

四、下列文句都用了什么辞格?

①言简意赅,是凝练、厚重;言简意少,却不过是平淡、单薄。

②杨嗣信艰难地翻了个身,转脸眺望着窗外。夜空阴云密布,看不见一颗星星。可他那颗跳跃的心却是明亮的。

③苏州城里,有不少这样别致的小街小巷:长长的,瘦瘦的,曲曲又弯弯;石子路面,经过夜雾洒过,阵雨洗过,光滑、闪亮。在它的旁边,往往淌着一条小河,同样是长长的,瘦瘦的,曲曲又弯弯。

④是云?是雾?是烟?还是沙漠中常见的海市蜃楼的幻影?还是翻译同志眼尖,脱口而叫着"骆驼!骆驼!"

第八节 辞格的综合运用

[**目的要求**]掌握辞格综合运用的基本类型和表达作用,学会分辨辞格的连用、兼用和套用,了解辞格综合运用应注意的问题。

一组语句里,同时使用几种辞格,这种现象就是多种辞格的综合运用。辞格的综合运用可以收到多重修辞效果。辞格常见的综合运用有连用、兼用、套用三种基本类型。

一、辞格的连用

辞格的连用是指在一段文字中的接连使用几个同类辞格或异类辞格,有如 甲 乙 丙 。辞格的连用可分为以下两种情况。

(一)同类辞格连用

例如:

①一个人就像一个分数,他的实际才能好比分子,而对自己的估计好比分母;分母愈大,则分数的值愈小。(列夫·托尔斯泰语)

②桃花听得入神,禁不住落下了几点粉泪,一片一片凝在地上。小草听得大醉,也和着声音的节拍一会倒,一会起,没有镇定的时候。

例①是连用总分式比喻,第一分句是总比,第二三分句是分比,最后两个分句点明"估计"与"才能"的辩证关系。例②是比拟连用,把"桃花""小草"人格化。

(二)异类辞格连用

例如:

①　摇动的车轮,旋转的锭子,争着发出嗡嗡嘤嘤的声音,像演奏弦乐,像轻轻地唱歌。(吴伯箫《记一辆纺车》)

②　春天像健壮的青年,有铁一般的胳膊和腰脚,他领着我们上前去。(朱自清《春》)

以上两例是异类辞格连用。例①是比拟和比喻连用,绘形绘声,具有美的形象。例②是异类辞格(比喻和比拟)连用"像健壮的青年,铁一般的胳膊和腰脚"是比喻,"领着我们上前去"是比拟。

具有不同修辞效果的辞格前后配合,交错使用,互补互衬,珠联璧合,可以把思想内容表达得更加丰富多彩、更加鲜明有力。

二、辞格的兼用

辞格的兼用是指一句话同时兼用多种辞格,也叫"兼格",有如 甲乙 。 兼格从这一角度看是甲格,从另一角度看是乙格。一身多用,你中有我,我中有你,浑然一体,修辞效果突出。例如:

①　真正的铜墙铁壁是什么?是群众,是千百万真心实意地拥护革命的群众。

②　英雄门第出英雄,英雄来自群众,
　　光荣人家增光荣,光荣属于人民。

例①是设问和比喻的兼用。作者运用设问的同时巧妙地融进了本体和喻体的关系。例②兼用了对偶、顶真、反复辞格,突出了英雄出自群众,光荣归于人民的观点。

恰当地运用兼格,可以使多种修辞效果相得益彰、多姿多彩,从多方面为文章的表达增添文采和力量。有的兼格是表现形式上的再加强,如排比兼顶真;有的兼格则是表达形式和思想内容的双管齐下、兼取并得,如对偶与对比的兼用、设问与排比的兼用等。辞格在运用时需要相互借助,是形成兼用的原因。有些辞格之间关系密切,因而它们相互兼用的机会格外多,如比喻和比拟、比喻和夸张、对偶和对比、排比和反复、排比和设问、排比和映衬等。

三、辞格的套用

辞格的套用是指一种辞格里又包含着其他辞格,分层组合,形成大套小的包容关系,有如 甲乙 。 例如:

①　看吧,狂风紧紧抱起一层层巨浪,恶狠狠地将它们甩到悬崖上,把这些大块的翡翠摔成尘雾和碎末。(高尔基《海燕》)

②　一站站灯火扑来,像流萤飞走,

一重重山岭闪过,似浪涛奔流……(贺敬之《西去列车的窗口》)

例①是比拟里套用了比喻。整个句子是比拟(拟人),而其中的"这些大块的翡翠"是比喻"一层层巨浪"的。由于比拟里套用了比喻,所以作者强烈的憎恨之情跃然纸上,起到了寓情于物的修辞效果。例②是对偶里套用了比喻,比喻里又套用了比拟。第一个层次是对偶;对偶的上句和下句分别由比喻构成,为第二个层次;比喻的本体"一站站灯火扑来""一重重山岭闪过"又是比拟,为第三个层次。由于三种辞格有层次地运用在一个句子中,所以效果上给人以层出不穷、形象逼真之感。再如:

③ 大理花多,多得园艺家定不出名字来称呼。大理花艳,艳得美术家调不出颜色来点染。大理花娇,娇得文学家想不出词句来描绘。大理花香,香得外来人一到这苍山下,洱海边,顿觉飘飘然不酒而醉。(曹靖华《春城飞花·点苍山下金花娇》)

④ 桃树、杏树、梨树,你不让我,我不让你,都开满了花赶趟儿。(朱自清《春》)

例③作者以排比形式表达了大理花的无与伦比,各排比分项又分别用顶真形式赞美了大理花的品种、花色、花形、花香几方面,而各顶真形式的蝉联部分再以夸张形式对上述几方面给以渲染。整段文字的辞格结构形式是:排比(第一层次)包容着顶真(第二层次),顶真再含着夸张(第三层次)。例④从总体上看是拟人,其中的"你不让我,我不让你"却是回环。

辞格套用的形式多种多样,异类辞格可以套用,同类辞格也可套用。

套用的修辞效果是:几种辞格灵活组合,形成一体,使大层次辞格得以借力发挥,使小层次辞格得以依托挂联,既各得其所,又互相配合,从而使整段文字的表达更加严密细致,更加有文采、见活力,也更加富有变化和表现力。

分析辞格的综合运用时,要注意以下几点:(1)要从把握思想内容的整体入手,弄清各种辞格在一个统一体中的相互关系;(2)同一表达形式,由于分析角度不同,可能分析出不同辞格来,应该根据表达的思想内容和语境来定,不能因强调一种辞格而忽视和否定另外辞格的存在;(3)辞格综合运用形式往往有主次之分和隐显之别,应该注重突出主要辞格的作用。

思考和练习八

一、辞格的综合运用有哪些形式?它们的修辞效果是什么?试举几个综合运用的例子,分析它们的类型和表达效果。

二、从综合运用的角度分析下文的辞格。

① 那黄河和汶河又恰似两条飘舞的彩绸,正有两只看不见的大手在要着;那连绵不断的大小山岭,却又像许多条龙灯一齐滚舞。——整个山河都在欢腾着啊!

② 书山有路勤为径,

　学海无涯苦作舟。

③ 由谁来教育文艺工作者,给他们以营养呢？马克思主义的回答只能是:人民。人民是文艺工作者的母亲。

④ 这种感情像红松那样,根深蒂固,狂风吹不动,暴雨浸不败,千秋万载永不凋谢。

⑤ 在古老的年代,玛瑙河对岸是一片森林,森林边上的村落里,有一个名叫米拉朵黑的年轻人,他是一个出色的猎手。

　论力气,米拉朵黑能和黑熊摔跤。

　论人才,米拉朵黑像天神一般英俊。

　论性情,米拉朵黑像一个温柔的少女。

⑥ 东方白,月儿落,

　车轮滚动地哆嗦。

　长鞭甩碎空中雾,

　一车粪肥一车歌。

⑦ 好！黄山松,我大声为你叫好,

　谁有你挺得硬,扎得稳,站得高！

　九万里雷霆,八千里风暴,

　劈不歪,砍不动,轰不倒！

三、试以"我心中的长城"为题,运用辞格连用、兼用、套用的形式写一篇400字左右的短文。

四、有人把连用、兼用、套用的综合运用形式叫"混用"。你对此有什么看法？

第九节　语　　体

[**目的要求**]理解语体的概念,掌握公文语体、政论语体、科技语体和文艺语体的主要特征,并能运用于实践。

语体是为了适应不同的交际领域的需要,长期使用特定的语言材料而形成的语文体式,它是修辞规律的间接体现者。人们的交际范围是广泛的,语体是为了满足一定交际的需要而产生的。社会性是语体产生的条件,言语性是语体存在的根据,语体为人们的特定交际活动提供了语用框架。语体的分类是多种多样的。根据交际目的的不同,语体可分为公文语体、科技语体、政论语体、文艺语体。

一、公文语体

公文语体也称事务语体,是公文的语言表达体式,是为适应事务交往目的而形成的。因此,公文语体与复杂的社会生活有着密切的联系。公文指适用于机关、团体联系事务的通用公文和专用公文,它包括机关团体的文件、法令、条约、照会、公报,包括社会团体和企事业单位的合同、规章、协议书、计划、调查报告等形式。叶圣陶在《公文写得含糊草率的现象应当改变》[①]一文中明确指出:"公文不一定要好文章,可是必须写得一清二楚,十分明确,句稳词妥,文体通顺,让人家不折不扣地了解你说的是什么。""公文就该尽可能写得简而得要。"一般认为,明确性、简要性和规格性是公文语体最重要最根本的要求。

明确性指公文语体所要求的时间、地点、数量、范围等方面必须写得十分肯定明确,避免发生歧义和误解。

简要性指公文语体的内容必须扼要、清楚、通顺,要指出问题和争论之所在,不能废话连篇、离题万里。

规格性指公文语体有比较固定的格式,不能随意更改。比如命令、通报、决议之类,其标题、编号、发文日期都有一定的格式。

公文语体在语言运用上有以下几个方面的特点:

(一) 公文语体使用的词语

1. 多用专用词语、文言词语

公文语体中,专用词语是大量的。如"遵照""承蒙""任免""审核""特此通报""予以查处"等。有些文言词语也已成为现代公文语体的专用词语。如"兹因""欣悉""值此……之际""如下"等。不宜用口语词或歧义词语。

2. 多用"的"字短语、介词短语和联合短语

"的"字短语的作用相当于名词,它具有更概括的意义,如"情节严重拒不交代""违反规定私自出售的"等。介词短语和联合短语也大量应用,以适应公文语体的明确性和简要性,如"关于党的建设的几个问题""调查、保护和合理利用地表水、地下水资源"等。

(二) 公文语体使用的句式

公文语体要求句法完整严谨,主要使用陈述句和祈使句。陈述句式常用助词"了"表示完成动态,或用肯定与否定的判断句式。《中华人民共和国宪法》《中华人民共和国婚姻法》用的几乎全是陈述句。祈使句式常用命令、禁止、请求等语气。《关于党内政治生活的若干准则》《中华人民共和国环境保护法》中,除用陈述句外,其余大多为祈使句。其他公文当然也用祈使句,如"望照此办理""不得有误""当否,请批复"。

(三) 公文语体的修辞方式

公文语体较少用口语句式,而较多运用常式单句、并列复句和文言句式。如"为祖国的四化建设而贡献力量",就是古汉语遗留下来的句法格式。

---

① 《人民日报》1957年7月8日第8版。

在运用辞格上,公文语体很少运用比喻、比拟、夸张、双关、婉曲,有时选用对偶、反复、排比等。

在篇章结构上,公文语体有严格的规格要求。公文通常在起首一行中间写明文体名称,如"布告""命令",同行右侧写行文字号;第二行起为正文,正文末常写"此布""现予公布";末行写发文机关名称或首长姓名、日期。

公文语体在长期使用过程中,根据使用场合的不同形成一些固定的格式,如政府文件、规章制度、合同都有一定的格式。

公文语体在语言材料和修辞方式的选用方面都具有自己的特点,这就形成了公文语体简明、准确、平实、严肃的风格。

二、科技语体

科技语体是适应科学技术的内容、范围交际需要而形成的,是记载、传播社会科学和自然科学研究成果的书面语言表达体式。它是为科学技术的研究、发展和普及服务的,随着科学技术的产生而产生、发展而发展。

科技语体可分为专门科技语体和通俗科技语体。专门科技语体指专著、科学论文、科学报告、科技教材、实验报告、技术标准以及读书笔记等用的语体。通俗科技语体主要指一些普及性的通俗科技读物(如竺可桢的《向沙漠进军》、茅以升的《中国石拱桥》、李四光的《人类的出现》等)用的语体。

专门科技语体最重要和最根本的要求是精确性和严密性,不追求艺术美。专门科技语体在语言运用上有以下几个方面的特点:

(一)专门科技语体使用的词语

1. 大量运用专业术语

专门科技语体大量运用术语,因为术语表意单一而精确,这是科技语体在运用语言上的一大特色。但是,有时同一术语在不同的科学领域中含义又不一样,需要注意分辨。如"形态""结构""功能"等,在语言学和生物学中含义就不同。"高潮"这一术语,在天文学上是指"在潮汐的一个涨落周期内,水面上升达到的最高潮位,也称满潮",而在戏剧中则是指"戏剧的高潮,即全剧最紧张的一点,最完整地表现了剧作家心目中现实的发展规律"。

2. 不断吸取外来词和国际通用词

外来词和国际通用词中很大一部分用来表达确定的科学概念,意义单一它们通过"音译""音译兼意译""借形"等方式进入汉语,丰富了汉语词汇,如"加仑""有机""无机""欧姆""抗生素""原子""细菌""克隆"等。

(二)专门科技语体使用的句式

专门科技语体使用的句式比较单一。所谓单一是指句式严整而少变化。论述的逻辑性要求文中的句子具有完整性。从句类看,主要是使用陈述句,有时也用疑问句,基本不用感叹句和祈使句;从句型看,多用主谓句,一般不用省略句和倒装句。专门科技语体还大量运用复句,特别是多重复句,并且十分注重关联词语,因为它们能准确严密地表达丰富而复杂的内容。

(三) 专门科技语体的修辞方式

专门科技语体要求语言表达上准确、严密、简洁,不追求语言艺术化,所以在辞格的选用方面有很大的局限性,很少用比喻、映衬、反语、夸张、排比等。

与专门科技语体相比,通俗科技语体在语言运用上的特点是:通俗科技语体是向非专门人员和不大熟悉某一科学的人深入浅出地介绍某门科学知识的,在词语方面一般少用专门术语,往往以日常口头词语来代替,句式比较灵活多样。有时还运用比喻、比拟、对偶、排比、引用等辞格,以增强广大读者的兴趣。

专门科技语体是面对专家的,通俗科技语体是面对大众的。二者由于交际对象和交际目的不同,在语言材料和修辞方式等方面的选用上存在着明显的差别,表现出不同的语言风格。专门科技语体的风格是深奥、精确、严谨,通俗科技语体的风格是浅显、明快、平实。

三、政论语体

政论语体也称宣传鼓动语体或时评语体,是政论性文章的语言表达体式,是为适应社会政治生活领域的交际需要而形成的。政论语体与社会生活的各个方面有广泛而直接的联系,通过对社会政治生活中各类问题的论述,对人民群众起着宣传鼓动的教育作用。政论语体包括社论、时评、宣言、声明、新闻报道、文艺批评、思想杂谈等。

政论语体有强烈的宣传鼓动性和严密的逻辑性,这是它的主要特征。所谓强烈的宣传鼓动性,就是政论语体观点明确、旗帜鲜明、思想感情倾向明显。所谓严密的逻辑性,就是政论语体论证问题是采用逻辑思维兼顾形象思维的方法,把科学的论证和形象的描绘结合起来,使论点突出,论据充分有力,论证周到严密,以理服人。

政论语体在语言运用方面有以下几个方面的特点:

(一) 政论语体使用的词语

1. 具有广泛性

政论内容所涉及的领域很多,因而在词语的运用上也很广泛。首先是较多地运用政治性词语,如"民主、自由、制度、政党、社会主义、资本主义、超级大国、多极世界"等;也可运用带有感情色彩的褒贬词语,如"可贵、崇高、优秀、精华、侃侃而谈、恶劣、后果、奉承、狡猾、夸夸其谈"等;还可运用文言词语和熟语等。

2. 不断吸收新词语

政论语体具有宣传鼓动功能,因此对社会的发展变化有极大的敏感性。新生事物不断出现,新的词语也就不断产生,如"双赢、高铁、融媒体、云计算、人工智能、新质生产力"等。这些新词语都会在政论语体中得到及时反映。政论语体使用词语不太受限制。

(二) 政论语体使用的句式

与文艺语体相比,政论语体在句类的选择上较多运用陈述句、祈使句;从句型上看,主要运用主谓句,还较多运用复句,尤其是多重复句。这些句式的选用都是服从表意的需要。

(三) 政论语体使用的修辞方式

政论语体经常运用谚语、歇后语、俚俗语等;在句式选择方面,长句、短句可并用,但较多使用长句;在辞格选择方面,它较多运用比喻、比拟、借代、设问、排比、对偶、对比、反问等。

政论语体在语言材料和修辞方式的选择、应用上是比较多样化的。它的总体风格是庄重、严谨、雄健,另有谐趣的一面。

四、文艺语体

文艺语体也称艺术语体,是文艺作品中的语言表达体式,它是通过艺术形象来反映社会生活而形成的语文体式。在运用语言的声音、意义、色彩和结构等方面,文艺语体努力追求艺术化,给人以美的教育和享受。

(一) 文艺语体的语言特征

文艺语体的语言具有形象性和情感性,这是区别于其他语体的主要特征。

1. 形象性

文艺创作运用的是形象思维,所以文艺作品的语言必须是形象的,带有描绘色彩。例如:

① 枝上歇着一对黑色的八哥,背着月光,向着帘里。一只歇得高些,小小的眼儿半睁半闭的,似乎在入梦之前,还有所留恋似的。那低些的一只别过脸来对着这一只,已缩着颈儿睡了。(朱自清《月朦胧,鸟朦胧,帘卷海棠红》)

② 看!
　我年轻的共和国!
　你
　　身披
　　　灿烂的锦绣,
　满怀
　　胜利的鲜花!
　一手——

>　　挥动神笔,
>
>　　　　一手——
>
>　　　　　　扬鞭催马!(贺敬之《十年颂歌》)

例①把一对"黑色的八哥"描绘得活灵活现。它们是"背着月光""向着帘里""小小的眼儿半睁半闭";另一只是"别过脸来对着这一只","已缩着颈儿睡了",状形绘色,惟妙惟肖。例②用诗的语言塑造了"年轻的共和国"美妙动人的形象,用"鲜花"来表示我们伟大祖国十年间的巨大成就,用"扬鞭催马"表示阔步向前。

2. 情感性

文艺语体常常广泛地运用各种表情手段,抒发感情,引人共鸣。例如:

>　　③ 江水沉凝,青山肃立,
>
>　　　　万木俯首,星月不移……　　(李瑛《一月的哀思》)

例③是"借景抒情",借助对"江水""青山""万木""星月"的描写来描绘肃穆的景象,又用拟人方式描绘"青山"和"万木"的"肃立"和"俯首",抒发了诗人悼念逝者的沉痛心情。

(二)文艺语体的类别

文艺语体可分为散文体、韵文体和戏剧体三类,它们各具特点。

1. 散文体

散文体指小说、散文和特写等用的语体。它在语言运用方面的主要特点是多样化,散行排列,不严格讲究韵律。

散文体在语言材料和修辞方式的选择上异常广泛,几乎不受什么限制。它讲求句子连贯流畅,着重叙述和描绘事物,句式错落,辞格不拘,凡有助于加强形象性、情意性的修辞方式都可以运用。因此,散文体的风格主要是繁丰和藻丽,如茅盾的小说《春蚕》和朱自清的散文《春》。这里各摘录一个片断如下:

>　　① 那一片桑树背后就是稻田。现在大部分是匀整的半翻着的燥裂的泥块。偶尔也有种了杂粮的,那黄金一般的菜花散出强烈的香味。那边远远的一簇房屋,就是老通宝他们住了三代的村坊,现在那些屋上都袅起了白的炊烟。

>　　② 雨是最寻常的,一下就是三两天。可别恼。看,像牛毛,像花针,像细丝,密密地斜织着,人家屋顶上全笼着一层薄烟。树叶子却绿得发亮,小草也青得逼你的眼。傍晚时候,上灯了,一点点黄晕的光,烘托出一片安静而和平的夜。乡下去,小路上,石桥边,撑起伞慢慢走着的人;还有地里工作的农夫,披着蓑,戴着笠。他们的草屋,稀稀疏疏的在雨里静默着。

2. 韵文体

韵文体指文艺语体中讲究用韵的一种分语体,包括诗歌、词曲和快板等。韵文的语言非常讲求韵律和节奏,具有节奏鲜明与韵脚和谐的韵律特征。

由于韵律需要,韵文在用词和造句等方面具有灵活性。它的风格主要是韵趣、含蓄。例如:

③ 好花人自爱,
洁白且芳芬。
清香已入万家心,
笑看咒花人。　　　(《天安门革命诗文选》)

④ 响起来——
响起来——
响起来吧——
　我们无产者大军的
　震天的号声!
敲起来——
敲起来——
敲起来吧——
　我们革命人生的路上
　这嘹亮的晨钟!(贺敬之《雷锋之歌》)

例③是一首卜算子的上阕,二、四两句应该同韵,第二句末尾的"芳芬",是为了与第四句末尾的"人"押韵,有意把"芬芳"颠倒了。例④是两个主谓倒装的句子。三个"响起来"是"号声"的谓语,三个"敲起来"是"晨钟"的谓语。它们反复出现,都是为了强调和突出谓语,同时主语后置也正好便于押韵。

为了突出韵文的节奏,句中可以增加衬字,可以变动常规句式。例如:

⑤ 多少年来多少代,
　盼那铁树把花开。(阮章竞《妇女解放歌》)

它的节奏是:

多少—年来—多少—代,
盼那—铁树—把花—开。

其中的"来"就是衬字,组成"年来"与下句的"铁树"形成音节整齐美。"把"字句中的动词一般不能是单音节的(唱词例外),这里为了押韵可以把"开花"变成"把花开"。

3. 戏剧体

戏剧体指话剧、歌剧和地方戏等用的文体。戏剧的语言特点是讲求个性化,口语色彩浓。个性化是指剧中人物的语言要具有鲜明突出的性格特征,用语必须充分注意人物的年龄、职业、生活习惯、社会地位、文化修养等个性特征。口语色彩浓是指剧中人物对话的语言最接近日常口语,朴素自然,简单易懂。戏剧的语言常常是借助人物的活动来表现其个性特征的。戏剧体的语言风格主要是通俗明快。例如：

⑥ 鲁大海　哼，你的来历我都知道，你从前在哈尔滨包修江桥，故意叫江堤出险……

周朴园　（厉声）下去！

仆人们　（拉大海）走！走！

鲁大海　（对仆人）你们这些混账东西，放开我。我要说，你故意淹死了两千二百个小工，每一个小工的性命你扣三百块钱！姓周的，你发的是绝子绝孙的昧心财！你现在还——

周　萍　（忍不住气，走到大海面前，重重地打他两个嘴巴）你这种混账东西！

〔大海立刻要还手，但是被周宅的仆人们拉住。

周　萍　打他！

鲁大海　（向周萍高声）你，你！（正要骂，仆人们一起打大海。大海头流血。鲁妈哭喊着护大海）

〔仆人们一齐打大海，大海流了血。

周朴园　（厉声）不要打人！

〔仆人们停止打大海，仍拉着大海的手。

鲁大海　放开我，你们这一群强盗！

周　萍　（向仆人们）把他拉下去！

鲁侍萍　（大哭起来）哦，这真是一群强盗！

（走至周萍面前，抽咽）你是萍，——凭，——凭什么打我的儿子？

周　萍　你是谁？

鲁侍萍　我是你的——你打的这个人的妈。

鲁大海　妈，别理这东西，小心吃了他们的亏。

鲁侍萍　（呆呆地看着周萍的脸，忽而又大哭起来）大海，走吧！我们走吧！（抱着大海受伤的头哭）

〔大海为仆人拥下，鲁妈亦下。台上只有朴园与周萍。

（曹禺《雷雨》）

⑦ 冯团长　捆起来！

彭霸天　（由内厅出，假意地）哎哟，这不是老姐姐吗？团座，她是占魁的远房堂姐，望团座高抬贵手。

冯团长　（示意匪兵）下去！

匪　兵　是。（下）

彭霸天　老姐姐,你受惊了,受惊了。

韩　母　你这么老姐姐长,老姐姐短,我可消受不起呀。(歌剧《洪湖赤卫队》)

例⑥是话剧,例⑦是歌剧。这些剧中人物的对话非常大众化,既精练生动,又都富有个性特征,人物动作和表情各有特点。

文艺语体的风格具有多样性。生活的多样性决定题材的多样性,而题材的多样性必然要求风格的多样性。

随着社会的发展,人们的交际方式日趋复杂,由于表情达意的需要,各种语体之间相互交叉、日益渗透,这就形成了语体的交叉现象,即一种文体中兼有几种语体的特点。例如,杂文是政论语体和文艺语体的融合,科幻小说是科技语体和文艺语体的交叉等。

思考和练习九

一、什么是语体?

二、公文语体和政论语体各有哪些特点?举例说明。

三、文艺语体有几种类型?举例说明。

四、比较下面两个例子,说明文艺语体、科技语体的主要特点。

① 三株名松都在这里。"卧龙松"与"抱塔松"同是偃仆的姿势,身躯奇伟,鳞甲苍然,有飞动之意。"九龙松"老干槎桠,如张牙舞爪一般。若是在月光底下,森森然的松影当更有可看。此地最宜低徊流连,不是匆匆一览所可领略。(朱自清《潭柘寺　戒坛寺》)

② 细菌有三种主要形态:球形(球菌)、杆形(杆菌)及螺旋形(螺旋菌)。但在这三类之间,还有许多不显著的过渡形态。

细菌的形体虽然如此之小,但各类细菌间,其体积的差别很大。最小的杆菌,长约0.5微米,宽约0.2微米;一般杆菌为2×0.5微米。(李扬汉《植物学·细菌》)

五、绘制一个简表,说明四种语体及其风格。

本章小测验

增订五版后记

前言里提到本版教材增加了新内容,这里连教材的其他变动也作些说明。

1. 为了给师生提供较丰富的教学和研究的参考资料,本教材设有两个网站,并配了一个光盘。

两个网站都是现代汉语资源库(请见下页),一个是本教材专用的,另一个现代汉语资料库,是高等教育出版社袁晓波编审生前组织编制的,该出版社所有现代汉语教材都可共同使用,内容相当丰富。

2. 本教材配备的光盘有秦存钢先生的《现代汉语多媒体教程》,内容有现代汉语教学课件,还有普通话发音演示,内容丰富。此光盘贴附在《现代汉语》上册封三里,一起发售。

3. 在教材和教参里增加了对语用、语义等新观点的说明。请孙汝建先生写了《修辞和语用》《语用》和有关三个平面的文章供学生了解三个层面学说及其来龙去脉。

4. 在析句法方面,全书都用层次分析法,但比前版多讲一些能与层次分析法相结合的核心分析法的内容。让学生记住"基础句"的析句口诀和层次减半加线法,可望较快地提高学生对句法成分和句型、句式的分析能力。

5. 为了解决前言里提到的教学内容增多与学时减少的矛盾,本书作了少量调整,把句群和标点等改为自学内容。教师可根据不同的专业和学时多少决定重点讲哪些内容,哪些可指导学生自学。

黄伯荣
2010 年 10 月

增订七版后记

由于疫情的原因，本次修订工作持续时间特别长，好在有各方面的大力支持，我们修订小组的同仁们群策群力，终于完成了本次修订任务。

本次修订尽管一仍过去稳健求进的作风，但还是作出了不少重要的改动。与增订六版相比，大致涵盖以下几个方面：

第一，改写内容。对一些过时的提法和内容，作了必要的更改，做到与时俱进。特别是在教材修订过程中，注意将新时代社会语言生活中鲜活的案例融入教材的编写，适应社会发展和教学需求的新变化。

第二，调整板块。此类调整主要在各章内进行，一般采用整合和换位的方式，旨在强化教材内在的系统性和逻辑性。

第三，订正讹误。对六版在文字、语句、符号、体例等方面存在的个别问题，我们尽量加以改正。

第四，更换用例。我们着重对全书中的语例逐一加以梳理并适当加以更换，力求用例准确、规范、鲜活，使教材更贴近生活、跟进时代。

本教材自改由高等教育出版社出版以来，一直得到了社里的大力支持。近年来在苏州、青岛举办的两场"现代汉语教材建设和教学改革交流会"之所以能取得成功，除了全国教师同仁的高度关注、热情参与之外，可以说与高等教育出版社的热情指导、科学筹划和精心组织密不可分。特别值得一提的是，在高等教育出版社的大力推荐下，本教材于2019年入选中国教育出版传媒集团为"致敬新中国70年"而评出的"70种中教经典"，并作为重点报道的十种产品之一予以专题宣传。

在修订过程中，本书的责任编辑吴军想方设法克服各种困难，给予了不少支持和帮助。对高等教育出版社以及各位为修订付出努力和辛劳的同志，我们谨在此表示真诚的感谢！

增订版修订组
2024年4月30日

郑重声明

高等教育出版社依法对本书享有专有出版权。任何未经许可的复制、销售行为均违反《中华人民共和国著作权法》,其行为人将承担相应的民事责任和行政责任;构成犯罪的,将被依法追究刑事责任。为了维护市场秩序,保护读者的合法权益,避免读者误用盗版书造成不良后果,我社将配合行政执法部门和司法机关对违法犯罪的单位和个人进行严厉打击。社会各界人士如发现上述侵权行为,希望及时举报,我社将奖励举报有功人员。

反盗版举报电话　(010)58581999　58582371

反盗版举报邮箱　dd@hep.com.cn

通信地址　北京市西城区德外大街4号
　　　　　高等教育出版社知识产权与法律事务部

邮政编码　100120

防伪查询说明

用户购书后刮开封底防伪涂层,使用手机微信等软件扫描二维码,会跳转至防伪查询网页,获得所购图书详细信息。

防伪客服电话　(010)58582300